Paul Wegener

Heide Schönemann

Paul Wegener

Frühe Moderne im Film

Edition Axel Menges

ISBN 3-932565-14-2

Reproduktionen: Gábor Mocsonoky, Budapest
Druck: Druckhaus Münster GmbH, Kornwestheim
Bindearbeiten: Großbuchbinderei Fikentscher GmbH, Seeheim-Jugenheim

Lektorat: Dorothea Duwe, Nora Krehl-von Mühlendahl
Gestaltung: Axel Menges
Layout: Helga Danz

Inhalt

Vorwort

In der wissenschaftlichen Öffentlichkeit der letzten Jahre, in Ausstellungen und Publikationen, zeigte sich, daß das Bild der Moderne, wie es sich in den Jahren nach dem Zweiten Weltkrieg geformt hatte, einer Differenzierung und Ergänzung bedarf. Stärker ins Blickfeld kommen die Wende vom 19. zum 20. Jahrhundert und mit ihr eine Generation, die in allen Kunst- und Lebensbereichen vielfältige Erneuerungsbestrebungen ins Werk setzte. Sie sind mit den verschiedensten Bezeichnungen belegt worden – Sezession und Symbolismus, Jugendbewegung und Lebensreform, Art Nouveau und Jugendstil, Antinaturalismus und Stilkunst. Alle diese in ihrem Wesen neuromantischen Bewegungen, Stilrichtungen und Schulen gehören trotz unterschiedlicher Akzentuierung in einen großen Zusammenhang. Unter dem Einfluß der stürmischen Entwicklung der Naturwissenschaft zerbrach das mechanistische Weltbild des 19. Jahrhunderts, und der Durchbruch zum modernen Denken, wie ihn einst die Romantik unternommem hatte, wurde wiederaufgenommen und modifiziert. Impulse kamen vor allem von den symbolistischen Malern aus Frankreich und Belgien, den Nabis und der Schule von Pont-Aven, von den skandinavischen Erzählern und Dramatikern und von den Wegbereitern moderner Formgebung in England und Schottland (Arts and Crafts). Dem entspricht in der Filmgeschichte eine neuromantische Frühphase, die den expressionistischen Film vorbereitet, teilweise auch parallel zu ihm verläuft, bis die Neue Sachlichkeit beides in einem großen Erneuerungsschub aufhebt.

Hauptexponent dieser frühen Moderne im Film war in Deutschland Paul Wegener. Auch andere große Filmregisseure waren dieser Richtung verpflichtet, Fritz Lang mit *Der müde Tod* (1921) und *Die Nibelungen* (1923–25), Friedrich Wilhelm Murnau mit *Nosferatu* (1921/22) und mit *Der Knabe in Blau* (1919), Arthur von Gerlach mit *Zur Chronik von Grieshuus* (1925), sogar Georg Wilhelm Pabst, später ein Klassiker der Neuen Sachlichkeit, mit seinem Erstling *Der Schatz* (1923). Max Reinhardt, dessen stilprägendem Theater Paul Wegener viel verdankt und das er mitgestaltet hat, drehte auch Filme wie *Die Insel der Seligen* (1913). Die frühe Moderne hatte wie in anderen Künsten auch auf dem Gebiet des Films internationalen Charakter; zu verweisen ist auf die Schweden Victor Sjöström und Mauritz Stiller, die Dänen Urban Gad und Stellan Rye und die große Schauspielerin Asta Nielsen. Der Italiener Febo Mari steht Wegener durch seinen Film *Il fauno* (1917) nahe, der durch seinen naturmythologischen Charakter den Vergleich mit *Rübezahls Hochzeit* erlaubt.

Der neuromantische Film entwickelte sich im Zusammenspiel verschiedener Künste, wobei sich vielfältige Beziehungen zwischen ihnen ergaben. Bei Paul Wegener wird das besonders augenfällig, weil er mit Künstlern anderer Gattungen direkt zusammengearbeitet hat, wie bei dem Film *Der Golem, wie er in die Welt* kam (1920) mit dem Architekten Hans Poelzig und dem Bildhauer Rudolf Belling und bei *Der Rattenfänger* (1918) und *Der verlorene Schatten* (1921) mit der Silhouettenkünstlerin Lotte Reiniger.

Die vorliegende Darstellung umfaßt Paul Wegeners Arbeit für den Film als Regisseur und Schauspieler von 1913 bis in die Mitte der zwanziger Jahre, wenig mehr als ein knappes Jahrzehnt. Die Zeit war die für die Filmgeschichte fruchtbarste im Lebenswerk Paul Wegeners, zeitgleich mit der dritten seiner fünf Ehen und unlösbar verknüpft mit der Persönlichkeit seiner damaligen Frau, der Schauspielerin Lida Salmonova. Es handelt sich um zwölf Filme, an denen er fast durchweg als Drehbuchautor, Regisseur und Hauptdarsteller beteiligt war. Beim ersten, *Der Student von Prag* (1913), übernahmen für ihn, der einen Filmstoff anbot, aber nur Theatererfahrung hatte, der filmkundige Schriftsteller Hanns Heinz Ewers das Schreiben des Drehbuchs und Carl Boese die Regie. In seinem nächsten Film *Der Golem* (1914) arbeitete er mit Henrik Galeen zusammen. Später hat Wegener gelegentlich die Regie an seinen langjährigen jungen Mitarbeiter Rochus Gliese abgegeben, da das gleichzeitige Agieren als Hauptdarsteller und Regisseur auf die Dauer zu Komplikationen führte. Trotzdem war er bei allen diesen Filmen der eigentliche Spiritus rector. Darum sind die auf dem jeweiligen Vorspann dieser Filme fußenden filmographischen Angaben irreführend. In dieser Darstellung sind auch die Filme, bei denen Wegener aus diesen oder jenen Gründen die Regie abgab, als Wegener-Filme behandelt, wie es auch Gliese mit Selbstverständlichkeit tat.[1] Denn die Filme sind im ganzen Wegeners Schöpfungen, und er legte Wert darauf, daß dies so gesehen wurde, denn das war keineswegs üblich. »Ich bin nicht als Schauspieler zum Film gekommen«, betonte er.[2] Insofern waren seine Filme eine frühe Ausprägung dessen, was Jahrzehnte später als »Autorenfilm« bezeichnet wurde. Er kam mit festen eigenen Bildvorstellungen zum Film, weil dessen Mittel eine adäquate Ausdrucksmöglichkeit boten, die er beim Theater nicht fand. Statt eine vorgegebene Rolle zu spielen, wie das die Regel war, entwickelte er selbst seine Stoffe und Figuren im Hinblick auf die Möglichkeiten des Films. Den Film als eigene Kunst nahm er sehr früh wahr, indem er die Kamera als »den eigentlichen Dichter des Films« erkannte;[3] so ist die Idee, mit sich selbst auf dem gleichen Filmbild zu agieren, der Ursprung des Films *Der Student von Prag* (1913). Der Film über einen Studenten, der sich mit seinem verselbständigten Spiegelbild auseinandersetzen muß, traf zugleich den Nerv der Zeit, die in der gespaltenen Persönlichkeit ihr eigentliches Problem identifizierte.

Wegeners vielzitiertes Wort von »der reinen Kinetik, der optischen Lyrik«[4] nimmt vorweg, was von der Filmavantgarde erst Jahre später praktiziert wurde. »Ich könnte mir eine Filmkunst vorstellen, die – ähnlich wie die Musik – in Tönen, in Rhythmen arbeitet. In beweglichen Flächen, auf denen sich Geschehnisse abspielen, teils noch mit der Natur verknüpft, teils bereits jenseits von realen Linien und Formen.«[5] Der Film reizte ihn als technisches Phänomen; dahinter aber erscheinen als wesentlicheres Motiv und künstlerisches Anliegen die oft ins Phantastische spielenden Bildideen. Paul Wegener hatte eine Vision dessen, was auf der Leinwand erscheinen sollte, und beschrieb in seinen Drehbüchern die Szenen, ihr Licht, ihre Stimmung, wobei er nicht nur gelegentlich Verweise auf bekannte Werke der bildenden Kunst zu Hilfe nahm.

In seinem ausgesprochenen Kunst- und Stilwillen engagierte er sich für den »künstlerischen Film« und gegen den Kolportagefilm auch theoretisch und publizistisch. Er formulierte seine Vorstellungen in mehreren Vorträgen zwischen 1914 und 1916, von denen vor allem der Vortrag »Über die künstlerischen Möglichkeiten des Wandelbildes«, gehalten am 24. 4. 1916 in der Berliner Singakademie, zukunftweisende Erkenntnisse enthält und große Wirkung hatte. Lotte Reiniger u. a. nannten ihn als einen für sie prägenden Eindruck.[6] Bruno Taut schuf die Architekturphantasie *Der Weltbaumeister* unter Wegeners Einfluß.[7] Wegener ging es in seinen Vorträgen über den Film als Kunst um die Entwicklung der künstlerischen Mittel des Films zur Hebung seines geistigen Niveaus. Er appellierte an die Verantwortung der Intellektuellen für den allgemeinen geistigen Zustand des Publikums und sah in einer Kunst, die qualitätvoll und zugleich unterhaltsam und vergnüglich ist, das dazu geeignete Mittel. Seine These von der möglichen Übereinstimmung von ästhetischer Qualität und Publikumswirksamkeit bewies er in der Praxis mit seinen Märchenfilmen. Damit gab er einem in der modernen Intelligenz verbreiteten Bedürfnis Ausdruck und Beispiel; namhafte Künstler erkannten hinter der Trivialität des Kinos die gewaltigen Möglichkeiten einer neuen Kunst[8] und versuchten, ihnen Raum zu schaffen. Die damit verbundene Kritik an der zeitgenössischen Filmpraxis trug Wegener die Feindschaft der Filmindustrie ein, seinen Produzenten Paul Davidsohn ausgenommen. Die Branche revanchierte sich mit einem regelrechten Boykott, so daß seinem letzten Versuch *Lebende Buddhas* (1924/25) trotz des hohen Anspruchs besonderer Erfolg versagt blieb. Dagegen waren seine Märchenfilme aus den Kriegsjahren sehr populär; *Der Student von Prag* und vor allen *Der Golem, wie er in die Welt* kam, dessen Faszination bis heute anhält, wurden große internationale Erfolge. Die Figur des Golem beschäftigte Wegener sieben Jahre lang. Drei Filme gingen daraus hervor und dokumentieren seine Faszination durch die jüdische Tradition.

Allmählich bildete sich um Paul Wegener ein fester Mitarbeiterstab. Die Schauspielerin Lida Salmonova gehörte von Anfang an dazu, seit dem ersten Golemfilm auch der Bühnenbildner und Tricktechniker Rochus Gliese, seit Wegeners fester Bindung an Paul Davidsohns PAGU auch der Kameramann Frederik Fuglsang. Paul Davidsohn mit seiner Produktions AG Union (PAGU) war ein Produzent mit hohem ästhetischen Anspruch, sein Name ist verknüpft mit einer stattlichen Reihe künstlerischer Höhepunkte der frühen deutschen Filmgeschichte. Er unterstützte nicht nur Paul Wegeners künstlerische Intentionen, sondern startete auch eine Filmserie mit der Ausdruckstänzerin Grete Wiesenthal, und bei ihm filmten Asta Nielsen, Ernst Lubitsch sowie Max Reinhardt.

Wegeners Zusammenarbeit mit seinen Mitarbeitern war von unterschiedlicher Intensität. Mit Hanns Heinz Ewers, Stellan Rye (*Der Student von Prag*, 1913) und Carl Boese (*Der Golem, wie er in die Welt kam*, 1920) kam es nur zu gelegentlicher Zusammenarbeit. Allerdings gab es zwischen Paul Wegener und Stellan Rye[9] in Thematik und Stil starke Übereinstimmungen. Vor allem bei dem Grete-Wiesenthal-Film von Stellan Rye, *Erlkönigs Tochter* (1914), der das Eindringen von Naturmythen in die bürgerliche Realität beschreibt, fällt die starke Verwandtschaft mit Wegeners Film *Rübezahls Hochzeit* auf. Im Gegensatz zu den Genannten war Rochus Gliese, der schon fast zur Familie gehörte, ein ständiger Mitarbeiter Wegeners. Ursprünglich Maler, fungierte er als Filmarchitekt und Kostümbildner, gelegentlich als Schauspieler, übernahm manchmal sogar die Regie. Seine Leistung kann nicht hoch genug eingeschätzt werden, doch blieb er im Verhältnis zu der dominanten Persönlichkeit Wegeners sein Adlatus. Er entwickelte sich aber an dieser Arbeit zu einem bedeutenden Film- und Theaterarchitekten und Tricktechniker; die berühmte Großstadtkulisse in Murnaus *Sunrise* (1927) war sein Werk.

Lotte Reiniger, die Schöpferin des Silhouettenfilms, hat Leben und Arbeit Paul Wegeners, den sie sehr verehrte, mit Scherenschnitten begleitet. Ihre durch Paul Wegener angeregte Silhouettenkunst wurde von ihm in einer glücklichen Synthese in sein Werk einbezogen. Titelsilhouetten von ihr leiteten die Filme *Rübezahls Hochzeit* (1916) und *Apokalypse* (1918) ein. Für *Der Rattenfänger* schuf sie mit den Aktbeginn akzentuierenden Scherenschnitten einen poetischen Rahmen, und bei *Der verlorene Schatten* wurde ein Silhouettenfilm von ihr in die Handlung einbezogen.

Hans Poelzig hat für zwei Wegenerfilme eine kongeniale Architektur entworfen, *Der Golem, wie er in die Welt kam* und *Lebende Buddhas*. Obgleich beide nur von Fall zu Fall zusammenarbeiteten, waren sie durch Freundschaft und Wesensverwandtschaft stärker miteinander verbunden als andere. So hat Paul Wegener 1936 Hans Poelzig die Grabrede gehalten.

In den zwanziger Jahren war die Zeit der neuromantischen Kunst abgelaufen, der Blick auf die Welt wurde nüchtern und sachlich. Der Mißerfolg von *Lebende Buddhas* bewirkte, daß Wegener aufhörte, Filme zu drehen und anderen Regisseuren seine große Schauspielkunst und sein markantes Äußeres zur Verfügung zu stellte. Seine späteren Regiearbeiten waren nicht, was er unter »künstlerischem Film« verstand, aber gutes Handwerk.

Um auf die kunsthistorischen Zusammenhänge hinzuweisen, in die das Filmwerk Wegeners zwischen *Der Student von Prag* und *Lebende Buddhas* gehört, und seine Position stilkritisch zu beleuchten, wurden Werke aus anderen Künsten zu Bildvergleichen herangezogen. Das scheint um so sinnvoller, als der Kunstkenner Wegener sich – oftmals bewußt – von dem überlieferten oder zeitgenössischen Bilderschatz hat anregen lassen. Andere Bildvergleiche geben darüber hinaus interessante Aufschlüsse zu Zeit, Stil, individueller Handschrift und Gattungsspezifik.

Das Filmmuseum Berlin bewahrt viele seiner Drehbücher oder Szenarien auf; andere befinden sich im Filmarchiv des Bundesarchivs, Berlin, und im Märkischen Museum, Berlin. Der Erhaltungszustand der Filme allerdings oder ihre Zugänglichkeit erlauben nicht bei allen eine zuverlässige Aussage, in welchem Maße und in welcher Form sie realisiert wurden. Auf jeden Fall geben sie wesentliche Aufschlüsse über Paul Wegeners Intentionen. Der Untersuchung liegen die Kopien des Filmarchivs, des Bundesarchivs, Berlin, und des Filmmuseums Berlin–Deutsche Kinemathek zugrunde.

Die seit langem konzipierte Untersuchung konnte nur durch eine kurzfristig gebotene Arbeitsmöglichkeit im Filmmuseum Potsdam begonnen werden. Frau Dr. Bärbel Dalichow ist daher an erster Stelle zu danken, ebenso Herrn Hans Helmut Prinzler vom Filmmuseum Berlin – Deutsche Kinemathek, denn nur mit beider Hilfe war der Zugang zu den großen Film- und Photoarchiven gegeben. Der Friedrich-Wilhelm-Murnau-Stiftung gilt mein Dank für die Erlaubnis, Photos nach den Filmen Wegeners anzufertigen.

Bei der langjährigen Arbeit an dem Vorhaben habe ich die großzügige Unterstützung mehrerer weiterer Institutionen in Anspruch nehmen dürfen. Es handelte sich um das Bundesarchiv, das Filmmuseum im Münchner Stadtmuseum, die Plansammlung der Technischen Universität Berlin und die Bilbliothèque de l'Image Filmothèque, deren Mitarbeitern ich zu Dank verpflichtet bin.

Besonders herzlich danke ich Herrn Professor Dr. Peter Wegener, Branford, durch dessen Engagement und umsichtige Hilfe der noch immer unbekannte Teil von Paul Wegeners Nachlaß aufgespürt werden konnte. Er gab mir detaillierte Informationen über Paul Wegener und Lida Salmonova und mobilisierte die Gemeinschaft der Erben seines Vaters, die mir erlaubten, den Nachlaß für die wissenschaftliche Bearbeitung und die Übergabe an das Filmmuseum Berlin und die Akademie der Künste aufzubereiten. Frau Angelika Ziegler, Paul Wegeners Enkelin, bot mir für den Teil des Nachlasses, der in Stein an der Traun lagerte, beste Arbeitsmöglichkeiten.

Durch Vermittlung von Frau Krüger-Poelzig, Hamburg, der ich auch den Einblick in Hans Poelzigs Filmskizzen verdanke, konnte ich die bis dahin unbekannten Photos aus *Lebende Buddhas* einsehen, die sich im Besitz einer anderen Tochter Poelzigs, Frau Angelika Blaschke, befanden und die inzwischen das Deutsche Filminstitut in Frankfurt am Main erworben hat. Ich danke Frau Angelika Blaschke für die freundliche Publikationserlaubnis.

Herr Professor Herbert Brauer öffnete mir Wegeners Haus in Berlin und teilte mir aus vertrauter Kenntnis Wissen über Wegeners Lebensumstände und über seine Kunstsammlung mit.

Mein Dank gilt auch Herrn Pfarrer Alfred Happ, Dettenhausen, der den Nachlaß Lotte Reinigers bewahrte und mir freundlicherweise Kopien von ihren Silhouetten zu und aus Filmen Paul Wegeners zur Publikation überließ.

Heide Schönemann

1. Zajac, *Der Student von Prag*, Filmplakat, 1913.
2. Ernst Barlach, *Porträt Paul Wegener (Maske)*, 1930.

1. Das neue Gesicht

Künstler sehen Wegener

Paul Wegener gehört zu den meistporträtierten Schauspielern seiner Zeit. Wie Tilla Durieux, die ihm in mancher Hinsicht vergleichbar ist und häufig als seine Partnerin auf der Bühne eingesetzt wurde, forderte seine Persönlichkeit zur bildlichen und plastischen Darstellung heraus. Es gibt von seinem Freund Olaf Gulbransson schwungvolle und humoristische Zeichnungen, es gibt viele Rollenporträts; u. a. hat Emil Orlik, der oft am Reinhardt-Theater zeichnete und dessen Atmosphäre eindrucksvoll festgehalten hat (*Max Reinhardt und Paul Wegener auf der Probe*), einige wunderbare Grafiken von dem Theaterschauspieler Wegener geschaffen, als Othello und als Direktor in Ibsens *Gespenster*. Es zeichneten ihn der Architekt Bruno Paul (in Reinhard Sorges *Bettler*), Rudolf Großmann und Otto Pankok – eine Pressezeichnung vom Ende der zwanziger Jahre, aus der unruhigen Zeit der großen Tourneen Wegeners, die in ihrer Klarheit und Schärfe aus der Fülle der so entstandenen Darstellungen hervorragt. Der Maler Klaus Richter, der gelegentlich auch als Filmarchitekt tätig war (z. B. bei *Der Student von Prag*), fertigte 1928 in einer umfangreichen Serie Porträtzeichnungen von Reinhardt-Schauspielern an, darunter auch von Wegener. Von den zahlreichen Filmplakaten haben mehrere Wegeners charakteristisches Gesicht als werbekräftiges Hauptmotiv genutzt. Die Besonderheit seines Typs unterstreicht vor allem das Plakat von Zajac zu *Der Student von Prag* in schwungvoller Übertreibung.

Die Interpretation seines markanten Kopfes als bildhauerisches Motiv reicht von jugendbewegt (W. Jordan 1919) bis heroisch-expressiv mit plastisch abstehendem Golemhaar (Porträtkopf von Otto Maerker). Mit einer anderen Porträtplastik (von Georg Leschnitzer) posiert er zärtlich in einem zeitüblichen Gag, nicht ohne Hintersinn, in scherzhafter Koketterie. Die plastischen Porträts von Christiane Naubereit entstanden mit dem Blick aus nächster Nähe. Sie war Schülerin (und später Ehefrau) des Bildhauers Wilhelm Gerstel und wohnte während ihres Studiums als Wegeners Nichte in seinem Haus am Karlsbad.

Künstlerisch gewichtigstes Porträt ist die Maske von Ernst Barlach in ihrer grandiosen Stilisierung. Von Ernst Barlachs *Bildnis Paul Wegener* liegen zwei Fassungen vor, beide von 1930. Barlach hatte Wegener unter dem starken Eindruck seiner Persönlichkeit im Frühjahr 1930 zu einem Besuch in seinem Atelier aufgefordert, wo er ihn zeichnete. Aus der Erinnerung dieses einen Tages entstanden die beiden Bildnisse. »Der Kopf verfolgt mich«, bekannte Barlach.[10] Das war kein Zufall. In Barlachs Werk finden sich viele Gesichter und Gestalten des gleichen Typs, wie ihn Wegener verkörperte, runde, schwere Gesichter von slawischem Schnitt und hintergründigem Ausdruck wie etwa der bekannte Engel des Güstrower Ehrenmals. Die von der zweiten Fassung genommene *Maske Paul Wegener II* reduziert das Gesicht auf eine klare Form. Die strenge, ausgewogene Verteilung der plastischen Massen macht die Maske ungemein ausdrucksstark und gibt die intensive Ausstrahlung und dynamische Kraft Paul Wegeners meisterhaft wieder. Nicht vergessen werden sollten die Silhouettenkünstler, zu deren Metier Paul Wegener ein besonders enges Verhältnis hatte. Ernst Moritz Engerts Silhouette zeigt ihn in Manfred Hausmanns *Lilofee*, und Lotte Reiniger hat seine Arbeit als Theater- und Filmschauspieler und sein Privatleben in zahlreichen Scherenschnitten dargestellt. Was die Künstler in Paul Wegener sahen, war bereits eine Kunstfigur, ein geformter Typ.

Eine Kunstfigur entsteht

Über seine Wurzeln als Künstler hat sich Paul Wegener 1928 autobiographisch geäußert. Er wurde in Ostpreußen als Sohn eines Gutsbesitzers geboren. Aber er legte Wert auf die Feststellung, er »stamme nicht aus ›altem ostpreußischen Bauernblut‹, wie mehrfach behauptet wurde«,[11] sondern aus einer sehr kultivierten mittel- bzw. norddeutschen Familie. Sein Vater war Märker, demokratisch gesinnt, ein agiler Mann, dessen unternehmerische Aktivität sich keineswegs immer auf Landwirtschaft bezog, nur eben in der Zeit, als sein Sohn Paul aufwuchs. Der kannte daher das Milieu gut, ohne darin allzu tief verwurzelt zu sein. Das gab sowohl den zahlreichen Rollen, in denen er später ostelbische Gutsbesitzer zu verkörpern hatte, als auch den leicht satirischen Partien über das gutsherrliche Leben in seinem Film *Rübezahls Hochzeit* (1916) die besondere Authentizität. Seine Mutter stammte aus einem Hamburger Haus mit reicher kultureller Tradition. Für Wegener war das wichtig; er nannte seinen ersten Sohn

August nach ihrem Vorfahren August Hermann Francke, dem pietistischen Pädagogen und Gründer des berühmten Waisenhauses in Halle, der Franckeschen Stiftungen. Die Geschwister, die bis zum Eintritt in die höhere Schule zu Hause unterrichtet wurden, lebten in einer musischen Atmosphäre: Kunstbücher lagen zum Betrachten für sie aus, und der kleine Paul machte erste Bekanntschaft mit den Klassikern, wenn seine älteren Geschwister Partien daraus auswendig lernten. Das klassische und romantische Erbe wurde dramatisch aufbereitet, was zwar die Grenze zum unfreiwilligen Humor oft überschritt, aber bildend und phantasieanregend wirkte. Er wußte später launig davon zu erzählen. Die Gymnasiastenzeit brachte mit Theaterverein und heißen ästhetischen und weltanschaulichen Diskussionen und mit regelmäßigen Gastspielen führender Ensembles die Signale einer neuen Zeit.

Während wir über die kulturelle Tradition der Familie und die geistige Welt seiner Jugend, die in seinem Werk fruchtbar wurden, durch seine Äußerungen gut Bescheid wissen, hat Wegener über eine andere wesentliche Wurzel seines Werkes nicht gesprochen. Das war seine persönliche Suche nach sich selbst, der magische Blick in den Spiegel. Hier wurde Persönlichkeitsspaltung zum Mittel der Selbstfindung, zur Vision des Alter ego, ein schöpferischer Akt. Nicht ohne Grund hat er sich in einem seiner Filme als Narziß präsentiert (vgl. Kap. 2). Sein

3. Paul Wegener und Tilla Durieux in Friedrich Hebbels *Judith und Holofernes*, 1909/10.
4. Käthe Kollwitz, *Selbstbildnis*, 1911.
5. Wil Lammert, *Porträt Hette Lammert*.
6. *Hans Trutz im Schlaraffenland*, Zorn.
7. Bernhard Hoetger, *Die Wut*, 1912.

merkwürdiges Äußeres faszinierte ihn selbst ebenso wie später andere. In dem denkwürdigen Brief, mit dem der Zwanzigjährige dem entsetzten Vater seinen Ausstieg aus dem Jurastudium und den Übergang zur Bühne mitteilte, führte er »Gesicht und Figur« unter den Gründen an, die ihn zu dem folgenschweren Schritt bewogen hatten.[12]

Dieses Gesicht hatte er vom Vater. Der sah ihm so ähnlich, daß er Theaterbesuchern auffiel, wenn er sich einmal die Bühnenleistungen seines Sohnes ansah. Es ist ein Gesicht wendischen Typs, der in der Mark Brandenburg immer wieder vorkommt und den ein Kenner der Mark, Theodor Fontane, in der Figur des alten Stechlin porträtiert hat, der nicht zufällig Dubslaw mit Vornamen heißt, Spur einer Völkervermischung in dieser Gegend vor tausend Jahren. Aus dem genetischen Fakt eine Kunstfigur geformt zu haben, vielgesichtig, wie es die endlose Reihe seiner Rollen erforderte, aber einen bestimmten Grundtypus, wie ihn die Zeit brauchte, in dem sie sich verkörperte – mindestens eine ihrer Tendenzen –, das war Wegeners geniale geistige Leistung.

Es war die Zeit, in der manche Künstler das Erlebnis Rußlands bewegte wie etwa Rilke und Barlach und viele andere dem Exotismus huldigten.

»Was ihr den Geist der Zeiten heißt, / das ist im Grund der Herren eigner Geist, / in dem die Zeiten sich bespiegeln.« (Goethe, *Faust* I)

Hier hatte die Zeit ihren Spiegel gefunden .

Bevor das eintrat, hatte es für den jungen Mann die Provokation seines Gesichtes gegeben: Wer war »der andere«, der ihm aus dem Spiegel entgegentrat, wie er es dann in *Der Student von Prag* vorführte (vgl. Abb. 16), der ihn behexte und verfolgte mit dem Willen, lebendiges Bild zu werden? »Gesicht und Figur« waren Material, aus dem er seine Vision formte. Das Zusammentreffen dieses Gesichts mit den besonderen Bedürfnissen eines bestimmten historischen Moments ergab eine Initialzündung, einen Schöpfungsakt wie im *Golem* (1914 und 1920). So war Paul Wegener Schöpfer und Geschöpf zugleich, Rabbi und Golem, Geist und Lehm. Der Golem kann auch als Doppelgänger seines Schöpfers interpretiert werden.[13]

Die Doppelrolle als Student von Prag und die vielfache Variation des Doppelgängermotivs (vgl. Kap. 2) bedeuten mehr als filmtechnische Experimente. Es sind Reflexionen über das Urerlebnis der Begegnung mit sich selbst und zugleich ein Thema der Zeit, die damals die Psychoanalyse entwickelte und die Persönlichkeitsspaltung entdeckte und die gerade einen neuen Typ brauchte, diesen Typ.

Die neue Häßlichkeit

Der neue Typ setzte sich plötzlich und eklatant durch. Das zeigte sich besonders deutlich am Durchbruch einer weiblichen Variante, der Reinhardt-Schauspielerin Tilla Durieux (es gibt ein Scherzphoto von ihr und Wegener auf Grund ihrer Profilähnlichkeit). Sie spielte 1903 im Deutschen Theater statt der erkrankten Gertrud Eysoldt Oscar Wildes Salome mit überwältigendem Erfolg. Bis dahin hatte sie als häßlich gegolten. Auch im Zusammenhang mit Paul Wegener geistert in den Theaterkritiken dieser Begriff; Fritz Engel etwa sprach in einer Würdigung seiner Mephisto-Interpretation von Wegeners »pompöser Häßlichkeit«. Man könnte von Neuer Häßlichkeit sprechen, wenn sich das nicht bald als eine neue Schönheit entpuppt hätte – ein Wandel im ästhetischen Empfinden. Der neue Stil verdrängte sowohl das Gipspathos der abgelebten klassischen Tradition als auch die überzüchtete Großstadthysterie der Jahrhundertwende und brachte einen Schub von Wahrheit, Kraft und Leben nicht nur ins Theater. Wichtiger als klassische Schönheit wurden nun Natürlichkeit und Originalität; Exponenten waren erdhafte Typen mit leicht exotischem und dämonischem Habitus wie Paul Wegener und Tilla Durieux – die Dämonie des Stofflichen. »Das Fleisch hat seinen eignen Geist«, wie Frank Wedekind dichtete. Paul Wegener und Tilla Durieux waren oft Bühnenpartner: in Wilhelm Schmidtbonns *Der Graf von Gleichen*, George Bernard Shaws *Der Arzt am Scheidewege*, Frank Wedekinds *Der Marquis von Keith*. Besonders beeindruckten sie in antiken und exotischen Rollen: Oscar Wildes *Salome* (1903), Friedrich Hebbels *Judith und Holofernes* (1909/10) und Sophokles' *König Ödipus* (1910). Später zog der Film nach: Hauptrollen verkörperten beide in *Steuermann Holk* von Ludwig Wolff (1920) und *Die Geliebte Roswolskys* von Felix Basch (1921). Tilla Durieux wurde wie Paul Wegener zu einem Lieblingsgegenstand von Malern und Bildhauern. Nicht zufällig war wiederum Ernst Barlach einer von ihnen.

Vergleichbar ist auch der Durchbruch Fritz Kortners, den der Theateragent Frankfurter ans Deutsche Theater vermittelte mit dem Urteil: »Schön sind Sie gerade nicht. Aber bei Reinhardt sind alle mies. Da gehören Sie hin.«[14] Doch Reinhardts Deutsches Theater war das führende Theater Deutschlands.

Die Interpretation Kortners, dem »die Gesichter der Wegener, Moissi, Schildkraut, Durieux, Eysoldt, Höflich ... besser gefielen als die als schön geltenden«, macht einerseits deutlich, daß der Wechsel von Gertrud Eysoldt zu Tilla Durieux nur ein Teilschritt in einem Prozeß war und daß es andererseits neben der slawisch-erdhaften von Wegener und Durieux auch andere Varianten des neuen Typs gab, etwa die jüdische, wie sie Kortner, Schildkraut, Granach, Deutsch und Lubitsch verkörperten, wobei bei Kortner schon der Übergang zum Expressionismus spürbar wird. Reinhardt war der Nenner, auf den sie alle zu bringen waren; er brach das Monopol des klassisch Schönen und setzte dagegen ein neues Empfinden, das im individuell oder ethnisch Charakteristischen den eigenen Wert fand. Ein Star des Reinhardt-Ensembles, Alexander Moissi, formte seinen persönlichen Schauspielstil unter Betonung seiner italienischen Herkunft. Frische und Reichtum des neuen Stils beruhten zu einem nicht unwesentlichen Teil auf der Entdeckung der Vielfalt des europäischen Gesichts; das bedeutet: kein Idealgesicht, sondern das Bekenntnis zur eigenen Besonderheit.

Dieser Typ war in allen zeitgenössischen Künsten Gegenstand der Darstellung, nicht nur im Theater. Aus den Blättern der Käthe Kollwitz sieht den Betrachter immer wieder ein Gesicht an, das auf seltsame Weise ihre eigenen Züge trägt, die sie daneben auch wiederholt ausdrücklich reflektiert hat. Denn sie repräsentierte den Typ nicht nur in ihrer Kunst, sondern auch in ihrer persönlichen Erscheinung.

Der Bildhauer Will Lammert hat 1919 ein Porträt seiner Frau Hette geschaffen, das die Faszination des neuen Gesichts auch bei den Jüngeren erweist.

Die Neigung zum Elementaren hängt zusammen mit einer Tendenz zum Exotismus, die vom Ende des 19. Jahrhunderts bis in die zwanziger Jahre alle Künste erfaßte (vgl. Kap. 5). Im Werk des Bildhauers Bernhard Hoetger sind exotische und dämonische Tendenzen besonders betont. Hoetgers *Wut* (1912) – hier verglichen mit Paul Wegener in der Rolle des *Hans Trutz im Schlaraffenland* –, gehört zu einer der beiden plastischen Zyklen seiner Florentiner Zeit *Mächte der Finsternis* und *Mächte des Lichts*. Auch andere von Hoetger geformte Gesichter repräsentieren den neuen Typ in seiner exotischen Variante. Filmszene und Plastik offenbaren die neuen Möglichkeiten einer überhöhten Darstellung eruptiver Gefühle. Hoetgers geistige Verwandtschaft mit Wegener zeigt sich nicht nur im ausdrucksstark stilisierten dämonischen Typus. Ebenso legen seine Bauten mit den archaisierenden Dächern und höhlenartig umgeformten Innenräumen einen Vergleich mit der Architektur des Golemfilms nahe (vgl. Abb. 190 und 200). Nicht zufällig sympathisierte Hoetger zu dieser Zeit mit dem Buddhismus, der auch auf Wegener zunehmend Anziehungskraft ausübte.

Wie bei Hoetger wird der neue Gesichtstyp häufig für Allegorien des Bösen und seiner verschiedenen Varianten eingesetzt. Wegener spielt so etwas in dem Film *Herzog Ferrantes Ende* durch. Aufschlußreich ist in dem Zusammenhang ein Vergleich mit dem Typ des Ahriman, den der Anthroposoph Rudolf Steiner philosophisch gedacht und künstlerisch gestaltet hat, als Wandmalerei in der Kuppel des ersten Goetheanums in Dornach und als Figur in seinen Mysterienspielen, für die er auch plastische Skizzen geformt hat. In der anthroposophischen Lehre hält Christus, der Repräsentant der Menschheit, die Mitte zwischen zwei gegensätzlichen Negativprinzipien, verkörpert in Luzifer und Ahriman. Luzifer, der gestürzte Engel, ursprünglich der »Lichtbringer«, ist ein schönes, geflügeltes Luftwesen, während Ahriman, ein häßlicher, knorriger Gnom, ewig der Erde, dem Materiellen verhaftet bleibt.

Die typologische Verwandtschaft des Ahriman mit den Erdgestalten Wegeners ist offensichtlich, etwa mit dem Golem, mit Rübezahl oder dem grabenden Bauern in dem Film *Hans Trutz im Schlaraffenland*. Zwar ist Hans Trutz nicht negativ gesehen, sondern mit kritischer Sympathie als eine ausgesprochene Identifikationsfigur, doch es gehört zum Wesen des »neuen Gesichts« und macht seine erfrischende Lebensechtheit aus, daß es das Böse als Möglichkeit einschließt.

Neben dem Bösen schließt es auch das Unheimliche ein. Die dämonische Sagengestalt des Golem, die auf Paul Wegener paßte, als wäre sie für ihn erdacht, trägt auch in der Darstellung durch andere zeitgenössische Künstler die typischen gedrungenen, schlitzäugigen Züge mit hohen Backenknochen. Vor der zackigen Silhouette der Prager Altneuschul im Dunkel verschwimmend, während ein Teil des Gesichts ins Licht taucht, so hat ihn Hugo Steiner, der sich Steiner-Prag nannte, dargestellt, fasziniert von der düsteren Poesie des Romans von Gustav Meyrink. Dieses charakteristische Helldunkel ist in Wegeners *Golem* von 1920 zu höchster Vollendung kultiviert.

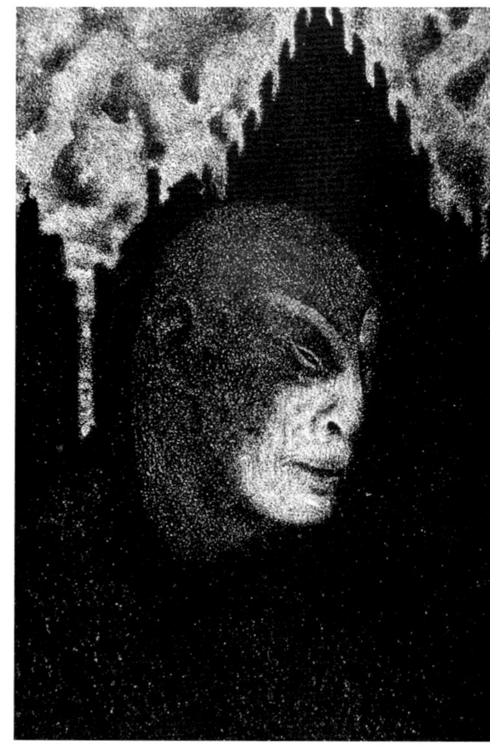

8. Rudolf Steiner, *Kopf und Schulter des Ahriman*, Entwurf für Rudolf Steiners Mysteriendrama *Die Pforte der Einweihung*, 1910.
9. Hugo Steiner-Prag, *Gesicht des Golem*, Illustration zu Gustav Meyrink, *Der Golem*, 1915.
10. Ernst Wenck, *Silen mit Füllhorn*, 1911–14.
11. *Rübezahls Hochzeit*, Schlußbild.

Daß der neue Typ nicht immer monumental, sondern auch komisch interpretiert werden kann, zeigt Paul Wegener in *Rübezahls Hochzeit*. Antike und deutsche volkstümliche Tradition, die in dieser Zeit – u. a. in Reinhardts Zauberreich – neue Bedeutung gewannen, kennen den komischen Naturdämon: Zwerge, Berg- und Flußgeister, Tritonen, Faune und Bacchanten. In zeittypischer Mischung von traditioneller Symbolik und moderner Auffassung kamen bildende Künstler zu ähnlichen Formulierungen wie Wegener im Film, so an Ernst Wencks *Silen mit Füllhorn* (1911–14) zu sehen.

Mit der gleichen genüßlichen Geste und lüsternem Altmännerblick wie der Silen die Traube umgreift Rübezahl die endlich errungene Braut. Wencks Silen gehört zu dem sogenannten »Kronprinzensilber«, einer Sammlung bedeutender kunsthandwerklicher Arbeiten, die dem deutschen Kronprinzen Wilhelm von den preußischen Städten zu seiner Hochzeit (1915) geschenkt wurden und, da sie nie ausgestellt wurden, zu ihrer Zeit völlig unbekannt geblieben sind.[15] Andere im Zusammenhang mit der Hochzeit des Kronprinzen geschaffene Figuren lassen überraschende Vergleiche mit Bildideen Wegeners zu. So ist die auf dem Einhorn reitende Braut in Wegeners fast gleichzeitig entstandenen Film *Rübezahls Hochzeit* sehr verwandt der Porzellanfigur einer auf dem Stier reitenden Braut in Adolph Ambergs als Tafelaufsatz gedachtem Hochzeitszug. Ebenso sind die musizierenden Knaben an der Spitze von Rübezahls Hochzeitszug vergleichbar mit entsprechenden Figuren aus dem Kronprinzensilber von Ignatius Taschner, Constantin Starck und Fritz Klimsch (alle *Jüngling mit Panflöte* genannt), die tanzende und mit dem Hirsch spielende Lida Salmonova (vgl. Abb. 98) mit Klimschs *Schleiertänzerin* und Taschners *Mädchen mit Falken auf einem Hirsch*. Es sind in ihrer Märchenhaftigkeit und naturbezogenen Symbolik typische Bildvorstellungen der Zeit.

Ob komisch, grotesk oder dämonisch – seine phantastischen Figuren, Rübezahl, den Golem, den Großlama, entwickelte Wegener als Imaginationen seiner eigenen physischen Erscheinung. So ist es nur ein folgerichtiger Schritt, den Prozeß der Imagination selbst zum Gegenstand zu machen und mit seinem Ergebnis, dem verselbständigten Abbild, zu spielen.

12. *Der Golem und die Tänzerin*, Spiegel im Boudoir.
13. *Der Student von Prag*, Balduin und sein Spiegelbild.
14. Max Klinger, *Der Philosoph*, aus dem Zyklus *Vom Tode II*, 1906.
15. Alfred Kubin, Illustration zu Jean Paul, *Die wunderbare Gesellschaft in der Neujahrsnacht*, München 1921.

2. Schatten und Spiegelbilder, Doppelgänger und Puppen

Spiegelbilder

Der doppelte Spiegel im Boudoir der Tänzerin (*Der Golem und die Tänzerin*) zeigt den Kopf Lida Salmonovas in drei verschiedenen Ansichten, wodurch sich eine fast magische Raumauflösung ergibt. Es ist eine Vorwegnahme vieler berühmter Spiegelsequenzen in der Filmgeschichte. Die vor diesem Spiegel ablaufende Szene der allein ihren Part übenden Tänzerin kann nur noch im Drehbuch des verschollenen Films nachgelesen werden.

Das menschliche Abbild – als Schatten, Spiegelbild oder Puppe – hat Paul Wegener immer wieder beschäftigt. Doppelgänger der verschiedensten Art gehörten auch zum Grundrepertoire der Romantik, die dabei sehr alte volkstümliche Märchenvorstellungen aufnahm. In Folklore und Kunst sind sie Abbilder des Menschen, die bald ihre Abhängigkeit verlieren und ein geisterhaftes Eigenleben entwickeln. Das berühmteste Beispiel ist *Die wunderbare Geschichte des Peter Schlemihl* von Adelbert von Chamisso. Jean Paul hatte das Doppelgängermotiv in die deutsche Literatur eingeführt und variierte es vielfach in seinen Werken. Victor im *Hesperus*, Schoppe im *Titan* verabscheuen oder fürchten ihr Bild, Albano im *Titan* zerdrückt seine Wachsbüste, was er wie einen Selbstmord empfindet. Es ist dasselbe, was Wegeners Balduin in *Der Student von Prag* erlebt. Für E. T. A. Hoffmann ist es das wichtigste seiner Motive; in fast allen seiner Erzählungen spukt der gespenstische andere in irgendeiner Form und stiftet Verwirrung, vor allem in der *Geschichte vom verlorenen Spiegelbild* und in den *Lebensansichten des Katers Murr*, wo der Maler Kreisler sein Spiegelbild im Wasser für seinen Doppelgänger hält und den Doppelgänger für sein eigenes Bild. Die Reihe ließe sich fortsetzen; Otto Rank hat eine stattliche Sammlung von Beispielen aus der romantischen Literatur zusammengetragen und sie unter psychoanalytischen Gesichtspunkten interpretiert.[16] Er repräsentiert damit die Wiederaufnahme des Motivs und seine Variation durch die Neuromantik, und er benennt sie auch mit der historischen Weiterführung seiner Aufzählung: Außer E. T. A. Hoffmann, Jean Paul, Ferdinand Raimund, Nikolaus Lenau, Eduard Mörike, Heinrich Heine und Alfred de Musset nennt er Guy de Maupassant (*Der Horla*), Hans Christian Andersen (*Der Schatten*), Fjodor Dostojewski (*Der Doppelgänger*), Edgar Allan Poe (*William Wilson*), Oscar Wilde (*Das Bildnis des Dorian Gray*). Damit auch wird die internationale Dimension der Erscheinung deutlich. Im Zusammenhang mit dem sich verselbständigenden Spiegelbild steht die Idee des Durchgehens durch Glas oder

Wasseroberflächen, denen magische Grenzeigenschaften zugeschrieben wurden. Glas- und Kristallphantasien spielten in Neuromantik (etwa bei Paul Scheerbart) und Expressionismus[17] eine wichtige Rolle. Das Durchgehen in eine andere Welt, die Vorstellung der Irrealität des Sichtbaren, nahm später der Surrealismus wieder auf.

Als Rank das alte romantische Thema des Doppelgängers unter die medizinische Lupe nahm, war es gerade auf neue Art aktuell und viel reflektiert. Er selbst ist ein Teil dieser Welle, die im Zeichen Sigmund Freuds stand. Wegener bezieht sich in *Der Student von Prag* ausdrücklich auf Alfred de Mussets Gedicht *La nuit de décembre*; es bildet das Motto am Anfang und interpretiert das Schlußbild (vgl. Abb. 117): »Je suis la solitude«.

Mit dem Doppelgänger hatte der Neuromantiker Wegener eines seiner wichtigsten Motive gefunden. Für ihn war das Doppelgängerthema der eigentliche Grund, sich dem Film zuzuwenden: »Ich erinnerte mich an Scherzphotographien, wo ein Mann mit sich selber Skat spielte oder ein Bruder Studiosus mit sich selbst die Klinge kreuzte. Ich wußte, daß dies durch Teilung der Bildfläche gemacht werden konnte, und sagte mir, das muß doch auch im Film gehen, und hier wäre doch die Möglichkeit gegeben, E. T. A. Hoffmanns Phantasien des Doppelgängers oder Spiegelbilds in Wirklichkeit zu zeigen und damit Wirkungen zu erzielen, die in keiner anderen Kunst zu erreichen wären. Ich kam so auf meinen *Studenten von Prag*, den mir Hanns Heinz Ewers in die Form eines Films brachte.«[18] Fast jeder seiner Filme enthält eine entsprechende Variante: der Schöpfungsakt in den Golemfilmen, der rasante Rollenwechsel in *Der Galeerensträfling*, der verlorene Schatten im gleichnamigen Film, in *Der Golem und die Tänzerin* die Verdoppelung durch das Medium Film: Die Tänzerin und ihr Filmbild sind gleichzeitig zu sehen. Dazu kommen seine zahlreichen Doppelrollen wie in *Der Yoghi*. Auch unter fremder Regie spielte Wegener gern Doppelrollen.

Das Heraustreten des Spiegelbilds ist die dramaturgische Schlüsselszene des Films und zugleich eine Grundvorstellung der Zeit, die nicht nur Wegeners innerer Situation entsprach. Der Mensch, mit seinem Bild konfrontiert, muß sich mit diesem auseinandersetzen. Persönlichkeitsspaltung wird nicht nur zum Begriff und zum Objekt der Wissenschaft. Der selbstquälerischen Provokation gibt die Kunst vielfachen Ausdruck; sie wird Bild und Story. Dabei gerät durch das Austauschen von Wirklichem und Möglichem, Wirklichkeit und Unwirklichkeit das feste Weltbild in Bewegung. Zeiten des Epochenumbruchs reagieren so auf das Zerbrechen des bisher gültigen Weltbilds mit einer Identitätskrise. Für Wegener hatte die Idee auch einen autobiographischen Aspekt: die Auseinandersetzung mit seiner künstlerischen Existenz.

Alfred Kubins Illustration zu einer Erzählung Jean Pauls beschwört die Schrecken des Spiegelbilds als ein zentrales psychisches Erlebnis. Kubin, der Künstler der »anderen Seite«, wie er seinen Schlüsselroman nannte, hat in zahllosen Darstellungen die Nachtseite der menschlichen Existenz dargestellt. In seinem Werk finden sich daher manche Parallelen zu Filmen Wegeners. Im gleichen Jahr wie *Der Student von Prag* kam *Der Andere* von Max Mack mit verwandter Thematik heraus. Beide Filme sind für den bekannten Aufbruch in der Filmentwicklung von 1913 kennzeichnend.

Sehr oft bedeuten Spiegel den Übergang in eine andere Welt, ins Irreale. Die Goldmarie aus der romantischen Märchensammlung der Brüder Grimm springt durch den Wasserspiegel in die phantastische Welt der Frau Holle, Undine lebt jenseits des Teichspiegels ein anderes Leben. Durch Spiegel gelangt Cocteaus *Orphee* ins Totenreich und Max Klingers *Philosoph* ins Reich des Geistes.

Die Idee des Durchgehens in eine andere Ebene wird Bild auch in Wegeners Film *Lebende Buddhas*, wo der Buddha in ein Gemälde hinein- und aus ihm heraustritt. Dabei übernimmt das Bild die Rolle des Spiegels. Die Begegnung mit dem eigenen Abbild gilt im Volksglauben als Todeszeichen. Gefahr geht von dem verselbständigten Bild aus; der Doppelgänger bedroht oder verdrängt seine reale Urgestalt – so der Schatten bei Andersen und Jewgenij Schwarz und das Spiegelbild in Wegeners *Der Student von Prag*.

In diesem Film hat der Student Balduin dem geheimnisvollen Versucher Skapinelli für Reichtum und sozialen Aufstieg sein Spiegelbild verkauft. Das aber verfolgt den Arrivierten und stört immer wieder die sich anbahnende Liebesgeschichte mit einer Gräfin. Ein Schlagabtausch folgt dem anderen. In mörderischem Kartenspiel kämpfen Balduin und sein Doppelgänger um die jeweilige Identität – nur eine darf es geben. Existenzielle Kartenspiele mit geisterhaften Gegenspielern sind eine zeittypische Bildidee. Man vergleiche mit dem Kartenspiel der Doppelgänger das des zugrunde gerichteten Grafen mit Mabuse in Langs *Dr. Mabuse, der Spieler* (1921/22). Vergleichbare Szenen gibt es auch in dem Asta-Nielsen-Film *Der schwarze Traum* (Urban Gad, 1911) und in Wegeners *Der Galeerensträfling*.

Der verleugnete Student rächt sich an seinem avancierten Ich – der innere Konflikt hat einen sozialen Kern. Mit der alten Existenz verrät der Emporkömmling auch seine Liebe. Er verläßt das Zigeunermädchen Lida um der reichen Heirat willen. Aber seine Vergangenheit, Zigeunerin und Student, lassen ihn nicht los. Der Schuß auf den Gegenspieler erweist sich als Selbstmord.

Die Konfrontation der beiden erfaßt auch den Raum: Ein Gewölbegrat teilt das Zimmer in der Mitte, die Korrespondenz von dunkler Tür und hellem Fenster äfft die Konfrontation der beiden Gestalten nach. Sogar die Möbel scheinen zu korrespondieren – der Lehnsessel des Studenten mit dem Stuhl gegenüber. Noch deutlicher teilt nach dem Duell ein Baum die Szene zwischen den beiden mit dem gleichen Gesicht, aber gegensätzlichem Status und Verhalten; auf der einen Seite sieht der entsetzte Herr sein Versprechen durch den Doppelgänger gebrochen. Auf der anderen wischt der Student höhnisch seinen Degen ab. Die Inszenierung trägt noch den Stempel des Theaters, obgleich die Trickaufnahmen der Doppelgänger filmisches Neuland darstellten.

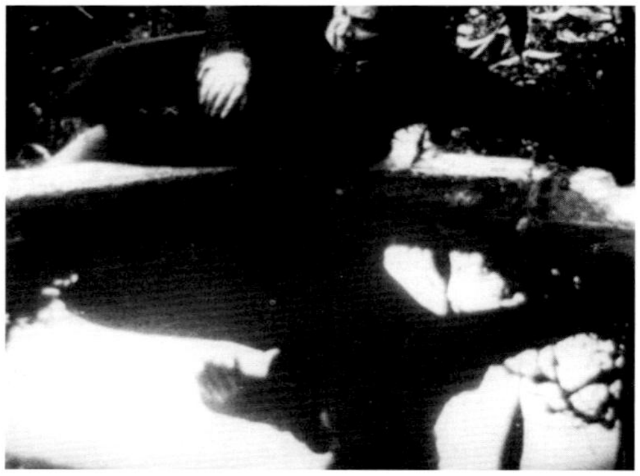

Ein teuflisches Spiel um das verselbständigte Abbild wird auch in dem Film *Der verlorene Schatten* (1921) ausgetragen. Ein Stadtmusikus verkauft für eine Zaubergeige seinen Schatten an einen wandernden Schattenspieler. In dieser dämonischen Figur ist die Erinnerung an den »Teufelsgeiger« Paganini beschworen, der 1829 mit seinem wunderbaren Spiel und seiner düster-romantischen Erscheinung die bezauberten Berliner zu wilden Gerüchten und viele bildende Künstler zur Darstellung seiner Person gereizt hatte. Der schattenlose Musiker, ein neuer Schlemihl, muß lange und verzwickte Wege gehen, die ihn durch liebliche Donaulandschaften, durch poetische Städte, Klöster und Weingärten führen, bis er mit Hilfe des geliebten Mädchens seinen Schatten wiedererlangt. Durch die romantische Handlung spuken Reminiszenzen einer Donaufahrt, die Wegener im Sommer 1914 mit Lida Salmonova unternommen hatte und die abrupt mit der Katastrophe des Kriegsausbruchs endete, den Wegener auch persönlich als Katastrophe erlebte.

Der Teufelsspuk des geheimnisvollen Schattenspielers war für Wegener wieder Anlaß für allerhand Spiegel- und Schattenspiele. Die Verwandtschaft der beiden Abbildmetaphern wird besonders deutlich, als der über den Verlust des Schattens erschrockene Musiker in der Haltung einer bekannten Narzißplastik sich über den Brunnenrand beugt, um sich wenigstens seines Spiegelbilds zu vergewissern. Die antike Sagengestalt des Narziß, des in sein Spiegelbild vernarrten Jünglings, schmückte den Brunnen im ehemaligen Garten der Kaiserin beim Neuen Palais im Park Sanssouci [19] und war Paul Wegener sicher bekannt, denn einige Jahre vorher hatte er immerhin im Park Sanssouci Teile seines ersten Golemfilms gedreht. Seine Selbstironie bei diesem Zitat der klassischen Mythologie ist nicht zu übersehen. Der Bildhauer Hubert Netzer gehörte zum Münchner Künstlerkreis. Das Kaiserpaar sah seinen Narzißbrunnen in München und kaufte ihn an. Zu dieser Zeit war München eines der Zentren des Jugendstils, seine Kunstschulen und -zeitschriften waren in Deutschland führend.

Auch in dem Film *Rübezahls Hochzeit* (1916), einem Elfenmärchen wie Shakespeares *Sommernachtstraum*, zeigen Spiegel bedeutungsvolle Dinge. Die »Buschgroßmutter«, eine freundliche Hexe (entlehnt aus Hauptmanns *Die versunkene Glocke* und gespielt von Wegeners Schwester Hete Gutzeit), gebraucht einen Zauberspiegel, der genauso aus dem Märchen wie von Lacans Spiegeltheorien stammen könnte. Er zeigt dem ratlosen Rübezahl seine erotischen Ängste und Komplexe: Das verschwundene Elfchen, wie es mehr als mitleidig den jungen Hauslehrer im Schoß hält, der von Rübezahls gewaltigem Blasen in Ohnmacht gefallen ist.

Spiegelverdoppelungen betonen das Magische des luftigen, gelegentlich von Nebel verschleierten Elfentreibens, angesiedelt zwischen Sichtbarem und Unsichtbarem. Rübezahls Hochzeitszug, bändergeschmückt, mit musizierenden Knaben, einem Heer von Elfen und der Braut auf dem Einhorn, sieht man, im Waldsee gespiegelt, doppelt über die Leinwand ziehen. Ebenso verdoppelt der Wasserspiegel die auf dem Teich tanzende Elfe. Spiegel markieren die Übergänge von Menschen- und Geisterwelt: Rübezahl folgt seinem Elfchen, das ihm zu den Menschen ausgewichen ist und nun als Gouvernante die kleine Tochter einer Gutsbesitzerfamilie betreut. Er läßt sich zu dem Zweck im Frisiersalon den wallenden Bart abnehmen, um seinerseits Inspektor zu werden. Sein neues kahles Gesicht als Zeichen veränderter Identität erscheint zuerst im Spiegel. Der neue Inspektor entsteigt gewissermassen der Geisterwelt durch das Glas. Der Weg zurück führt durchs Fenster – ein dem Spiegel vergleichbarer magischer Durchgang.

16. *Der verlorene Schatten*, Am Brunnen.
17. Hubert Netzer, *Narzißbrunnen*, 1906.
18. *Der Golem und die Tänzerin*, An der Kinokasse.
19. *Der Golem und die Tänzerin*, Der falsche Golem.
20. *Der Golem und die Tänzerin*, Die Puppe lebt.

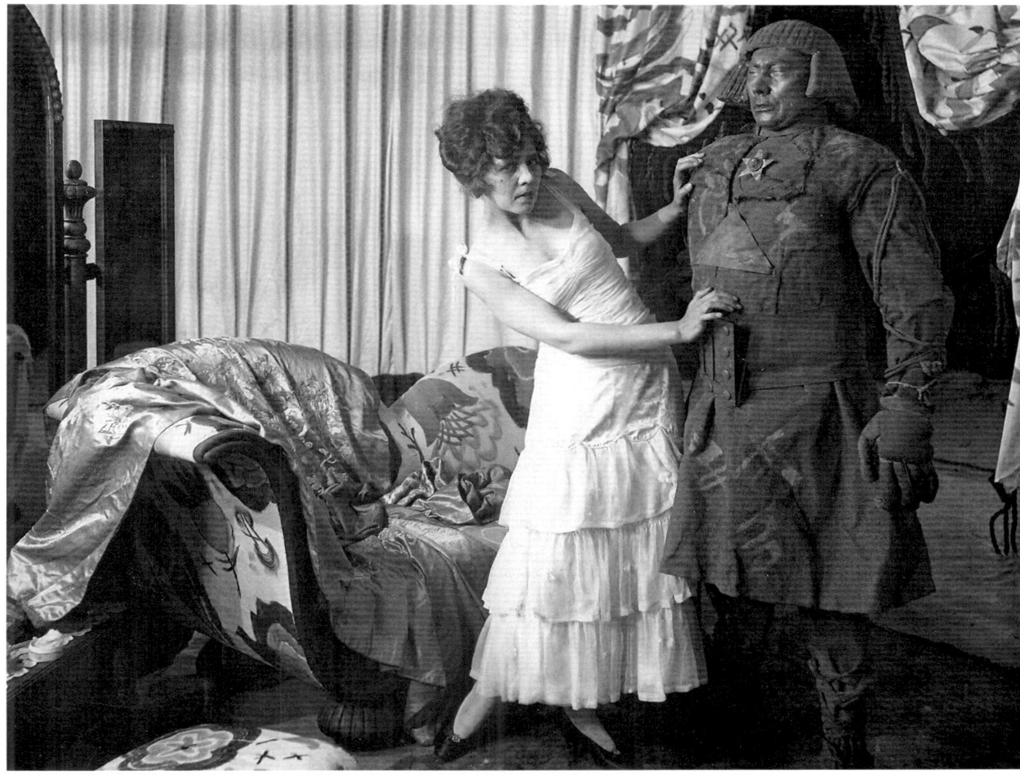

Puppen

In die Auseinandersetzung mit dem eigenen Bild bezog Wegener auch das Dreidimensionale ein, die Puppe. Er läßt sich damit in eine Traditionslinie ordnen, die durch das Verhältnis der Neuromantik zur Romantik bestimmt wird. Die Romantik reflektierte die Automatenmanie des 18. Jahrhunderts durch philosophische Vertiefung; symptomatisch war Heinrich von Kleists Essay »Über das Marionettentheater« von 1810. Nikolaus Lenaus Versdichtung *Die Marionetten*, von seinem Autor »ein Nachtstück« genannt, weist in der Fabelführung starke Parallelen zu Wegeners *Herzog Ferrantes Ende* auf, ohne daß Wegener es gekannt haben muß. Die Neuromantik nahm das Puppenmotiv wieder auf. Für Edward Gordon Craig wurde es zu einem Eckpfeiler seiner Theatertheorie: 1907 publizierte er seinen Aufsatz »The Actor and the Übermarionette«; Paul Wegener schuf mit der Figur des Golem eine neuromantische Version des künstlichen Menschen. Die Avantgarde der zwanziger Jahre formulierte durch Puppen oder marionettenhaften Schauspielstil ihre Auffassung vom Maschinenmenschen, Oskar Schlemmer mit dem *Triadischen Ballett* (1922), Fernand Léger mit dem Kurzfilm *Ballet mecanique* (1924), Fritz Lang mit *Metropolis*.

Wegener liebte es, plastische Figuren in verschiedenen Konstellationen einzusetzen und sie auf verschiedene Weise zu konfrontieren, lebende und tote, große und kleine, Originale und Kopien. Das Spiel mit der Figur kann komisch sein wie in *Der Golem und die Tänzerin* und in *Rübezahls Hochzeit*, grausig wie in *Herzog Ferrantes Ende* oder mythisch wie im *Golem*. Sich in zärtlicher Pose mit seiner Porträtplastik (von Georg Leschnitzer) photographieren zu lassen, mag ein zeitüblicher Scherz gewesen sein: Es gibt vergleichbare Photos auch von Max Mack u. a. Gewichtiger ist schon das Photo von Wegener als Golem neben Rudolf Bellings Golemfigur. Zwei Künste wirkten hier zusammen. Die Monumentalität und Starre der Skulptur übersetzte Wegener in seine Mimik und Körpersprache, er ließ sie lebendig werden, ohne ihre Erdhaftigkeit aufzugeben.

Rübezahls Hochzeit enthält eine kleine Sequenz, die das heitere Spiel mit dem eigenen Abbild mit einem ironischen Seitenhieb auf die moderne Tourismusindustrie verbindet in für Wegener typischer Mischung von Märchenzeit und Gegenwart. Rübezahl, im Begriff, sich unter die Menschen zu mischen, wandert durch die zeitgenössische Landschaft und findet an einem Kiosk mit Reisesouvenirs eine Serie von Rübezahlfiguren, was ihn höchlich amüsiert. Er hält eine davon wiehernd hoch, und der Zuschauer kann nicht umhin, die Übereinstimmung der beiden breitbeinigen Waldschrate zu bemerken.

Im zweiten Golemfilm, *Der Golem und die Tänzerin* (1917), hat Wegener das Spiel mit seinem puppenhaften Abbild zu einem skurrilen Vexierspiel gesteigert. In einer bunten Verwechslungskomödie wird das Verdoppeln der Person – sonst eher unheimlich – auf seine komischen und erotischen Möglichkeiten getestet. Die verschiedenen Ebenen werden ständig ineinander verschoben; einmal Film und Wirklichkeit, denn es handelt sich um ein frühes Beispiel für »Film im Film«. Das Filmteam – Paul Wegener, Lida Salmonova, der Kostümbildner Gliese und der Direktor Davidsohn – spielt sich selbst, und zwar am authentischen Ort des Union-Ateliers Tempelhof und im Vestibül eines U. T.-Kinos (»Uniontheater« hießen die Kinos von Davidsohns PAGU / Produktions AG Union). Authentizität wird zum Fetisch, zumindest in Wegeners Drehbuch.

Eine Szene zeigt Lida Salmonova beim Betrachten des Golemfilms von 1914, konfrontiert sie mit ihrem Abbild auf der Leinwand. Das Filmbild reproduziert die Gestalt ebenso wie der Spiegel oder der Bildhauer. Wer denkt da nicht an *Das Kunstwerk im Zeitalter seiner technischen Reproduzierbarkeit*? Aber hier wird nicht theoretisiert, sondern mit der Vervielfältigung gespielt, es wird Original und Abbild, Filmisches und Plastisches, einfallsreich und ironisch manipuliert, ein Bild ins Bild einmontiert. Pate standen populäre Verse und Werbegags – es war eine Zeitidee.

Selbstironie ist im Spiel, wenn der Film die desillusionierende Komik einer Filmstory präsentiert, deren Herstellungssituation einbezogen wird, indem die Kamera ein wenig zurückgesetzt ist: Diva im Badeanzug am gemalten Meeresstrand, davor Atelierbretter mit Bühnenarbeitern. In einer anderen Szene im Kinofoyer fällt die an der Wand aufgestellte Golemfigur ins Auge, die sich die Tänzerin, da nun die Dreharbeiten abgeschlossen sind, als Erinnerung ausbittet (Abb. 18) – wie in der im Drehbuch beschriebenen Szene ein Verweis auf den ersten Golemfilm und seine Herstellung. Aber statt der Beziehung der Person zu ihrem filmischen Bild kommt hier eine neue Abbilddimension ins Spiel: die Puppe.

Sie wird selbstverständlich lebendig, und da es sich um keine Spukgeschichte, sondern um eine Komödie handelt, ist es keine wirkliche, sondern eine gespielte Puppe. Die ausgediente Golemfigur soll der Tänzerin zugeschickt werden, und Paul Wegener (der Film-Wegener) läßt sich, um sich bei ihr einzuschleichen, von dem Film-Gliese (auf der Abbildung 19 neben Lida Salmonova) als Golemfigur herrichten, verpacken und hinschicken, nicht ohne vorher zu niesen, sich neu bemalen zu lassen und anderes Allotria zu treiben, vor allem dann im Boudoir der Dame.

Der Film ist stark auf Spiegeleffekte ausgerichtet; große Spiegel stehen im Boudoir der Tänzerin; sie übt einen Tanz, dabei sieht sie im Spiegel den vermeintlichen Golem in naiv-erotischer Freude lächeln. Wenn sie sich umdreht, ist er starr, als ob das Spiegelbild und er zwei verschiedene Personen wären. Sie kokettiert mit der Figur, so wie ein Mensch allein auch zu toten Dingen eine halb scherzhafte Beziehung entwickeln kann, sie verneigt sich und umtanzt sie. Darauf folgt eine Parodie der Schöpfungsszene aus *Der Golem*: Sie setzt ihm das geheimnisvolle Zeichen, den Schem, ein, was für ihn das Signal ist, nun wirklich den Golem zu spielen. Die Steigerung vom unmerklichen Blinzeln und Lächeln zu handfester Verführung muß für den Komödianten Wegener ein Leckerbissen gewesen sein, den wir leider nur lesen, nicht mehr sehen können. Aber es ist nicht ganz sicher, ob diese ausgefeilte Szene, die immerhin durch mehrere Photos und das rokokohafte Filmplakat von Paul Scheurich dokumentiert ist, wirklich in dieser Form gedreht worden ist.

Ein anderes Filmphoto und das Interview Glieses durch Lamprecht von 1956 lassen auf Veränderungen in der Fabel schließen. Danach verkörperte Gliese den Golem. Der zarte Gliese im schweren Golemkostüm mußte der Maske des Erdenkloßes seine unzureichende Körperlichkeit leihen, während Paul Wegener (als Paul Wegener), prall im Gesellschaftsanzug vor strotzender Tafel, seiner so unpassend entlaufenen Identität hinterherlacht.

Wie auch immer der heiter geschürzte Knoten sich entwirrt – das Prinzip ist klar, weshalb denn auch das Interesse am Schreiben bei Paul Wegener erlahmte und möglicherweise die weitere Handlung der Praxis überlassen blieb.

Wegeners Vorliebe für Puppen, plastische Abbilder des Menschen, die unversehens lebendig werden können, bestimmt auch in dem Film *Herzog Ferrantes Ende* den dramaturgischen Angelpunkt. Die Doppelrolle spielt diesmal nicht Wegener, sondern Ernst Deutsch, sein Kollege vom Reinhardt-Theater, mit dem er gern zusammenspielte, um den auffälligen typologischen Gegensatz zwischen ihnen herauszuarbeiten (außer in *Herzog Ferrantes Ende* auch in *Der Golem, wie er in die Welt kam* und in *Der Galeerensträfling*). Paul Wegener verkörperte den Herzog Ferrante, einen Tyrannen aus dem italienischen Trecento. Die Figur des vollblütigen Renaissanceherrschers war für das Kino dieser Jahre typisch: Wegener spielte fast gleichzeitig ähn-

21. *Herzog Ferrantes Ende*, Abnahme der Leiche.
22. *Herzog Ferrantes Ende*, Die Versammlung der Toten.

liche Typen in *Vanina* (Arthur von Gerlach, 1922), *Monna Vanna* (Richard Eichberg, 1922) und *Lucrezia Borgia* (Richard Oswald, 1922), Filmen von sehr unterschiedlicher Qualität, aber ähnlichem Ambiente. Das historische Vorbild hatte er in Jakob Burckhardts *Die Kultur der Renaissance in Italien* gefunden. Der Film erzählt in düsteren, großartigen Bildern die wüste und schaurige Geschichte eines Aufstandes gegen den sadistischen Herzog, der mit Mord und Folter vergeblich seine Schreckensherrschaft aufrechterhalten will.

Herzog Ferrante, den Wegener krummbeinig, zottelhaarig und ordinär in grotesker Häßlichkeit gibt, ist kein eiskalter Mörder, sondern einer mit lebhaftem, nur eben perversem Gefühlsleben. Er liebt seine toten Gegner und versammelt sie um sich, lebensecht geschminkt und modisch gekleidet. Dazu unterhält er eine Werkstatt von Spezialisten. »Das wird unser Schönster, wie wird der Herr sich freuen«,[20], so kommentiert man dort die Aufstellung von Ferrantes letztem und wichtigstem Opfer, Guido Colonna.

Das Gewölbe, wo die Toten aufgestellt werden, ist Ferrantes liebster Aufenthaltsort, wo er sich in nekrophiler Leidenschaft an ihnen ergötzt, eine Art Vampir. Er liebt in ihnen seinen Triumph, seine Macht. Er liebt ihren Tod und stirbt, sobald einer von ihnen lebendig wird. Im Laufe seines politischen Weges hat er eine imponierende Sammlung zusammengebracht. Zu Ferrantes und seines Kumpans Trivulzio widernatürlicher, ordinär lärmender Heiterkeit bilden die stolzen, stillen Gestalten, schön, wie er sie gewollt hat, einen extremen Gegensatz . Sie umgeben ihn auf ihren erhöhten Podesten wie eine Versammlung von Richtern. Er selbst hat das Gericht zusammengestellt, das ihn verurteilt. Eine Umkehrung findet statt: Die Majestät des Todes erweist durch Augenschein ihre Überlegenheit über das quicklebendige Verbrechen.

Der Sieg bleibt kein bloß moralischer: In dem Moment, als Ferrante triumphierend den Anführer der Verschwörer seiner Sammlung eingefügt sieht, tritt dieser ihm lebend als Rächer entgegen. Und während sein Kastell erstürmt wird (in einem Feuerwerk von Lichteffekten, das Langs Erstürmung der Nibelungenhalle vorwegnimmt), stirbt Ferrante vor Entsetzen; er weiß nicht, daß der Bruder des Ermordeten dessen Stelle eingenommen hat. Ernst Deutsch spielt den jüngeren Bruder, Orlando Colonna, der ältere, Guido, der nur als Leiche vorkommt, wird von einer Puppe verkörpert. Sie stehen sich gegenüber »Profil gegen Profil« (eine Situation, der Spielerszene in *Der Student von Prag* vergleichbar), ehe Orlando den Mechanismus löst, der die Leiche hält, ihn auffängt, seine Kleider und seine Rolle annimmt. So variiert Paul Wegener in dem Film *Herzog Ferrantes Ende* sowohl das Doppelgänger- als auch das Puppenmotiv. Das bestimmt auch andere Filme der Zeit, beispielsweise *Die Puppe* (1919) von Ernst Lubitsch, der auch zum Reinhardt-Kreis gehört.

Schatten

Herzog Ferrantes Ende ist wie *Der Golem, wie er in die Welt kam*, ein Nacht- und Schattenfilm. Fackelträger geistern durch finstere Gassen, über denen das Kastell als eine drohende Zwingburg hockt. Nur ein Fenster in dem schwarzen, zinnenbewehrten Koloß ist erleuchtet, das des mißtrauischen Herzogs. Der Film beginnt mit einem Blick von unten auf einen Gehängten, Guido Colonna, gegen den Sternenhimmel, dann kommen vermummte Gestalten ins Bild, die ihn abnehmen. Das sind die Leute Ferrantes, die die Leiche präparieren wollen, ehe Colonnas Freunde sie bergen können. Im Dunkel unter drückendem Gewölbe reichen sich Verschworene, Freunde und Anhänger des Ermordeten, die Hände und ballen die Fäuste. Es ist der »Bund der Dolchbrüder«. Ein verdecktes Feuer reißt nur Fäuste und sich verbrüdernde Hände grell aus der Schwärze, die Gestalten sind im Schatten kaum erkennbar – eine Untergrundbewegung im Wortsinne. Seit dem Rütlischwur und seiner vielfachen Rezeption, für die hier nur Schiller und Füssli als die Namhaftesten erwähnt sein sollen, ist eine solche Gruppe als Topos des heimlichen Bündnisses anzusehen.

Nach dem Tod Guido Colonnas geht die Führung des Aufstandes an Antonio über, der um Guidos und Orlandos Schwester Beatrice wirbt. Vor der Hochzeit aber soll der Tyrann gestürzt werden. Zum Attentäter bestimmt das Los Orlando. Der Tyrannenmord, der jedoch mißlingt, soll während des Kirchgangs ausgeführt werden.

Der prunkvolle Aufzug ist eine der imposanten Szenen des Films, bei der alle Register der Massenregie und Ausstattung gezogen werden. Man denkt an die vergleichbare Szene in Eisensteins *Iwan der Schreckliche* mehr als zwei Jahrzehnte später, vergleichbar im düsteren Pomp mit Fackellicht und tanzenden Schatten in riesigen Räumen und Ballungen von geduckten Gestalten, aber in der Tendenz völlig entgegengesetzt: Die Aufrührer sind mit absoluter Sympathie gesehen.

In manchen Szenen ist der Einfluß des Reinhardt-Theaters deutlich zu erkennen, wo die Verzauberung des Zuschauers durch Licht- und Schatteneffekte meisterhaft gehandhabt wurde: Der silhouettenartig wirkende Zug der Bewaffneten an einer Mauer entlang, auf der die Umrisse der ghibellinischen Zinnen mit den schleichenden Gestalten korrespondieren, oder die Lanzenwälder, deren Spitzen manchmal ins Bild ragen wie wenig später auch in Fritz Langs *Nibelungen*, sind Beispiele dafür. Regelmäßig, geradezu ornamental angeordnet sind die Reihen der Bewaffneten, durch die Herzog Ferrante mit seinem Gefolge zum Gottesdienst geht. Wenn sie ihm dann gefolgt sind, bleiben die Reihen der Helme zurück, Symbol der Vergegenständlichung und Entmenschlichung militärischer Apparate. In einer anderen Szene verlangt das Drehbuch »keilförmiges« Vorrücken der Wache.

Reinhardt setzte in seinen Inszenierungen systematisch große Gruppen von Menschen – ausgesuchte Körper – als dekoratives Ausdrucksmittel ein. Er formte die wechselnden Bilder seiner Aufführungen aus diesem Stoff nach bestimmten stilistischen Prinzipien, wobei er auch Anregungen nutzte, die er bei Edward Gordon Craig fand. Der Vergleich der Kirchgangszene mit dem Bühnenbildentwurf von Craig für Ibsens *Die Kronprätendenten* zeigt, daß auch Wegener diese künstlerischen Mittel beherrschte. Welche Bedeutung Craig für Reinhardt und das deutsche Theater hatte, ist bekannt; eine entsprechende Bedeutung hatte er aber auch für Wegener und den deutschen Film. Die ausgewogene Komposition von Treppen, Bögen, Lichteinfall und bewegten Massen, die Schönheit einander gegenübergestellter Vertikalen und Vertikalreihen, von denen die Lanzen nur einen, aber sehr wichtigen Teil darstellen, sind charakteristisch für die hohe Kunst der Stilisierung in dieser Zeit der *Feste des Lebens und der Kunst* (Peter Behrens). Auf diese Weise entsteht ein Sog im Raum, durch den der Herzog und seine Leute geradezu schicksalhaft in die von Fackeln flackernde Hintergrundöffnung und aus der Szene gezogen werden. Ebenso auf einen Punkt im Hintergrund gerichtet, aber entgegengesetzt im Charakter läuft die Erstürmung des Kastells ab.

Auch hier korrespondieren die über die Menge erhobenen Waffen, aber während die Lanzen der Soldaten in Stillstand und Bewegung maschinenartig starr wirken, entspricht die bunt zusammengewürfelte Bewaffnung der locker und frei strömenden Masse. Das Bild der Aufständischen erinnert stark an zeitgenössische Laienspiele der Jugendbewegung, die damals den deutschen Bauernkrieg entdeckte und damit ein jahrhundertelanges Tabu brach. Auch über das deutsche Theater ging zu der Zeit, da die Revolution und mit ihr das expressionistische Menschheitspathos abebbte, eine Welle historischer Stücke hinweg, die oft Revolten zum Gegenstand hatten, aus dem Bedürfnis heraus, sich aus historischer Distanz Klarheit über die gegenwärtigen Ereignisse zu verschaffen.

23. *Herzog Ferrantes Ende*, Schwur.
24. Johann Heinrich Füssli, *Die drei Eidgenossen beim Schwur auf dem Rütli*, 1779.
25. *Herzog Ferrantes Ende*, Lanzenträger.
26. Edward Gordon Craig, Bühnenbild zu Henrik Ibsen, *Die Kronprätendenten*, 1926.
27. Käthe Kollwitz, *Bewaffnung in einem Gewölbe*, aus dem Zyklus *Bauernkrieg*, 1906.
28. *Herzog Ferrantes Ende*, Aufstand.

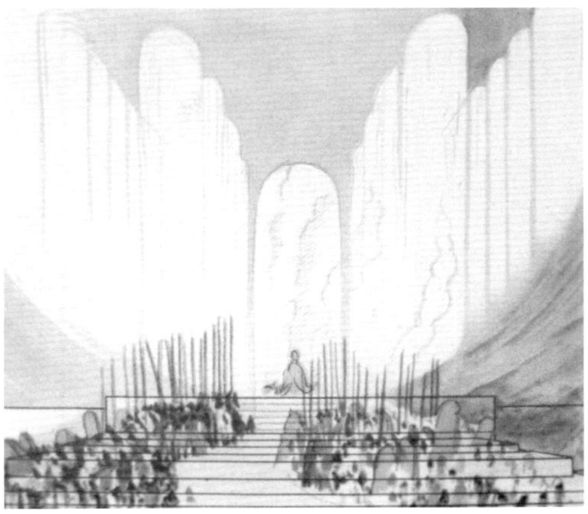

Käthe Kollwitz hatte schon zu Anfang des Jahrhunderts zwei solcher eruptiver Massenbewegungen zum Gegenstand graphischer Zyklen gemacht, den schlesischen Weberaufstand von 1844 und den Bauernkrieg von 1525. Auf dem Blatt *Bewaffnung in einem Gewölbe* drängt der dumpfe Strom der revoltierenden Bauern, überwogt von verschiedenartigen, aber charakteristischen Waffen, unaufhaltsam nach oben. Die zu Stichwaffen umgeschmiedeten Sensen gehören zum Bild des Bauernkrieges und sind in *Herzog Ferrantes Ende*, das in einer Stadt des italienischen Trecento spielt, historisch nicht ganz stimmig. Bewaffnung und Kostüm der Aufständischen sind bezeichnend für die Vorstellung, die man sich in den zwanziger Jahren von historischen Volksaufständen machte. Der Film endet mit der Erstürmung des Kastells und dem Sieg über die Unterdrücker, Szenen voller Dramatik und Pathos, schwarz in schwarz, wobei Lichteffekte die Finsternis spürbarer machen: Fackeln und Brandpfeile wie im zweiten Teil von Fritz Langs *Nibelungen*.

»Wie David über Goliath« – so das Drehbuch – steht der Tyrannenmörder, grell von unten angeleuchtet, hoch auf der Zinne, in der Hand eine Fackel, und zeigt triumphierend den wüsten Kopf Ferrantes. Derartige Übernahmen tradierter christlicher Motive sind typisch. »Wie ein heiliger Sebastian« erscheint »in kellerartig starkem Seitenlicht« der gefolterte Orlando. Seine Bewegung beruft sich in ihrer Fahne auf diesen Heiligen – ein Protest gegen den Terror. Der Film ist verschollen, aber die düsteren Bilder werden lebendig im Drehbuch Wegeners, der mit dem Spiel von Licht und Schatten starke Wirkungen erzielt; verdeckte Kohlenbecken, Fackeln, plötzlich aufgestoßene Türen, durch die grelles Licht dringt. Fast stereotyp wiederholen sich die Regieanweisungen »gegen den Himmel« oder »gegen die Türöffnung«. Der Umriß gewinnt unerhörte Bedeutung, er wird zeichenhaft, nicht nur in diesem Film. Es gibt in dem Film Traumszenen, die den Surrealismus vorausahnen lassen: nackte Arme, die sich aus Mauern strecken, wie in Cocteaus *La Belle et la Bête* (1950). Die dolchbewehrten nackten Arme, die aus den Traumwänden gegen Ferrante vorstoßen, wurden aus der realen Szene herübergeblendet, wo im dunklen Versteck ein Dolch geschliffen wird und die Funken sprühen. *Herzog Ferrantes Ende* sollte nicht vergessen werden, wenn von den Schattenfilmen des deutschen Expressionismus wie Arthur von Gerlachs *Vanina* oder Arthur Robisons *Schatten* die Rede ist.

Während in *Herzog Ferrantes Ende*, einem »Nachtstück« im Sinne E. T. A. Hoffmanns, Schatten eher atmosphärische Bedeutung haben, wird der Schatten in dem heiteren Film *Der verlorene Schatten* (1921) wieder in der Funktion des Doppelgängermotivs eingesetzt. Da verkauft ein Musiker für eine Zaubergeige seinen Schatten. Der unheimliche Schattenspieler Dapertutto, der ihn zu dem Verkauf verleitet, hat seinen alten Heldenspieler verloren, die Hauptperson seines Schattentheaters. Diese seltsam lebendige Figur entwischt ihm über blühende Wiesen, felsige Hänge bis hinter den Horizont, aus dem der wandernde Zauberkünstler aufgetaucht war. Als der mühselig Nachkletternde ihn endlich wieder gegriffen hat, ist er so zerris-

sen, daß er nicht mehr zu flicken ist. Was liegt näher, als dem Musikus seinen Schatten abzukaufen, denn Paul Wegener, der ihn spielt, wirft einen prächtigen Schatten. Er setzt ihn in vielen seiner Filme effektvoll ein. Es wird mancherlei Schattenspiel getrieben in diesem Film, nicht nur mit Wegeners Schatten, der vor allem als fehlend vorgeführt wird. Der Trickspezialist Rochus Gliese mußte sich wieder viel einfallen lassen. Das Konzert in der kleinen Stadt wird zum Skandal, weil von dem Stadtmusikus nur die Geige einen Schatten wirft, und der Dapertutto tanzt mit seinem eigenen Schatten.

Die Beziehung des Körpers zu seinem Schatten wurde damals häufig zum Gegenstand künstlerischer Darstellung gemacht, in Film und Photographie, auch in dem um die Jahrhundertwende aufkommenden Ausdruckstanz, zu dem Paul Wegener eine interessante Beziehung entwickelte (vgl. Kap. 5). Dora Brandenburg-Polster z. B., die Frau des Tanztheoretikers Hans Brandenburg, reflektiert graphisch das Miteinander von Körper, Schleier und Schatten in Gertrud Leistikows *Furientanz*.

Die Photographin Charlotte Rudolph hielt mit der Kamera einen der berühmten Sprünge der Dresdener Tänzerin Gret Palucca mit ihrem Schatten fest. Das Photo gehört zu einer vielabgebildeten Photoserie über die kühnen Tänze Gret Paluccas. Es wurde als so charakteristisch angesehen, daß man es als Plakatvorlage verwendete.

Einen anderen Tanz mit dem Schatten zeigt der symbolistische Maler Sascha Schneider mit *Chodem oder der Astralmensch* (auch *Das Gewissen*). Schon der Titel signalisiert die Verwandtschaft mit anthroposophischen Vorstellungen. Es entstand aus der Zusammenarbeit des

29. Dora Brandenburg-Polster, *Gertrud Leistikow beim »Furientanz«*.
30. Gret Palucca, Photo von Charlotte Rudolph.
31. *Der verlorene Schatten*, Tanz mit dem Schatten.
32. Sascha Schneider, *Chodem oder der Astralmensch*, 1903.
33. *Herzog Ferrantes Ende*, Triumph.
34. Alfred Roller, Bühnenbild zu Max Reinhardts Inszenierung von *Faust II*, 1911.
35. *Der Golem, wie er in die Welt kam*, Rabbi auf der Mauer.
36. *Der Golem, wie er in die Welt kam*, Ghettosilhouette.
37. Paul Goesch, *Rathaus*, um 1920.

Malers mit dem Schriftsteller Karl May, als dessen Werk mit dem Roman *Im Banne des silbernen Löwen* an einem Wendepunkt stand. Karl May bestellte das Bild für seine *Villa Shatterhand*, ehe er Schneider den Auftrag gab, neue Titelbilder für seine Indianerromane zu entwerfen, die sie symbolistisch umdeuteten.

Der Schatten hat sich – nach bewährtem romantischem Muster, wie bei Hans Christian Andersen oder in *Der Student von Prag* – selbständig gemacht und kehrt sich gegen sein Urbild. Aber anders als sonst ist er kein böser Geist, der seinen Herrn bedroht, sondern ein guter, der ihn am bösen Tun hindert, der weiß ist statt schwarz. Umgekehrt scheint der reale Mensch abzuweichen im Gegensatz zu dem aufrechten Schatten. Aber schwarz oder weiß – der Doppelgänger gehört zum neuromantischen Weltbild.

In diesem Umfeld wird auch Reales – Figuren, Gegenstände oder Landschaften – auf Silhouettenwirkung hin getestet und eingesetzt, wodurch der Eindruck des Magischen entsteht. Der Umriß, die »Gestalt«, wird ungeheuer wichtig, sagt etwas Wesentliches und Charakteristisches aus. Max Reinhardt, der Zauberer, kannte das Mittel und setzte es häufig ein; Paul Wegener und viele andere übertrugen es auf den Film.

Wenn beispielsweise in Alfred Rollers Bühnenbild zur Reinhardt-Inszenierung von *Faust II* (1911) Faust und Mephisto auf stilisierter Hochgebirgslandschaft schwarz vor hellem Himmel erscheinen – dieses Bühnenbild war so wichtig, daß es auch im Textbuch abgebildet wurde –, oder wenn in *Der verlorene Schatten* Wegeners charakteristischer Umriß zwischen zwei hochragenden Türmen auftaucht, oder wenn die dekorative Gestalt des Rabbi Löw über den Dächern des Ghettos verzweiflungsvoll und beschwörend die Arme mit den wallenden Ärmeln zum Himmel streckt, dann beruht der starke Eindruck ebendarauf.

Zauber der Silhouette geht aus von dem Bild des nächtlichen Ghettos im *Golem* (1920). Es hat direkte Parallelen sowohl in der Folklore als auch in der bildenden Kunst, etwa in dem Aquarell *Rathaus* von Paul Goesch, einem Architekten und Zeichner des Phantastischen, der nicht zufällig auch als Märchenillustrator tätig war. Sein abenteuerlich gezacktes Rathaus mit den bewegten steilen Dächern und gewundenen Türmen scheint der nach Poelzigs Entwürfen gestalteten Ghettosilhouette aus *Der Golem, wie er in die Welt kam* verwandt zu sein. Hintergrund ist die hochentwickelte Kultur des Schwarz-Weiß und des Umrisses zwischen Jugendstil und Expressionismus, deren ästhetische Wirkung weit über die Kunst im engeren Sinne hinaus ins Populäre geht. Sie ist an den damals verbreiteten Adventslaternen zu erkennen und an den mit der Laubsäge ausgeschnittenen Märchenfiguren in unendlich vielen Kinderzimmern. Darüber hinaus ist die charakteristische Form der hochgiebeligen, unregelmäßigen, mehrfach geschwungenen Häusergruppe eine typische Vorstellung dieser Jahre, die in der Architektur der Zeit nachzuweisen ist, wie z. B. in Joseph Maria Olbrichs Dreihäusergruppe aus den Musterbauten der Darmstädter Künstlerkolonie.

3. Lotte Reiniger und Paul Wegener – Silhouetten in Märchenfilmen

Es ist also kein Zufall, daß Paul Wegener eine besondere Rolle bei der Entstehung des Silhouettenfilms zukam, einer neuen Kunst, die sich im Zusammenhang mit der Wiederbelebung zweier alter Künste entwickelte, des Scherenschnitts und des Schattentheaters. Diese Wirkung erfolgte über eine damals noch sehr jugendliche, aber zielbewußte Persönlichkeit: Lotte Reiniger, die eigentliche Schöpferin des Silhouettenfilms. Obgleich erst sechzehn Jahre alt, war sie doch sehr entschieden in ihren Neigungen und Fähigkeiten, sie sei, wie sie sagte, »mit der Schere geboren«. Die Zeichen ihrer Geburt lagen im Trend: Scherenschnitt und Schattentheater[21] wurden damals zu einer Massenkunst.

Die alte, aus China stammende Kunst der Schattenfiguren war eine seit der Empfindsamkeit und der Romantik lebendige Tradition, die in den Schattenrissen der Weimarer Klassik einen volkstümlichen Höhepunkt erreichte. Von Philipp Otto Runge und Hans Christian Andersen sind wunderbare Scherenschnitte bekannt; fortgesetzt wurde die Tradition von Karl Fröhlich und Paul Konewka. Der Jugendstil brachte eine ausgesprochene Neubelebung, besonders in seinen Zentren Wien (etwa mit den Scherenschnitten Otto Böhlers) und München (mit den *Schwabinger Schattenspielen* ab 1907). Zum Schwabinger Künstlerkreis gehörte neben Emil Preetorius und Ernst Moritz Engert (vgl. Abb. 51) auch Dora Brandenburg-Polster (vgl. Abb. 29). Paris war mit den Vorführungen des Kabaretts *Les chats noirs*, die auch in München gezeigt wurden, vorangegangen, hatte aber einen ganz anderen, eher satirischen Charakter. Die deutsche Tradition der Silhouettenkunst war neuromantisch in Geist und Form. Vorbereitet hatte sich die Entwicklung in den silhouettenartig getuschten, luftig-bewegten Kinderreigen Karl Wilhelm Dieffenbachs, dessen als Postkarte ziemlich verbreiteter stilprägender Fries *Per aspera ad astra* auch Lotte Reiniger als Kind in ihrem Besitz hatte. Sein Schüler Fidus (Hugo Höppener) eröffnete in der Münchner Zeitschrift *Die Jugend* eine Reihe von Silhouetten. Der *Kunstwart* zog nach mit regelmäßigen Veröffentlichungen. Die Jugendbewegung machte den Scherenschnitt zur beliebten Kunst für jedermann; ihr Kultliederbuch *Der Zupfgeigenhansl* kennzeichnete seine Abschnitte durch die Silhouetten Hermann Pfeiffers in der gleichen Weise wie Paul Wegener seine Filmtitel (*Rübezahls Hochzeit*, *Apokalypse*, *Der verlorene Schatten*) oder Akttrennungen (*Der Rattenfänger*) mit denen Lotte Reinigers. Mit Lotte Reiniger, Rochus Gliese und Paul Wegener aus dem fruchtbaren Umkreis des Reinhardt-Theaters entstand in Berlin eine späte Blüte der »Schwarzen Kunst«, die mit Ernst Moritz Engert auch Kräfte aus den alten Zentren anzog.

Lotte Reinigers Talent entfaltete sich unter direkter Einwirkung Paul Wegeners und des Reinhardt-Theaters. Sie fühlte sich von den beiden Wegener-Filmen *Der Student von Prag* und *Der Golem* wie verzaubert: »Das war ein magisches Ereignis.«[22] Mit Paul Wegener trat das Geheimnis, das Märchen, das Wunder in ihr Leben. Sie suchte den Kontakt und veranlaßte ihre überraschten und widerstrebenden Eltern, sie in Reinhardts Schauspielschule anzumelden. Später stand sie gelegentlich mit Wegener auf der Bühne, aber ihre eigentlichen Fähigkeiten zeigten sich in den Spiel- und Probenpausen, wenn sie die berühmten Reinhardt-Inszenierungen aus den Kulissen beobachtete und die Schauspieler in charakteristischen Posen mit der Schere porträtierte. Diese Silhouetten fanden Anklang.[23]

Wegener konnte »das Silhouettenmädchen« für seine eben sich entwickelnde Filmarbeit gut gebrauchen. Er empfahl Lotte Reiniger später auch an das 1919 gegründete Institut für Kulturforschung des Dr. Hans Cürlis, wo 1919 ihr erster Scherenschnittfilm *Das Ornament des verliebten Herzens* entstand, der zugleich der erste der Filmgeschichte war. Zunächst aber schnitt sie 1916 die Titelsilhouette von Wegeners Film *Rübezahls Hochzeit* und gestaltete die Dekorationen und Kostüme für den Film *Die schöne Prinzessin von China*, bei dem Rochus Gliese Regie führte. Das war ein Film in Silhouettenmanier: Die Schauspieler agierten hinter einer Transparentwand. Eine Titelsilhouette entstand auch für den Antikriegsfilm *Apokalypse* (1918), bei dem Wegener für das Drehbuch und Gliese für die Regie verantwortlich zeichneten. Für den Film *Der Rattenfänger* (1918) entstanden fünf Silhouetten zur Akttrennung und für *Der verlorene Schatten* (1921) außer den Medaillonsilhouetten der beiden Liebenden ein in die Handlung eingeschobener Silhouettenfilm. Die einmontierten Titel- und Akttrennungssilhouetten sind später, da man sie als unmodern empfand, herausgeschnitten worden. Jetzt vorhandene Kopien stellen also eine nicht authentische Fassung dar.

Lotte Reiniger sprach immer mit großer Liebe und Verehrung von Paul Wegener; er förderte ihre Begabung, war ihr Mentor und gewann dabei eine Mitarbeiterin, die seinen Filmen den letzten poetischen Schimmer gab. So geschah es bei *Der Rattenfänger*, daß die Aufnahmen, die Wegener zunächst unbefriedigt gelassen hatten, nach Einfügung von Lotte Reinigers akt-

38. Lotte Reiniger, *Paul Wegener zum 70. Geburtstag*, 1944.
39. Lotte Reiniger, *Lubitsch als Satan*, Silhouette zu *Hans Trutz im Schlaraffenland*.
40. Lotte Reiniger, *Wegener als Hans Trutz*, Silhouette zu *Hans Trutz im Schlaraffenland*.
41. Lotte Reiniger, Titelsilhouette für *Rübezahls Hochzeit*.

einleitenden Scherenschnitten »stimmten«. Ihr Verhältnis ist ein bemerkenswertes Beispiel, wie ein großes Talent ein anderes initiiert und dabei selbst gewinnt, ein Beispiel künstlerischer Generationenfolge mit der Besonderheit, daß der Funke von einer Kunst in eine andere übersprang: So entstand der Silhouettenfilm. Als seiner Schöpferin 1935 eine Werkschau in Berlin gelang, eröffnete Wegener die Ausstellung Unter den Linden mit einer Ansprache. Das war für Lotte Reiniger und ihren Mann Carl Koch schon die Zeit der Halblegalität, als die Bedrohten, ohne Berlin ganz aufzugeben, ständig ins Ausland auswichen.

Zunächst begleitete Lotte Reiniger die Theaterarbeit im Deutschen Theater, dann auch Wegeners Filme mit freien Scherenschnitten. Seine berühmtesten Theater- und Filmrollen kehrten in ihrem Glückwunsch zu Paul Wegeners 70. Geburtstag am 17. 1. 1944 noch einmal wieder, zu einem herzförmigen Kranz gewunden.

Sie entwickelte eine außerordentliche Treffsicherheit für das charakteristische Moment einer Rolle, geübt an vielen Theaterabenden hinter der Bühne. Die Winzigkeit des Scherenschnitts und die Beschränkung auf den Umriß förderte bei Lotte Reiniger die Schärfe des Ausdrucks und die Fähigkeit zur Stilisierung. Die zwei kleinen Bögen, die das Gesicht des Macbeth bilden, erwecken unweigerlich die Erinnerung an ein bekanntes Rollenphoto. Der Glückwunsch zitiert Wegeners wirkungsvolle Rolle als krückenverzogener Krüppel in Ibsens *Gespenster*, eine Rolle, die ihn von Anfang an begleitet hat, vom ersten Berliner Erfolg als alter Aschenbach [24] bis zu den Filmen *Nachtgestalten* (1919/20, Richard Oswald) und *Vanina*. Und er beschwört mit der Gestalt des Othello eine berühmte Geste, die auch Olaf Gulbransson zur Darstellung gereizt hat. Der Golem, Hauptfigur seines Welterfolges, stützt das Ganze wie im Film den Kaiserpalast. Dabei veränderte Lotte Reiniger die Figuren, auch die Figur Paul Wegeners, in charakteristischer Weise. Das neue Formempfinden, das die überschlanke Gestalt des Prinzen Achmed hervorbrachte, wirkt sich auch auf die Interpretation des notorisch gedrungenen Paul Wegener aus: Er wird verschlankt und verkindlicht. Der Galeerensträfling etwa und der betont massige Hans Trutz werden zu jungenhaften Figuren.

Dabei muß man unterscheiden zwischen freien Silhouetten, die zu Filmen entstanden, und solchen, die zum Einmontieren in Filme bestimmt waren. Zu den freien gehört diejenige, die Paul Wegener als ängstlichen Bauern Hans Trutz und Ernst Lubitsch dominant als Satan mit wallendem, flammenartig wehendem Mantel darstellt.[25]

Ein Filmbild dagegen ist die Silhouette des auf dem Gebirge hockenden Rübezahl, der mit dem Fernglas ausschaut nach seinem geliebten, jetzt verschwundenen »Elfchen«. Die Kamera sucht die Berge und die Fischgründe ab, denn die Elfe kann groß sein wie er, wenn sie mit ihm über die Gipfel tobt, aber auch winzig wie ein Schmetterling, wenn sie ihn umflattert und foppt (vgl. Abb. 62), oder wie ein Fisch im Wasser. Er sucht. Diesen dramaturgischen Ausgangspunkt verfremdet und poetisiert die (nicht mehr in den Kopien enthaltene) Titelsilhouette, aus der sich die entsprechende erste Filmszene entwickelt. Die subjektive Kamera, die den Blicken Rübezahls durchs Fernrohr über die jetzt reale Landschaft und in den Mikrokosmos des Teichgrundes folgt, deutet das Spiel mit den verschiedenen Größenordnungen, das die Filmtechnik ermöglicht, wovon in *Rübezahls Hochzeit* reichlich Gebrauch gemacht wird.

Sieben quer-, also kinoformatige Scherenschnitte hat Lotte Reiniger für den Film *Der Rattenfänger* angefertigt.[26] Sie tragen die Titel *Der Rattenfänger*, *Die Mäuseplag'*, *Der Spielmann*, *Der Zauber*, *Das Hochgericht*, *Die Rache* und *Ende*. Erzählt wird die bekannte Sage vom Rattenfänger von Hameln, der mit seiner geheimnisvollen Flöte die Stadt von der Mäuseplage befreit, indem er die behexten Tiere in die Weser lockt. Dann klagen ihn die Bürger der Zauberei an, sie wollen ihn um den versprochenen Lohn prellen. Dahinter steckt aber auch die Angst des Bürgermeisters um seine Tochter, die dem Fremden verfallen ist. Mit Hilfe des Mädchens kann dieser sich vom Galgen retten. Aus Rache lockt er mit seiner Flöte die Kinder der Stadt in einen Berg. Der erste Scherenschnitt *Der Rattenfänger* zeigt die skurrile Gestalt des Spielmanns mit der wippenden Feder, wie er, am Flußufer angestrengt blasend, die Tiere in den Tod lockt, vor dem wuchtigen Hintergrund von Turm und Brücke. Die *Mäuseplag'* ist der Blick in eine Vorratskammer mit den üblichen, aber höchst poetisch aufgefaßten Utensilien: Sack, Krug, Waage, Regal, Laterne und hängenden Würsten. Aus den auf den Lebensmitteln herumturnenden Mäusen hat Lotte Reiniger die köstlichsten Ornamente gemacht. *Der Spielmann* verharrt diesmal anmutig und nachdenklich zwischen Wald und ferner Stadt. In *Der Zauber* behext er das Mädchen unter düsteren Tannen. Die grazilen, gebogenen Figuren des flötenden Rattenfängers und des mit ausgestreckten Armen hingegeben tanzenden Mädchens sind so ausdrucksvoll überlängt wie die hängenden Tannenzweige. *Das Hochgericht* stellt den Zug aus Stadtsoldaten, Armsünderkarren und Bürgern dar, der sich zwischen aufragenden Stadttürmen und stei-

Der Ratten-
fänger.

Der
Zauber.

Die Mäuseplag'.

Die Rache.

Der
Spielmann

42–47. Lotte Reiniger, Silhouetten aus *Der Rattenfänger*.
42. Titel.
43. Die Mäuseplag.
44. Der Spielmann.
45. Der Zauber.
46. Die Rache.
47. Ende.
48. Lotte Reiniger, *Portätsilhouette Lida Salmonova*.
49. *Der verlorene Schatten*, Medaillon.

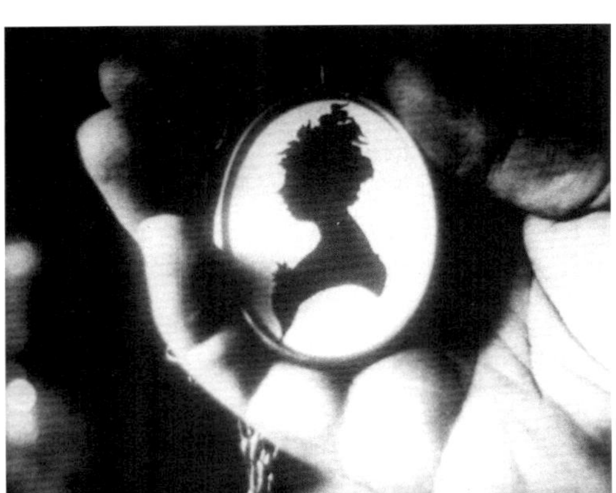

lem Galgenberg durch eine tiefe Schlucht und über den Fluß bewegt. Aufzüge sind in der Silhouettenkunst ein beliebtes Mittel, nicht nur aus simplen technischen Gründen (vgl. Kap. 5). Lotte Reiniger wendet es auch im nächsten Scherenschnitt an, betitelt *Die Rache*: Die Kinderschar strömt aus der Stadt den Berg hinunter, während der Rattenfänger an den Berg pocht. Die Bäume, die ihn bekrönen, sind so märchenhaft abenteuerlich wie die Türme der Stadt und der Vogelschwarm um den Galgen beim *Hochgericht*. Der das *Ende* markierende Scherenschnitt enthält im Gegensatz zu den anderen keinen erfüllten Raum, sondern den aufragenden leeren Galgen, an den sich Türme und Bäume als kleine Attribute anschmiegen. Die historisierende Fraktur der Titel und volkstümelnde Ausdrücke wie *Mäuseplag'* sind Stilmerkmale wie die Knittelverse, die die Handlung begleiten und das Derb-Komische betonen. Sie werden auch in *Hans Trutz im Schlaraffenland* verwendet.

Mit zunehmender Praxis wurde die Verwendung von Reiniger-Silhouetten in Wegener-Filmen reicher und komplizierter. In *Der verlorene Schatten* geistern sie als Medaillons und als ganzer Silhouettenfilm durch die verschlungenen Fäden der Handlung.

Lotte Reiniger hat die zierliche Lida Salmonova in einer Reihe von Porträtsilhouetten festgehalten. Eine zeigt sie in empfindsamer Geste an einen Stein gelehnt, eine andere in ihrer Rolle in der Ballettpantomime *Sumurun*, zwei weitere mit dem 1917 geborenen Söhnchen Peter und schließlich ihre Büste in der Schattenrißmanier des 19. Jahrhunderts.

Die Übergänge zu den Arbeiten für Filme sind fließend. Lotte Reiniger entwickelt die ins Komische spielende Silhouette der Lida Salmonova als Jungfer Barbara mit Vogelnest im Haar und der Rose auf hohem Busen aus der sachlicheren Porträtsilhouette. Das Medaillon hat große Bedeutung in der Hand des gefühlvollen Stadtmusikus – umgekehrt wird es mit seinem ebenfalls betont stupsnasigen Wegenerprofil hingebungsvoll von dem verliebten Mädchen betrachtet, was zugleich poetisch ausgekostet und augenzwinkernd ironisiert wird.

Die Interpretation von Figuren und Handlung durch Lotte Reiniger ist überaus aufschlußreich in bezug auf die zeitgenössische Wiederaufnahme von Formen, Figuren und Ideen der Empfindsamkeit und des Rokoko. Tendenzen des späten 18. Jahrhunderts, die schon Mitte des 19. Jahrhunderts im ersten Neuen Rokoko wiederaufgenommen worden waren, erlebten im frühen 20. Jahrhundert eine Wiederbelebung in mehreren Wellen. Lotte Reinigers Schaffen – von *Das Ornament des verliebten Herzens* bis zu ihren späteren Mozartfilmen[27] hat daran starken Anteil. Der betont neuromantische Film *Der verlorene Schatten* mit seinem ironisch gebrochenen biedermeierlichen Ambiente nimmt ausdrücklich Bezug auf die erste Rokokorezeption des 19. und gehört selbst in das Rokoko des frühen 20. Jahrhunderts.

Der tückische Schattenspieler macht die heimliche Liebesgeschichte des Stadtmusikus und der Hofdame zum Gegenstand einer satirischen Vorstellung mit einem gezierten Handkuß. Dabei werden ihre charakteristischen Profile von den Bürgern des Residenztädtchens erkannt, und die Existenz der Liebenden in der bigotten Umgebung ist gefährdet.

Das Einmontieren von kleinen Filmstücken einer zweiten Ebene hatte Wegener schon mit *Der Golem und die Tänzerin* und *Der Golem, wie er in die Welt kam* praktiziert. In *Der verlorene Schatten* war die Einlage als Silhouettenfilm auch formal abgehoben. *Der verlorene Schatten* endet mit einem weiteren kleinen Silhouettenfilm, der das Happy-End, die Hochzeit im bescheiden-idyllisierenden Stil der Jugendbewegung mit barfüßigen, langhaarigen und weißgekleideten Dorfkindern, zugleich poetisch verklärt und parodiert: Die offene Hochzeitskutsche fährt über ein Brückchen, darüber tanzen winzige Putten, und die Bäume scheinen sich in einem herzförmigen Raum vor dem jungen Paar zu verneigen.

Mit der Filmhandlung korrespondierende Schattenspiele einzumontieren, wie es Wegener in die Filmkunst eingeführt hatte, wurde dann zu einem zwar nur gelegentlich verwendeten, aber sehr speziellen und charakteristischen Stilmittel des neuromantischen Films, einerseits eine Reaktion auf die durch die Jugendbewegung popularisierte Schattenspielmode, andererseits auf die Bedeutung des Schattens in der Zeit um 1920. Als schatten- und umrißbewußte Regisseure wären neben Wegener Fritz Lang, Arthur Robison, Friedrich Wilhelm Murnau und Jean Renoir zu nennen.

Fritz Lang beauftragte Walter Ruttmann, für den Falkentraum der Kriemhild im ersten Teil der *Nibelungen* einen kleinen Silhouettenfilm zu gestalten, nachdem die Falken der Lotte Reiniger nicht seinen Vorstellungen entsprochen hatten.

Arthur Robison arbeitete bei seinen Film *Schatten* (1923), in dem es um die Verflechtung der Schattenwelt des menschlichen Inneren mit der Realität geht, mit dem Münchner Silhouettenkünstler Ernst Moritz Engert, der u. a. einen in die Handlung einmontierten Silhouettenfilm gestaltete wie Lotte Reiniger in *Der verlorene Schatten*. Gerade die Vergleichbarkeit beider läßt den Unterschied in der Handschrift zwischen Reiniger und Engert deutlich erkennen.

50. Lotte Reiniger, aus dem Silhouettenfilm in *Der verlorene Schatten*, Handkuß.
51. Ernst Moritz Engert, aus dem Silhouettenfilm in Arthur Robison, *Schatten*, 1923, Schattenspiel.
52. Friedrich Wilhelm Murnau, *Faust*, Schattenspiel.
53. Félix Vallotton, Illustration zu Romain Coolus, *Die leuchtenden Plakate*.

Noch Jean Renoir, der mit Lotte Reiniger und Carl Koch befreundet war, baute in seinen Film *La Marseillaise* (1938) eine kurze Silhouettenfilmpassage von Lotte Reiniger ein.

Robisons Film *Schatten* nutzt die verschiedensten Schattenspiele, vom einfachen, populären, mit der Hand ausgeführten Kunststück bis zum skurrilen chinoisen Silhouettenfilm. Es ergibt sich die Möglichkeit, die beiden Ebenen, Spiel und Zuschauer, gleichzeitig auf der Leinwand zu zeigen. Wegener zeigt in *Der verlorene Schatten* auf ähnliche Weise den ablaufenden Silhouettenfilm über den Köpfen der Zuschauer, von denen einige vorher in Großaufnahmen porträtiert wurden.

Murnau zeigt in *Faust* (1926) ein einfaches Handschattenspiel als Volksbelustigung,[28] ganz ähnlich dem, mit dem in *Schatten* der Schattenspieler sich bei den Dienstboten einschmeicheln will. Aus den Händen des Spielers entwickeln sich auf der Leinwand die Figuren, während links im Bild die Reaktion der Zuschauer, der Kinder bei Murnau, der Dienstboten bei Robison, zu sehen ist. Bei der Vorführung der beiden Silhouettenfilme geht der Blick der Kamera auf das vorgeführte Bild über die Köpfe der Zuschauer, die wie ein Rahmen wirken. Die Reaktion auf das Vorgeführte entwickelt sich in der folgenden Szene.

Die Einbeziehung der Zuschauermenge in die Darstellung ist ein Novum. Sie kann um die Jahrhundertwende auch in den bildenden Künsten beobachtet werden, etwa bei Félix Vallotton, einem Künstler, der als Erneuerer des Holzschnitts eine besondere Neigung zu Schwarzweiß-Kontrasten, Umriß und Schatten entwickelt hat. Die sich entwickelnde Mediengesellschaft wird vom Film ebenso wahrgenommen wie von anderen Künsten.

54. *Rübezahls Hochzeit*, Hexenküche.

4. Märchen und Mythen

Paul Wegener verstand sich als Märchenerzähler. Der Zauberwald mit Elfen und Zwergen, die Hexenküche mit dem dampfenden Kessel und der auf dem Gebirge hockende Riese stammen aus der volkstümlichen Tradition, die von der Romantik gehegt wurde und um die Jahrhundertwende in erneuertem Zauber wiedererstand.

Als Märchenerzähler stellt sich Wegener am Anfang von *Rübezahls Hochzeit* vor, mit Märchenbuch und von Kindern umgeben, beide betont alltäglich, er im Straßenanzug und sie, wie sie vom Spielen kamen. Gleich darauf tritt die geheimnisvolle Verwandlung ein: Er wird zum Rübezahl mit gewaltigem Bart und Schlotterkittel, während die eben zuhörenden Kinder als Zwerge und Elfen ihre märchenhafte Rolle spielen. Dazwischen war vermutlich die in den Filmographien angegebene Titelsilhouette von Lotte Reiniger montiert, die in beiden in Deutschland überlieferten Fassungen fehlt. Sie markiert den Übergang in die andere Dimension. Das Märchen kann immer und überall stattfinden.

Wegener entspricht damit der verbreiteten Tendenz zum Phantastischen und Balladesken im Zeichen von Jugendstil und Jugendbewegung, Symbolismus oder wie immer man den Triumphzug des Wunderbaren auf den verschiedenen Gebieten auch nennen mag. Das Prinzip der Verwandlung ist typisch für Symbolismus und Neuromantik, es ist dem von Verdoppelung und Spiegelung verwandt. Wie Wegener zu Rübezahl wird (und später zum Inspektor), so spielen in Langs *Der müde Tod* die Personen der Rahmenhandlung ihre Rolle in verschiedenen Sphären, so wird in *Il Fauno* der Künstler zum Faun und der Faun zur Plastik.

Vier mythischen Personen hat Wegener seine ganz besondere, eigentümliche Gestalt gegeben: dem Golem, Buddha (als dessen Reinkarnation der Großlama in *Lebende Buddhas* gilt), Rübezahl und dem Rattenfänger. Die beiden letzten repräsentieren jeweils einen ikonographisch bekannten Typ: Rübezahl den Riesen über der Landschaft, mächtig, übermenschlich, stark in der Materie verwurzelt – ein Naturmythos, der aus vorhistorischer Ideenwelt überkommen ist. Der Rattenfänger gehört zum Typ des fahrenden Spielmanns, Träger mittelalterlicher Subkultur, den die Jugendbewegung zu einer Art Kultfigur stilisierte. Der Golem dagegen ist ein Mythos aus der altjüdischen Überlieferung, unverwechselbar, nicht austauschbar, auch wenn die Überlieferung viele wechselnde Formen hervorgebracht hat und verschiedene Künstler ihm unterschiedliche Gesichter gegeben haben (vgl. Kap. 12).

Rübezahls Hochzeit

Mit Rübezahl, dem schlesischen Berggeist, wendet sich Paul Wegener zum ersten Mal der heimatlichen Sagenwelt zu. Rübezahl ist ein Naturmythos mit starkem sozialem Bezug, vor allem seit das schlesische Gebirge, von alters her eine arme Waldregion, deren Bewohner auf Heimarbeit angewiesen waren, mit der Niederschlagung des Weberaufstandes 1844 allgemeine Aufmerksamkeit erregt hatte. Aber auch schon im 18. Jahrhundert, als Natur und Folklore von der Kunst wahrgenommen wurden, machte der als Erzähler von Kunstmärchen bekannt gewordene K. A. J. Musäus Rübezahl zum literarischen Helden. In der Reflexion der Künstler und Schriftsteller spielt Rübezahl eine Rolle als Helfer der Armen oder als Rächer, ungeheuer stark, dabei launisch und reizbar, wie Naturgeister oft dargestellt werden, aber im Grunde gutmütig, mit einer ausgesprochenen Neigung zu groben Späßen. Die Figur des Rübezahl ist zu einer relativ festen Bildvorstellung geworden, die vor allem von den Romantikern gern dargestellt wurde: von wildem, zottigem Äußeren, in Menschengröße oder riesig auf dem Gebirge hockend, rasend oder wandernd, mit langem Bart und einem Baumstamm als Wanderstab. So hat ihn der Romantiker Moritz von Schwind gemalt, und Wegener hat das Bild für seinen Film genutzt (vgl. Abb. 139, 140).

Die wundersüchtige Neuromantik und die lebensreformerische Vorliebe für Volkskultur zu Beginn unseres Jahrhunderts brachte eine Wiederbelebung der Märchen und Sagen in Literatur, Theater, bildender Kunst und Kunsthandwerk und sogar in der Architektur, wie an der Blüte der Bauplastik abzulesen ist. Sie sollte bis in die zwanziger Jahre anhalten und erst von der Neuen Sachlichkeit abgelöst werden. Max Klinger und Arnold Böcklin hatten mit zahlreichen allegorischen Darstellungen den Weg gewiesen. Wegeners Rübezahl ist ein Verwandter jener lüsternen Faune, Frosch- und Meermänner, die über Max Reinhardt auch in die Filmgeschichte gekommen sind mit *Die Insel der Seligen* (1913), und in den Phantasien der Kinder spielten Hans Baluscheks Sturmriese und Mondmann aus dem sehr verbreiteten Kinderbuch *Peterchens Mondfahrt* eine ähnliche Rolle – Begegnungen von Riesen und Menschlein in komplizierten Beziehungen wie in Wegeners Film. Wegeners Märchenfilme sind in einem fest umrissenen geistesgeschichtlichen Zusammenhang zu sehen. Für die vielfältige künstlerische Reflexion der Rübezahlfigur in dieser Zeit sollen stellvertretend Julius Diez und Georg Wrba genannt sein.

Julius Diez gehört zu dem Künstlerkreis um die Münchner Zeitschrift *Die Jugend*, die den »Jugend«-Stil durchsetzen half, er war einer ihrer wesentlichen Illustratoren, volkstümlich und poetisch. Gleichzeitig Professor an der Kunstgewerbeschule, ist er in dieser Eigenschaft für die Filmgeschichte interessant als Lehrer von Fritz Lang in seiner Münchner Studienzeit.

Georg Wrba ist wie Ignatius Taschner (vgl. Abb. 63) und Josef Rauch einer der Bildhauer, die der Berliner Architekt und Stadtbaurat Ludwig Hoffmann 1904 bis 1913 für sein großartiges soziales und ästhetisches Programm nach Berlin holte: Es wurden in großem Stil und hohem künstlerischen Anspruch Schulen, Altersheime, das Märkische Museum, Krankenhäuser und Parkanlagen gebaut – meist kombiniert, um den sozial schwachen Benutzern eine poetische und gesunde Umgebung zu geben. Der oft humorvoll gefärbten Märchenphantasie wurde hier ein breites Feld eingeräumt.

Wrba gestaltet in zeittypischer Stilisierung nicht den launischen oder zornigen Rübezahl, sondern den menschenfreundlichen Geber, wie es zu dem sozialen Programm paßt, in das die Skulptur gehört. Den anonymen Photographen, der die neue Figur für die der Jugendbewegung nahestehende Zeitschrift *Der Kunstwart* aufnahm,[29] interessiert vor allem ihr Verhältnis zu der kindlichen Zielperson – eine Parallele zu den Kindern aus Wegeners Filmanfang, die den Märchenerzähler umwimmeln. Es ist eine Parallele nicht nur mit inhaltlichem bzw. sozialem Bezug, sondern auch formalem; es geht um das Verhältnis von groß und klein, vom Riesen zum Zwerg oder zum Menschen. Es geht um den Wechsel der Maße, ein Problem, das nach der Technik des Films, nach Montagen und Blenden geradezu verlangt.

Wegener hat auch die ikonographischen Eigentümlichkeiten der populären Rübezahlfigur in die Sprache des Films übertragen: Das Hocken auf dem Berg geht von Lotte Reinigers Titelsilhouette direkt in die entsprechende Filmszene über. Bart und Baumstamm sind traditionelle Attribute, mit denen Wegener souverän spielt. Der Bart kann auch abrasiert werden – ein komödiantisches Kabinettstück –, damit aus dem wüsten Waldschrat ein forscher Gutsinspektor werden kann, in dessen Charakter der Berggeist noch deutlich erkennbar bleibt: Sein Händedruck erschüttert den Arbeitgeber, sein Bart verstopft den Frisiersalon.

Den Filmemacher Wegener reizte an der Figur des Rübezahl neben seiner derben poetischen Wunderlichkeit auch die Möglichkeit, die phantastischen Zaubereien und spukhaften

55. Julius Diez, *Rübezahl*, 1912.
56. Georg Wrba, *Rübezahl*, Volkspark Friedrichshain, Berlin, 1913.
57. *Lebende Buddhas*, Kopf überm Schiff.
58. *Rübezahls Hochzeit*, gefangene Elfe.
59. Paul Verhoeven, *Das kalte Herz*, 1950.
60. *Rübezahls Hochzeit*, Rübezahl über der Ausflugsgesellschaft.
61. Francisco Goya, *Der Koloß*, 1819.

Späße mit Filmtricks vorzuführen: Eine riesige Faust greift nach dem Gutsinspektor, der aus dem Stall kommt, hebt das zappelnde Menschlein in die Luft und läßt es verschwinden; der gebratene Fisch auf dem Tisch der Gutsbesitzerfamilie, den das elfische Kindermädchen bedauert, lebt unter Rübezahls Blick wieder auf und fliegt durchs Zimmer, und da die Inspektorepisode damit zu Ende geht, wächst auch sein alter Bart wieder in Sekundenschnelle, und die beiden nur scheinbar zivilisierten Naturwesen brechen durch das Fenster ins Gebirge auf, wo sie als gewaltige Gestalten über die Gipfel jagen. Wie man sieht, handelt es sich um ein Spiel mit der Größe: vom Riesen auf den Bergen über die Menschengestalt bis zur Elfe auf der Hand oder im Bart.

Wegener hat diese künstlerische Methode auch später noch einmal in einem seiner Filme angewandt: In *Lebende Buddhas* erscheint sein Kopf riesig und drohend über dem Schiff mit der geraubten Schriftrolle, die ihm geraubt wurde und die er sich zurückholen wird. Solche Gegenüberstellungen wurden damals durch die Massenphotographie und den Aufschwung der Plakatkunst allgemein üblich und gingen bis ins Triviale. Ein anonymes Wandervogelphoto zeigt strahlende junge Gesichter über einer Schneelandschaft mit kleinen Skifahrern mit der bezeichnenden Unterschrift »Menschen und Götter«.[30] Durch die Wirkung des Films auf die Gebrauchsgraphik konnte das Spiel mit Größenkontrasten bei Plakaten und politischen Photomontagen zu künstlerischen Spitzenleistungen führen. Berühmt wurde später John Heartfields Montage zum Reichstagsbrandprozeß. Die Auswirkungen solcher phototechnischer Neuerungen auf die bildende Kunst waren ungeheuer; eine neue Sehweise entwickelte sich. Wegener stand, unter anderem mit *Rübezahls Hochzeit*, am Beginn des Prozesses.

Rübezahl in solcher Übergröße ist, wenn man von seiner geographischen Bindung einmal absieht und ihn als Archetypus begreift, ein Riese über der Landschaft und damit eine Gestalt mit stattlicher ikonographischer Ahnenreihe. Der Riese über der Landschaft geht sowohl auf die vorantike Mythologie der Titanen als auch auf die germanische Mythologie zurück. Er ist als Bildvorstellung in der volkstümlichen Überlieferung lebendig geblieben und von jeder Epoche nach ihren Bedürfnissen gedeutet worden. Dem Naturmythos folgten Herrschaftsallegorien, von der antiken Göttergesellschaft, schreitend »vom Berge zu Bergen hinüber«, wie es in dem Parzenlied aus Goethes *Iphigenie auf Tauris* heißt, und von Abu Simbel bis zu neuen Mythen wie den riesigen, in den Fels gehauenen Denkmälern für Crazy Horse und die amerikanischen Gründerväter in Dakota oder totalitären Standbildern.

Die moderne Auffassung des Riesen über der Landschaft ist weitgehend abhängig von Goyas *Koloß* (1819). Die beiden unterschiedlichen Fassungen – als Radierung und als Gemälde – weisen Berührungspunkte auf zu einzelnen Phasen von Wegeners filmischer Riesendarstellung. In der graphischen Fassung hockt der klobige Körper auf der weiten, kleinteiligen Landschaft wie auf einem Tisch, die aufgehende Sonne bestrahlt seine Schultern, der umwucherte Kopf ragt in ferne, obere Sphären, korrespondiert mit dem Mond. Bei völlig entgegengesetzter Interpretation – komisch statt monumental – kommt Wegener zu ähnlichen Lösungen: In der Titelsilhouette hockt Rübezahl über der Landschaft (Abb. 41), das Schlußbild zeigt die Riesenfigur in Verbindung mit dem Firmament (Abb. 11). Noch näher ist Wegeners Rübezahl der gemalten Fassung von Goyas *Koloß*, der durch den Nebel über dem Gebirge schreitet und zornig seine Fäuste ballt, während im Vordergrund eine ameisenhaft wimmelnde Masse von Menschen mit Pferden und Wagen sich in panischer Flucht bewegt.

Titanengestalten, die sich drohend über einer panisch bewegten, winzig gesehenen Menschenmasse oder auch über kläglichen einzelnen erheben, beherrschten um die Jahrhundertwende zunehmend die Phantasie der Künstler. Darin äußerte sich das aufbrechende allgemeine Krisenbewußtsein, dem der Symbolismus mit seiner Vorliebe für Allegorien den Weg bahnte.

62. *Rübezahls Hochzeit*, Schmetterling im Bart.
63. Ignatius Taschner, Schulzentrum Lütticher Straße, Berlin, Schlußstein am Portal der Gemeindeschule, 1909.
64. Franz Metzner, Gewölbepfeiler im Haus Rheingold, Berlin, 1906.

Zudem war im Zeichen Zarathustras das Wohnen auf den Gipfeln zu einer Lieblingsvorstellung der intellektuellen Jugend geworden, die damals stark unter dem Einfluß Nietzsches stand.

Wegener wandelt das Motiv ab zum Komischen: Rübezahl bläst in das Picknick, und die Ausflugsgesellschaft fliegt auseinander; das Kleid der Gouvernante zerreißt, der Hauslehrer fällt in Ohnmacht und der Elfe vor die Füße – ein schlesischer Sommernachtstraum. Der Mythos wird banalisiert.

Wegener hat aus der landläufigen Überlieferung das ausgewählt, was ihm gelegen kam, und im übrigen fröhlich drauflos fabuliert. Er hat den Grundcharakter übernommen, der seinem kräftigen, erdhaften Typ in starkem Maße entsprach, und dabei betont, was in Rübezahldarstellungen sonst meist zurücktrat, das Erotische. Zwar ist es der Figur nicht ganz fremd – hat sie doch ihren Spottnamen wegen einer mißratenen Liebesgeschichte erhalten. Aber gerade darum kennt man Rübezahl eher als grantigen alten Hagestolz. Eine Prinzessin, um die er warb und die ihn loswerden wollte, hatte ihn Rüben zählen lassen, ehe sie ihn erhören wollte. Natürlich scheiterte er in seiner Tölpelhaftigkeit. Wegener akzeptierte die von der Sage vorgegebene männliche Lächerlichkeit, um sie humorvoll zu widerlegen. Er spielt zunächst den Tölpel breit aus. Alle männlichen Ängste gegenüber einer kichernden weiblichen Menge, wie sie die Elfen darstellen, werden in den täppischen Versuchen beschworen, das auserwählte »Elfchen«, das sich immer wieder entzieht, zu finden und zu fangen. Am Ende kann er mit dem Gewicht souveräner Männlichkeit seinen Konkurrenten, den niedlichen jungen Hauslehrer, ausstechen und schleppt mit faunischem Grinsen die Beute ab – klassisches Rollenverhalten, völlig unernst genommen. Dem Triumph des Eros geht eine der für den ersten Teil des Films charakteristischen Jagdszenen voraus, in der sich das in die Enge getriebene Elfchen, um das Rübezahl nur noch die Faust schließen muß, in einen Schmetterling verwandelt. In seinem Bart trägt ihn Rübezahl, riesig über wolkenverhangenes Gebirge steigend, davon und setzt ihn schließlich an einen Baum. Auf die großmütige Geste reagiert das Elfchen prompt mit Rückverwandlung aus der tarnenden Tiergestalt und sehnsuchtsvoll ausgestreckten Armen, winzig im Baum sitzend. Der Geschlechterkampf ist zu Ende.

Die sich bewegende kleine Figur zum ebenfalls agierenden Riesen in Beziehung zu setzen, ist im späteren Märchenfilm ein beliebter Trick. *Rübezahls Hochzeit* zeigt davon eine sehr frühe Variante.

Wenige Jahre zuvor war an einem Berliner Schulneubau ein plastisches Detail entstanden, das eine merkwürdige Ähnlichkeit mit dieser filmischen Bildidee hat. Im Rahmen des im Zusammenhang mit Georg Wrba erwähnten Bauprogramms von Ludwig Hoffmann arbeitete Ignatius Taschner an der bauplastischen Ausgestaltung. Mit ungeheurem Ideenreichtum wurden die zahlreichen Schulbauten, meist große Komplexe mit mehreren Schultypen, »zur Freude der

Schulkinder« mit Bildschmuck versehen, Allegorien, Tierdarstellungen, vor allem Putten: Das »Jahrhundert des Kindes« sollte beginnen, die wilhelminischen Schulkasernen waren passé.

Ein Schlußstein am Portal einer dieser Schulen im Arbeiterbezirk Wedding zeigt den Kopf eines alten Mannes mit langem, lockigem Bart, der auf einen winzigen Putto niederlächelt. Der Putto sitzt auf zwei verknoteten Bartsträhnen wie auf einer Schaukel.

Was bei Wegener erotisch gedeutet wird – die Frau als Schmetterling provokant im Bart – hier ist es reformpädagogisch gedacht: Der Alte, ein Riese, lächelt dem winzigen Nachkommen zu, der spielerisch im schützenden und wärmenden Bart aufwächst. Kein Geschlechterverhältnis ist der Gegenstand, sondern das Generationsverhältnis von Alt und Jung, Groß und Klein; der Bart ist kein Männlichkeits-, sondern ein Alterssymbol. Die Größenrelationen sind (lebens)philosophisch ausgedeutet.

Bei aller Gegensätzlichkeit in der Auffassung überrascht doch die Vergleichbarkeit der Bildidee, die kein Zufall ist. Daß Wegener die Schule gesehen haben könnte, ist sehr unwahrscheinlich, obgleich das Hoffmannsche Bauprogramm heftig und kontrovers diskutiert wurde. Die Übereinstimmung beruht auf einer gemeinsamen Grundlage. Erzählerische Phantasie, Humor und besonders das dieser Zeit eigene allegorische Denken lassen beide Künstler zu ähnlichen Lösungen finden. Das Beispiel steht stellvertretend für viele andere. Es ist das Zeichen einer Geistesverwandtschaft, die nicht von direkter Einflußnahme oder Bekanntschaft abhängig ist. Taschner, der aus der Münchner Boheme stammte, war von Poelzig, dem späteren Gestalter der Golemstadt, als Lehrer an die Breslauer Kunstgewerbeschule geholt worden und gestaltete den plastischen Schmuck beim Umbau des Rathauses von Löwenberg durch Poelzig. Das war von 1903 bis 1906, lange vor der Zusammenarbeit Wegeners mit Poelzig an dem Film *Der Golem, wie er in die Welt kam*. Eine unbändige Fabulierlust ist beiden Künstlern eigen. Darüber hinaus gilt, was über das Motiv des Riesen über der Landschaft bereits gesagt war, auch für die Gegenüberstellung des Riesengesichts mit der kleinen menschlichen Figur.

Das Spiel mit Größenverhältnissen reizte den Bildhauer Franz Metzner mehrfach zu entsprechenden Kombinationen monumentaler Masken, die zeittypisch waren. Metzner gestaltete den plastischen Schmuck an mehreren repräsentativen Bauten, dem als Konzert- und Versammlungshaus konzipierten, dann aber nur als Weinlokal realisierten Haus Rheingold am (alten) Potsdamer Platz (1906), der Volksbühne (1914) und dem Kino am Nollendorfplatz (1912/13) in Berlin und dem Völkerschlachtdenkmal (1913) in Leipzig.

Der Rattenfänger

In der in ganz Europa bekannten, für Deutschland in der Stadt Hameln an der Weser angesiedelten Sage vom »pied piper«, vom buntscheckigen, abenteuerlich gekleideten geheimnisvollen Spielmann, der die Kinder einer ganzen Stadt mit seiner Flöte in einen Berg lockt, weil die Stadt ihn um seinen Lohn als Rattenfänger betrogen hat, ist die letzte Erinnerung an eine verschollene Katastrophe verfestigt. Solche Erinnerungen werden, wenn sie sich erst zu Mythen gewandelt haben, oft als Strafe für Selbstsucht und Hochmut interpretiert, was sich in diesem Falle äußert als Betrug und Terror gegen Außenseiter, getarnt mit der Maske der Justiz. In Paul Wegeners Bearbeitung ist die einfache Fabel der alten Sage erweitert, ausgefeilt und psychologisch vertieft worden. Da gibt es eine schillernde, am Ende tieftraurige Liebesgeschichte des Heimatlosen mit der Tochter des Bürgermeisters, der er zuerst begegnet, die ihm den Weg in die Stadt weist und die seiner durch die Zauberflöte symbolisierten dämonischen Wirkung verfällt.

Die beiden Fragmente des Films, die das Filmmuseum Berlin aufbewahrt, enthalten charakteristische Teile aus einigen wichtigen Szenen des Films, die Rückschlüsse auf seinen Stil erlauben. Sie sind hier in ihrer inhaltlich schlüssigen Folge wiedergegeben, die nicht der Reihenfolge entspricht, die sie in dem Fragment haben.

Der Anfang, die Schilderung der Mäuseplage, ist durch kein weiteres Bildmaterial dokumentiert, ebenso die Ankunft des Spielmanns und die Begegnung mit Ursula, der Tochter der Bürgermeisters, und ihrer kleinen Schwester. Auf dem Platz vor der Kirche lassen die aus der Kirche kommenden Bürger den Rattenfänger, von dem sie sich Hilfe erhoffen, hochleben. Er spielt ihnen dann, auf dem Brunnenrand sitzend, zum Tanz auf. Die Dankbarkeit der Bürger reicht nicht weit: Im Obdachlosenasyl muß er wohnen bis zum nächsten Vollmond. Erst dann kann das Rattenaustreiben stattfinden, und bis dahin hat er kein Geld. Er fühlt sich schäbig behandelt und verläßt seufzend das erbärmliche Lokal. Seine Leidensgenossen, würdige alte Männer, bleiben zurück (vgl. Abb. 69). Auf einer Waldwiese ist eine Gruppe bezopfter Mädchen beim

Blumenpflücken und Kränzewinden. Fröhlich begrüßen sie den Rattenfänger, fordern ihn zum Musizieren auf und tanzen zu seinem Geigenspiel. Bald aber spielt er nur noch für eine, Ursula. Der Ratsapotheker hat das Paar heimlich beobachtet. Dann kommt er dazu und provoziert den widerstrebenden Spielmann, die Flöte hervorzuholen. Er spielt, sie tanzt hingegeben. Es ist eine gefährlichere Melodie als vorher auf der Geige. Er zieht die Tanzende auf einen Felsblock zu, sie aber behext ihn nicht weniger und zieht ihn, aus dem Bild tanzend, mit sich.

Das verbreitete Standphoto mit diesem Motiv gibt nur eine sehr vordergründige und konventionelle Interpretation; in der Filmszene, aus der das hier abgebildete Photo stammt, wirkt er viel düsterer und gefährlicher, aber auch lebendiger. Standphotos, zum Zweck der Werbung nachträglich hergestellt, sind als Quelle filmhistorischer Forschung problematisch. Das nachträgliche Posieren der Schauspieler macht aus einer bewegten, lebendigen Filmszene ein »lebendes Bild«.

Der Ratsapotheker lauert der eilig zurückkehrenden Ursula auf, setzt sie unter Druck und versucht, ihre Gunst zu erpressen. Bei Bürgermeisters zu Hause erzählt Ursulas kleine Schwester den Eltern begeistert von dem wunderbaren Spiel des Rattenfängers.

Von der großen Szene des Rattenzuges gibt es weder Bild- noch Filmbelege. Es gibt nur interessante Berichte über die Schwierigkeiten des Drehens von Lotte Reiniger[31] und Rochus Gliese.[32] Lotte Reiniger erzählt, daß anfangs versucht wurde, lebende Ratten und Meerschweinchen einzusetzen. Man mußte bald zu Holzratten übergehen. Beim Transport an den Drehort Bautzen, dessen schöne historische Stadtsilhouette den Hintergrund für die Außenaufnahmen bilden sollte, waren die Tausende von Holzratten »zu einem unentwirrbaren Knäuel verklebt und mußten auseinandergeschnitten werden«, wie Gliese erzählt. Die Arbeit an der Szene, wie die Ratten sich in den Fluß stürzen, dauerte 6 bis 8 Stunden, denn Kinder und Arbeitslose zogen die Ratten Stück für Stück weiter. »Die Schatten rasten, während die Ratten überzeugend liefen.« Trotzdem wurde es wider Erwarten eine schöne Szene: »Da das Gras unablässig durch die Bediensteten niedergetreten wurde, rauschte es, und die wenigen übriggebliebenen wirkten wie eine unübersehbare Menge.«

Dann steht das Spiel gegen den Rattenfänger; die Stadt will ihn loswerden und hängt ihm einen Prozeß wegen Zauberei an. So wie Wegener die Sage interpretiert, ist der Geiz nicht das einzige Motiv. Die Liebe der Bürgermeistertochter und die Feindschaft des Ratsapothekers fallen ebenso ins Gewicht. Über den Handlungskomplex, nach Lotte Reiniger »Das Hochgericht«, geben nur wenige Photos Auskunft. Eines zeigt, wie zwei Stadtsoldaten am Tor dem Spielmann den Weg versperren und der Schinderknecht mit bedenklichem Gesicht auf die berüchtigte Flöte zeigt, auf anderen ist die Errichtung des Galgens vor der imposanten Stadtsilhouette Bautzens zu sehen.

65. *Der Rattenfänger*, die Töchter des Bürgermeisters.
66. *Der Rattenfänger*, Spielmann und Mädchen.
67. Dasselbe als Standphoto.
68. *Der Rattenfänger*, vor dem Stadttor.

Dazu kommen einige kurze Filmstücke: die verzweifelte Ursula mit der kleinen Schwester beim Kirchgang, während die Bürger die Fäuste gegen den gefesselten Rattenfänger ballen.

Vor dem Rathaus, einer prächtigen Renaissancefassade, steht Ursula, die in dem Prozeß gegen den der Zauberei angeklagten Spielmann als Zeugin vorgeladen ist, ängstlich zögernd, faßt sich dann ein Herz und geht hinein.

Der Rattenfänger sitzt im Kerker, draußen an der Mauer sucht die kleine Schwester den Kontakt und steckt ihm schließlich ein Briefchen durchs Gitterfenster, das ihn tröstet.

Der Bürgermeister und seine Frau erwarten Ursula mit Sorge und machen ihr, als sie endlich erscheint, Vorwürfe. Sie weint.

In einem Dachreiter bimmelt heftig das Armsünderglöckchen.

Damit enden die Filmfragmente. Von der Befreiung wissen wir durch die Kritiken:

»Die Rache« – die Entführung der verzauberten Kinder der Stadt – ist nur in Lotte Reinigers Scherenschnitt erhalten.

Trotz des Fragmentarischen der erhaltenen Szenen ist ihre Ausdruckskraft so stark, daß die filmhistorische Bedeutung des Films deutlich zu sehen ist. Die Parallelen zur zeitgenössischen Jugendbewegung sind unverkennbar; selten haben deren Vorstellungen deutlicheren filmischen Ausdruck gefunden: in der Märchenhaftigkeit des Sujets, in der Betonung des Landschaftlichen, in der Geschichtsträchtigkeit städtischer Räume, in dem charakteristischen Ensemble von Typen und ihrer Kostümierung – dem wandernden Spielmann, den fröhlichen, tanzwütigen Mädchen, den gravitätischen, engherzigen Bürgern in ihrer Verlogenheit und falschen Würde. Es ist diese historisch verbrämte, stark poetisierte Antibürgerlichkeit, wie man sie kannte von Künstlern aus dem Umkreis der Münchner Zeitschrift *Die Jugend* und aus den sehr qualitätvollen Jugendstilillustrationen zu den Märchenbüchern aus *Gerlachs Jugendbücherei*. Fritz Langs Honoratioren in *Der müde Tod* sind durch die gleiche ironische Märchenbrille gesehen. Charakteristisch sind die klobigen Knittelverse, die die Handlung begleiten, in Kontrast zu den zierlichen Silhouetten Lotte Reinigers. In ihnen wird durch die Umsetzung in den Scherenschnitt ein weiteres Stilmerkmal besonders deutlich: die enorme Bedeutung des historischen Ambiente. Die mächtigen Stadttürme – in dem dicken, runden mit der kleinen Spitze, der bei Lotte Reiniger mehrfach vorkommt, ist sein Urbild, die Alte Wasserkunst in Bautzen, deutlich erkennbar – die Renaissancefiguren an der Rathausfassade, das grobe, altersgeschwärzte Mauerwerk des Kerkers, vor dem das kleine Mädchen suchend herumläuft, das alles gibt der Geschichte eine düster-romantische Patina.

Vor allem in der Tanzszene ist der poetische Zauber des Wandervogels, der deutschen Jugendbewegung, der dem Film seinen besonderen Charakter verleiht, zu fassen (Abb. 76). Viele solche Mädchengruppen fanden sich damals zu Wanderungen und Volkstänzen zusammen.

Besonders typisch in ihrem Erscheinungsbild ist die zentrale Gestalt der Gruppe, Ursula, gespielt von Lida Salmonova, im lockeren, betont natürlichen »Reformkleid«, bekränzt, die Zöpfe zur charakteristischen Frisur, den »Schnecken«, aufgesteckt. Zu diesen Blumenkindern gehört ein struppiger, zigeunerhafter männlicher Partner, ein Vagabund. Diese Tanzszene ist auch als bedeutungsschwere Bewegungsstudie zu lesen. Aus der Gruppe der Freundinnen lockt der Spielmann das Mädchen seiner Wahl weg auf einen großen Felsblock im Hintergrund zu, während sich sein Spiel vom Heiteren ins Gefährliche wandelt – eine Anspielung auf das spätere Ende im Felsen. Aber vor dem Felsen schlägt die Bewegung in ihrer Richtung und Motivation um: Jetzt entwickelt sie, die völlig im Trance ist, eigene Energie und zieht den selbst bezauberten Spielmann mit sich. Während sie aus dem Bild verschwindet – Kleiderzipfel und lockende Hände sind das Letzte, was der Zuschauer sieht –, bleibt er im Bild, in ihrem Bann, hingegeben flötend. Das melancholische Ende der symbolischen Tanzszene ist ein Bild seiner Einsamkeit und Heimatlosigkeit, die auch die Liebe nicht brechen kann. Der Geist der Jugendbewegung verkörpert sich vor allem in ihm, dem malerischen Helden, dem Fremden, dem Außenseiter, liebenswert und gefährlich, auf dekorative Art ärmlich, aber faszinierend durch magische Kunstfertigkeit.

Der Wandervogel machte den fahrenden Spielmann zu seiner Lieblingsfigur, mit Fiedel, Gitarre bzw. Laute oder Flöte den jungen Leuten zum Tanz aufspielend. Den Bürgern ist er ein Dorn im Auge, weil der windige Habenichts ihnen die Jugend abspenstig macht. *Der Zupfgeigenhansl*, das Liederbuch der Jugendbewegung, zeigte auf dem Titel die Silhouette eines solchen kauzigen Wanderers mit seinem Instrument. Diese Figur ist von der Romantik geprägt (Eichendorffs *Aus dem Leben eines Taugenichts* ist eines der bekanntesten Beispiele), aber in ihr werden auch Erinnerungen an die spätmittelalterliche Tradition der Vagantenlyrik, der Lieder wandernder Studenten, bewußt wiederaufgegriffen. Nicht umsonst nannten sich unter Berufung auf diese Tradition die Exponenten des frühen Wandervogels »Pachanten« (Bacchanten) und trugen phantasievolle, federgeschmückte Filzhüte – einen solchen trägt auch Wegeners Rattenfänger: Er ist das Kennzeichen der windigen Zunft der fahrenden Schüler und Musikanten, Gaukler und Schausteller.

Kunsthistorisch gehört dieser Typ in die Tradition des Pittoresken. So wie Poelzigs Golemstadt die Tradition pittoresker Architektur fortsetzt, gehören alle Wegenergestalten in die des dazugehörigen pittoresken Typs, der mit der Neuromantik der Jahrhundertwende eine neue Blüte erlebt. Das Pittoreske als das Andersartige und Regellose liegt außerhalb der klassischen Norm. Es ist die Kultur des Alternativen, wozu auch das Untergründige und Gefährliche gehört, die »Nachtseite«, wie es die Romantik ausdrückte. Im Pittoresken liegt der besondere »malerische« Reiz der Rattenfängerfigur, sein abenteuerliches Äußeres, verlumpt und fremdartig, sein geschecktes Kostüm mit zahllosen Zipfeln, das Zottelhaar und das verwegene Auftreten.

Zu dieser Zeit kam bei vielen Künstlern und Künstlergruppen der Bänkelsang wieder auf, bei Wedekind, bei dem jungen Brecht und bei den überall aufblühenden literarischen Kabaretts, aus denen auch das Reinhardt-Theater entstanden war (*Schall und Rauch*, 1901). Wegener hatte in dieser Zunft einen besonderen Freund, den Dichter des Skurrilen und Surrealen Joachim Ringelnatz, der bei *Schall und Rauch* vorgetragen hatte. Reinhardt, der mit den Mysterienspielen volkstümliche Spieltraditionen wiederentdeckte und für sein Theater fruchtbar machte, zeigte den Spielmann in vollem Scheinwerferlicht (in Karl Vollmoellers spektakulärer Pantomime *Das Mirakel*, 1914). Volkstümliche Varianten wurden in unzähligen Wandervogelgruppen kultiviert, bei denen sich um »Hans Spielmann«, wie er in einem ihrer Lieder heißt, buchstäblich alles dreht. In diesem Stil spielt Paul Wegeners Rattenfänger den Bürgern und den Mädchen, den Ratsherren und den Kindern auf, und alles tanzt nach seiner Pfeife.

Der Rattenfänger ist nicht der einzige seiner Art in der deutschen Filmkunst. Der bettelhafte, aber seelenkundige Schattenspieler in Robisons *Schatten*, der auch einen Vetter in *Der verlorene Schatten* hat, sie alle bezaubern die Menschen mit ihrer geheimnisvollen Kunst und lassen sie ihre geheimen Sehnsüchte offenbaren, schäbige Vagabunden und doch die eigentlichen Drahtzieher. Auch in *Schatten* fallen die phantasievollen und umrißbetonten Kostüme auf, wie sie für den neuromantischen Film typisch sind, ebenso in *Nosferatu* und in skandinavischen Filmen wie *Herrn Arnes Schatz* (Mauritz Stiller, 1919) und *Hamlet* (Urban Gad, 1920). Stilprägende Ausstattungskünstler dieser Richtung waren Albin Grau (*Nosferatu*, *Schatten*) und Rochus Gliese, Wegeners wichtigster Mitarbeiter.

In Gliese kann Wegeners Verhältnis zur Wandervogelgeneration personalisiert werden. Denn Wegener war zu alt, um noch dazuzugehören, stand aber in ausgeprägter Beziehung zu ihr. Er war der Alte, der alle die Märchen, Wunder und Geheimnisse, von denen sie träumten, in seiner

69. *Der Rattenfänger*, im Asyl.
70. Georges Lacombe, *Drei Porträtstudien von Paul Sérusier*, 1894.

Schatztruhe hütete, eine Figur aus ossianischer Tradition. Seine Persönlichkeit hatte die Aura des Magischen; er war mehr als ein Märchenerzähler – er war das Märchen selbst, war Yogi und Buddha, Rübezahl, Rattenfänger und Golem, wie der Zauberer in *Der gestiefelte Kater* der Brüder Grimm, der in einem Augenblick Maus und Löwe sein kann, kein Märchenonkel – ein Zauberer.

Auf eine merkwürdige, aber typische Einzelheit sei noch hingewiesen: Im Gegensatz zu den parodierten Ratsherren und Bürgern sind die armen Leute, die das klägliche Quartier mit ihm teilen, mit großem Ernst und beinahe sakraler Verklärung gesehen. Sie haben das Äußere von alttestamentarischen Propheten oder Patriarchen; es sind alte, würdevolle Männer mit wallendem grauen Haar und dekorativen Vollbärten. Ihre Erscheinung hat etwas Mythisches, sie strahlt eine Größe und Stille aus, die in seltsamem Gegensatz zu ihrer sozialen Stellung steht. Gerade diese Spannung aber wird gesucht. »Armut ist ein großer Glanz aus Innen«, schrieb aus dieser Auffassung heraus Rainer Maria Rilke. Sie unterscheidet sich stark von der des Naturalismus, der vor kurzem noch das Bild der Unterprivilegierten bestimmt hatte, auch von der folgenden der Neuen Sachlichkeit. Der Naturalismus zeigte mit dem Gestus der Anklage Elend, Schmutz, Krankheit und Verzweiflung, die Neue Sachlichkeit richtete ihr aggressives, nüchternes Licht auf die sozialen Realitäten. Die seltsame Zwischenzeit der Vormoderne war gekennzeichnet von einer phantasievollen, schwärmerischen Sehnsucht nach dem Einfachen und Elementaren, nach den als heilig und wunderbar empfundenen Ursprüngen. Sie verzauberte Obdachlose zu Propheten und den Kollegen von nebenan zum Märchenkönig, wie es Georges Lacombe in seinen Sérusier-Porträts gelingt.

In derselben Weise stellten sich andere Symbolisten in ihren Selbstbildnissen oder in Porträts ihrer Kollegen dar:[33] Gustave Moreau, Lucien Lévy-Dhurmer, Armand Point, Pierre Puvis de Chavannes (*Bildnis Alexandre Séon*), vor allem die Porträts ihres priesterhaft gewandeten Exponenten Joséphin Péladan von Jean Delville (*Joséphin Péladan, Grand maître de la Rose und Croix en habit de Choeur*) und Bernard du Pasquier (*Amfortas* – der Name des Gralskönigs).

Georges Lacombe war ein symbolistischer Maler aus dem Umkreis der französischen Künstlergruppe der »Nabis« (hebräisch: Prophet), Kunsteremiten vorwiegend aus Paris, die an der abgelegenen bretonischen Küste einen Ausweg aus der Krise des Impressionismus und Zugang zu den Ursprüngen suchten, Gauguin und seine Schüler in Pont-Aven, die Nabis in Camaret und Pouldu. Lacombe zeichnete mehrfach seinen gleichgesinnten Kollegen Sérusier, einen Gauguin-Schüler, dessen charakteristische Erscheinung ihn stark beschäftigte. Daraus ging 1895 das Gemälde mit dem poetischen Titel *Portrait de Paul Sérusier, le Nabi à la Barbe rutilante* (Porträt von Paul Sérusier, der Nabi mit dem brandroten Bart) hervor, ein Bild von elementarer, nahezu sakraler Würde, das Porträt eines Propheten, vergleichbar den armen Alten in *Der Rattenfänger*.

Solche Zusammenhänge sind nicht so entlegen, wie es scheint, und es scheint auch nur, weil wir bisher kaum gewohnt sind, Kunst in internationalen Zusammenhängen zu betrachten. Immerhin war Fritz Lang in Paris Schüler des symbolistischen Malers Maurice Denis gewesen, der auch an den sommerlichen Künstlertreffen in der Bretagne teilnahm. Für Paul Wegener gibt es solche direkten Zusammenhänge nicht; aber es gibt – neben seiner außerordentlichen Kunstkenntnis – eine vergleichbare Disposition und vergleichbare Vorstellungen. Was für Paris die Bretagne, war für Deutschland Worpswede oder Murnau (auch das war ein Bekenntnis – der Filmregisseur, der unter diesem Namen Weltruhm erlangte, hieß Georg Wilhelm Plumpe; es war der Name der bayerischen Künstlerkolonie). Wegeners Medium waren Bühne und Film, er hatte keine Gelegenheit für monatelange Eremitagen wie Maler, Bildhauer oder Schriftsteller; für ihn spielten diese Rolle seine exzessiven Wanderungen, die ebenso künstlerisch reflektiert wurden wie die bretonischen Landschaften in Frankreich, niederdeutsche, oberbayerische oder auch andere in Deutschland: das Riesengebirge in *Rübezahls Hochzeit*, die Hellerauer Umgebung in *Hans Trutz im Schlaraffenland*, die Donau in *Der verlorene Schatten* und – entgegen der Dramaturgie – die Mark Brandenburg in *Der Student von Prag* (vgl. Abb. 90).

5. Lida Salmonova und der Hellerauer Kinderreigen

In der geheimen autobiographischen Nebenbedeutung, die fast alle Filme Wegeners haben, kommt *Rübezahls Hochzeit* eine besondere und naheliegende Rolle zu: Der Film ist eine künstlerische Reflexion seiner eigenen Hochzeit mit Lida Salmonova, lange herbeigesehnt in den furchtbaren Monaten des Grabenkrieges 1914/15 und während der quälenden Schwierigkeiten der Lösung von seiner damaligen Frau, der Opernsängerin Aenny Hindermann. Dieser Film voll jubelnder Anmut und augenzwinkernder Komik ist eine Hommage an Lida Salmonova als Braut. Zugleich wird sie gesehen als Mittelpunkt einer jugendlichen Schar von schwesterlich Gleichaltrigen, mit denen getanzt, gebadet und viel heiterer Unfug getrieben wird, bis zu den Kleinen beiderlei Geschlechts als Elfen, Zwerge, Musikanten beim Hochzeitszug, Putten am Hochzeitsbett oder auch als zu betreuendes Menschenkind. Lida, die Elfenkönigin einer großen, anmutig bewegten Gesellschaft von Naturwesen – hier fand sie die ihr am meisten gemäße Gestalt. Wegeners Vision von Lida ist ein zeittypisches Ideal von Weiblichkeit in der Mischung aus Mädchenhaftigkeit und Mütterlichkeit, wie es seit Werthers Lotte nicht ungewöhnlich ist. Das naturbetonte Bild weiblicher Jugend findet seinen gesteigerten Ausdruck im freien Tanz in natürlicher Umgebung. *Rübezahls Hochzeit*, ein ganz auf tänzerische Bewegung gestellter Film, muß im Zusammenhang mit der seit der Jahrhundertwende in vielen europäischen Ländern und den USA sich entwickelnden Tanzbewegung gesehen werden. Ihr Einfluß ist sowohl in Lida Salmonovas Solotanzpartien nachzuweisen als auch in den chorischen Gruppenbewegungen, Elfenreigen und Hochzeitszug.

Lida Salmonova hatte das Tanzen in Max Reinhardts Pantomimen gelernt. Sie war 1908 aus Prag, wo sie als Tochter eines namhaften tschechischen Arztes aufgewachsen war und ersten Ballett- und Schauspielunterricht genossen hatte, nach Berlin übergesiedelt. Dort studierte sie an der Hochschule für dramatische Kunst, wechselte aber bald an die Schauspielschule von Reinhardts Deutschem Theater über, die eine bedeutende deutsche Schauspielergeneration geprägt hat, deren glänzende Namen den deutschen Film der zwanziger und dreißiger Jahre wesentlich mitbestimmten. In Friedrich Freksas Tanzpantomime *Sumurun* (Musik: Victor Hollaender, Uraufführung 1910), bei der Wegener den alten Scheich verkörperte, war Lida Salmonova in der Komparserie beschäftigt. Während der jahrelang laufenden Aufführungen konnten auch Chargen gelegentlich eine größere Rolle erlangen. Bald fiel Lidas rhythmische Begabung auf, und sie wurde für solche Partien bevorzugt eingesetzt, auch in anderen Stücken. So gab sie 1912 den »Tanz der Freude« in *Der Blaue Vogel* von Maurice Maeterlinck.

Besonders hilfreich für ihre tänzerische Entwicklung waren die Unterstützung und Freundschaft der Wiener Tänzerin Grete Wiesenthal. Sie hatte den »offenen« oder »freien« Walzer als einen neuen, eigenen Stil etabliert, nachdem sie sich 1908 vom Hofopernballett gelöst und in dem von Josef Hoffmann entworfenen Kabarett *Fledermaus* der Wiener Werkstätten das Publikum begeistert hatte. Reinhardt hat dann die drei Schwestern Grete, Else und Berta Wiesenthal für *Sumurun* nach Berlin geholt. Er verfolgte aufmerksam alle neuen Trends im europäischen Theater- und Tanzgeschehen; zudem war er für den neuen Tanz und speziell für die Wiesenthals durch Hugo von Hofmannsthal, einen seiner wichtigsten Autoren, besonders sensibilisiert.

Grete Wiesenthal, die bedeutendste der drei Schwestern, förderte die tänzerische Entwicklung Lida Salmonovas wie eine Mentorin. Ob Lida Salmonova als »Elfchen« allein auf einer sonnigen Waldlichtung tanzt oder sich mit einer Partnerin dreht, daß die zarten, weißen Gewänder flattern – diese Bilder der Anmut und sprudelnder Lebenslust sind deutlich von Grete Wiesenthal (*Frühlingsstimmen*, *Lanner-Schubert-Walzer*) inspiriert. Zudem hatte Grete Wiesenthal mit dem Film *Erlkönigs Tochter* eine der Rolle des Elfchen in *Rübezahls Hochzeit* stark verwandte

71. *Rübezahls Hochzeit*, Zweiertanz.
72. Grete und Else Wiesenthal, *Lanner-Schubert-Walzer*, 1908.
73. Lida Salmonova, *Tanz der Freude*, aus Maurice Maeterlinck, *Der blaue Vogel*, Deutsches Theater, Berlin, 1912.
74. Lovis Corinth, *Mädchen am Waldteich*, aus *Die Jugend*, 1896.
75. *Rübezahls Hochzeit*, Tanz auf dem Wasser.

Figur verkörpert: auch hier »Tänze ... auf einer Wiesenfläche im Winde, zwischen den weißen Stämmen eines Birkenwaldes, auf dem flimmernden Wasserspiegel«.[34] Der Regisseur war Stellan Rye, der Regisseur von *Der Student von Prag*, der Produzent Paul Davidsohn, der Produzent von *Rübezahls Hochzeit* – die geistige und organisatorische Nähe ist nicht zu übersehen. *Erl-königs Tochter* dürfte für die Entstehung von *Rübezahls Hochzeit* von Bedeutung gewesen sein.

Besonders reizvoll in seiner schwebenden Grazie ist der Tanz auf dem Wasser, für den Rochus Gliese eine Glasbrücke dicht unter der Wasseroberfläche baute.[35] Ihm geht eine magische Verwandlung voraus. Die Elfe, die aus Liebe zum Hauslehrer sich auf dem Gut als Gouvernante hat anstellen lassen, geht mit dem kleinen Mädchen am Teich spazieren. Dort faßt sie die Sehnsucht nach dem heimatlichen Element; sie läßt das dunkle, hochgeschlossene Gouvernantenkleid verschwinden und schwebt im luftigen Schleiergewand als Elfe aufs Wasser hinaus. Nachdem sie ihre Elfennatur im Tanz ausgelebt hat, kehrt sie ans Ufer zurück und nimmt, als pflichtbewußtes Menschenmädchen wieder in strengem Schwarz, das Kind auf den Arm.

Mädchen am Wasser ist ein typischen Motiv des Jugendstils, der das Wasser und alles, was damit zusammenhängt, liebte. Besonders deutlich läßt das ein Vergleich mit einer in der Münchner Zeitschrift *Die Jugend* erschienenen Graphik von Lovis Corinth erkennen. Corinth faßt das gleiche Motiv in das charakteristische Hochformat der für den Jugendstil prägenden japanischen Holzschnitte. Die Verdoppelung durch die Spiegelung läßt an die Nixen und Melusinen denken, die beiderseits des Wasserspiegels ein Doppelleben führen. Der Wasserspiegel markiert nicht nur den Übergang in eine andere Dimension, aus der Menschen- in die Geisterexistenz. Das Wasser gilt als das alles durchdringende, lebenspendende Element der Tiefe, das mythische Urelement »bei den Müttern«, das eigentlich weibliche Element.

Für die Darstellung der Naturgeister um Lida Salmonova, der Elfen, Zwerge, Putten und musizierenden Knaben, setzte Paul Wegener Schülerinnen und Schüler der rhythmischen Bildungsanstalt Hellerau bei Dresden ein. Mit diesem Namen verbindet sich einer der kulturellen Höhepunkte der künstlerisch außerordentlich fruchtbaren Zeit vor dem Ersten Weltkrieg. Verschiedene Erneuerungsbewegungen in verschiedenen Künsten trafen sich hier zu einer einzigartigen Zusammenarbeit.

Zentrum war die rhythmische Erziehung des Genfer Musikpädagogen Emile Jaques-Dalcroze, »wie die Eurhythmie Rudolf Steiners ... eine Antwort auf Irrwege neuzeitlichen Lebens gedacht«.[36] Sie wurde inszeniert in dem von Heinrich Tessenow dafür gebauten Festspielhaus, dessen karge, aber anspruchsvolle Architektur zu den Inkunabeln der Moderne gehört. Darin entfalteten sich die »leuchtenden Räume« des Schweizer Bühnenbildners Alphonse Appia. Seine Lichtregie revolutionierte das Theater, indem es den Vorhang durch leichte, variable Schleier ersetzte und sie mit dahinter angebrachten Lichtquellen kombinierte. Um das Festspielhaus gruppierten Heinrich Tessenow und Richard Riemerschmid eine Kolonie für Lehrer, Schüler und zu Gast weilende Künstler. Denn Hellerau war zugleich ein soziales Experiment. Jacques-Dalcroze wollte nichts Geringeres als »den Rhythmus zu einer sozialen Institution erheben«. So wurde Hellerau auch zu einem Zentrum der neuen Pädagogik. A. S. Neill, der spätere Gründer von Summerhill, war einer der Pädagogen von Hellerau (in dessen zweiter Phase Anfang der zwanziger Jahre). Außerdem wurde Hellerau eine der ersten deutschen Gartenstädte; Natur und Landschaft einzubeziehen, gehört zum neuen Bauen wie zur neuen Pädagogik.

Die Gartenstadt ordnete sich zu der Möbelfabrik des jugendbewegten Karl Schmidt, die im Sinne von William Morris' Arts and Crafts qualitätvolle und moderne Möbel für breite Schichten herstellte, industrielle Produktion mit ästhetischem Anspruch und sozialer Verantwortung verband. Nicht zufällig war der erste Sitz des 1907 gegründeten Deutschen Werkbundes Hellerau (dessen Vorsitzender später Hans Poelzig werden sollte, der Filmarchitekt von *Der Golem, wie er in die Welt kam*). So war Hellerau zugleich Schule und Bühne, Werkstätte und Siedlung, Gesamtkunstwerk und Weltanschauung. Die rhythmische Erziehung des neuen Menschen sollte Zentrum und Ausgangspunkt sein; der Tanz als eine gemeinsame Sprache, in der sich das neue Körpergefühl manifestiert, sollte im freien Spiel aller menschlichen Kräfte Geist, Körper und Seele vereinen in einem lockeren Gruppenerlebnis. Zu den Schulfesten 1912 und 1913 kam die geistige Prominenz aus vielen Ländern: die Schriftsteller George Bernard Shaw, Upton Sinclair und Hugo von Hofmannsthal, die Theaterleute Max Reinhardt, Sergej Diaghilew (*Ballets russes*) und Wladislaw Stanislawki, die Tänzer Waslaw Nijinski und Rudolf von Laban. Paul Claudel, dessen Schauspiel *Verkündigung* später in Hellerau uraufgeführt wurde, schrieb begeistert an Milhaud: »Die Hellerauer Aufführung ist unvergleichlich. Nie erlebte ich eine solche Einheit von Musik, Körpern und Licht.«[37]

Hellerau hatte durch die rhythmische Erziehung des Jaques-Dalcroze und Appias Lichtbühne große Bedeutung für die Entwicklung des neuromantischen und expressionistischen Theaters und wurde zu einer der Keimzellen des Ausdruckstanzes.[38] Was einzelne amerikanische Vorläuferinnen wie Isidora Duncan, Loïe Fuller und Ruth St. Denis zu Beginn des Jahrhunderts angestoßen hatten, geriet hier um 1913 zum aufsehenerregenden Höhepunkt einer Bewegung, die fünfzehn Jahre später Massencharakter annahm. Viele von deren führenden Tänzern wie Mary Wigman und Suzanne Perottet sind aus der rhythmischen Bildungsanstalt Hellerau hervorgegangen. Manche trugen die ursprünglich von Amerika ausgegangenen Impulse wieder zurück in das Herkunftsland, wie etwa die in Hellerau ausgebildete Engländerin Elsa Findlay, die in der von Ruth St. Denis und Ted Shawn gegründeten Tanzschule Denishawn unterrichteten, dem Ursprungsort des American Modern Dance.

Zu einem Markenzeichen des Helleraustils wurde der blütenförmige, von vier oder mehr Mädchen getanzte Reigen *Begrüßung der Sonne*, sich schließend und öffnend, oder in einer Vielzahl von Kreisen über eine Fläche treibend. So sah sie der Zuschauer über die Bühne des Festspielhauses schweben, wie ein oft abgebildetes Photo zeigt. Aber der Reigen wurde auch im Freien getanzt, in Hellerau und in *Rübezahls Hochzeit*. Die Mädchen tragen leichte, schleierartige Gewänder in der Tradition Isidora Duncans, die die Körperformen in ihrer Bewegung leuchten und zugleich mit der naturhaften Umgebung duftig und weich verschwimmen lassen. Im Kontrast dazu wirkt kurze, dunkle Sportkleidung schattierend. In *Rübezahls Hochzeit* wird beides gemischt.

Paul Wegeners Kontakt zu Hellerau war vermittelt worden durch Max Reinhardt, der seit 1911 die Bildungsanstalt in ihrer Blütezeit regelmäßig als Gast beobachtete und seine Schauspieler – u. a. Wegener – in das Theaterseminar schickte, das die Berliner Zweigstelle Helleraus in bestimmten Abständen veranstaltete. Als Wegener 1916 Hellerauer Tanzschülerinnen in seinem Film einsetzte, war gerade die glanzvolle Periode, die Jaques-Dalcroze und Appia verkörperten, zu Ende gegangen, und das neue Kapitel der zwanziger Jahre mit der Weiterentwicklung zum freien Tanz bereitete sich vor. Dazwischen lag die tiefe Krise, die der Ausbruch und Verlauf des Ersten Weltkriegs für Hellerau, eine Schule von ausgesprochen internationalem Charakter, brachte. 1914 hatten alle ausländischen Lehrer und Schüler Hellerau verlassen, darunter die zentrale Figur, Emile Jaques-Dalcroze. Dazu kam die Mobilmachung der männlichen Lehrkräfte; einzelne noch verbliebene wie die mit einem Deutschen verheiratete Amerikanerin Christine Huntington Baer-Frissell hielten mit den dann nur noch deutschen Kindern unter heroischen Anstrengungen den Unterricht so lange wie möglich aufrecht, bis zum Januar 1917. *Rübezahls Hochzeit* war die letzte Aufgabe vor dem Zusammenbruch. Den lebensfrohen Elfenkindern des Films merkt man die Schwierigkeiten nicht an.

Wegener verlegt die blütenartigen Reigenkreise von der Hellerauer Bühne in die freie Natur und folgt damit einer ohnehin gegebenen Neigung der Schule. Manchmal lösen sich die Reigenkreise auf und bilden als schwingende Ketten neue Ornamente. Den Moment der teilweisen Auflösung gestaltet Lotte Reiniger, die Wegeners Filme mit Silhouetten kommentierte (vgl. Kap. 3), in ihrem *Tanzreigen* als eine charakteristische Bewegungsphase. In zahlreichen winzigen Figürchen gibt sie mit den Mitteln ihrer Kunst das Flimmern dieser Szene wieder, das Wegener mit filmischen Mitteln erreicht. Die Wirkung ist durch photographische Wiedergabe kaum zu erzielen; nur in der Bewegung springen die leuchtenden Kreise ins Auge. Die Eigendrehung der verschieden großen, zarten Kreise und ihre Bewegung über die Waldlichtung hin in dem (künstlich erzeugten) weißen Nebel ergibt den seltsam flimmernden Reiz, in dem die Naturerscheinung und ihre mythologische Verdichtung gleichermaßen erfaßt sind.[39] Schon in Reinhardts Inszenierung von Shakespeares *Sommernachtstraum* bilden weiße Mädchenarme leuchtende Kreise im Birkenwald. Shakespeares Text spricht ausdrücklich von »Ringen«, die die Elfen ihrer Königin »aufs Grüne hintauen«. Aber erst die Filmkamera macht sie wirklich sichtbar. Filmische Mittel wie die Vogelperspektive, die dann später durch die Experimente der Avantgarde in Gebrauch kamen, setzt Wegener sehr früh ein. Lotte Reiniger hat diesen charakteristischen Blick von oben in ihrer Silhouette reflektiert.

Aus welcher Tradition die Bildidee kommt, macht ein Vergleich mit Hans Thomas Gemälde *Goldene Zeit* deutlich. Das Werk dieses Malers zwischen Spätromantik und beginnendem Jugendstil ist eine Fundgrube populärer Bildmotive, die in der Kunst des 20. Jahrhunderts, auch in der Filmkunst, eine wichtige Rolle spielten. Charakteristisch ist die aus der Romantik bekannte, auf Plinius zurückgehende Verknüpfung von menschlicher Figur und Baum. Korrepondiert bei Thoma der Reigenkreis mit dem Kreis der sie umgebenden, von Ranken wie bekleideten Bäume, so sind die tanzenden Hellerauer Mädchen mit den jungen Tännchen einer Schonung in Beziehung gesetzt, die von dunklen, alten Bäumen umgeben ist.

In einer anderen Szene brechen sie aus einem Birkenwald hervor, mit den weißflatternden Gewändern um die anmutigen Körper den Birken ähnlich. Birken waren die Bäume der Zeit, ein Lieblingsmotiv des Jugendstils, der ihren grazilen Charme als Metapher für jugendliche Frische und Anmut interpretierte; Jugend war ein Kultbegriff. Zu locker belaubten Birken gruppierte Max Reinhardt die Elfen in seiner *Sommernachtstraum*-Inszenierung von 1913. In seiner ersten Inszenierung (1905) war die gleiche Szene von schweren, säulenartigen Buchen bestimmt gewesen; ein Stilwandel hatte stattgefunden, die Auffassung wird leichter, frühlingshafter, anmutig bewegter. In Tanz und rhythmischer Bewegung kommt ein neues Körpergefühl zum Tragen. Der Reigen wird zum Ausdruck des Zeitstils, zu dessen Wesen Bewegung und Reihung gehören. Rhythmus, Komposition und Abwandlung gleichartiger Formen wurden zu einem Grundprinzip; die Entstehungszeit des modernen chorischen Tanzes war zugleich die Zeit der Friese. Ferdinand Hodler und Ludwig von Hofmann variierten das Reigenmotiv immer wieder. Auch Hof-

76. *Rübezahls Hochzeit*, Elfengruppe.
77. Tanzübung der Jacques-Dalcroze-Schule.
78. Lotte Reiniger, *Tanzreigen*, Silhouette zu *Rübezahls Hochzeit*.
79. Hans Thoma, *Goldene Zeit*, 1876.
80. *Rübezahls Hochzeit*, Elfenkreise.

manns tanzende Mädchen sind zu frühlingshaft zarten Bäumen in Beziehung gesetzt. In den zwanziger Jahren wird dann unter ganz anderen stilistischen Voraussetzungen die rhythmische Reihung strenger abstrahiert – bis zum Automatischen.

Paul Wegener nutzt in *Rübezahls Hochzeit* zwei Grundformen rhythmischer Gruppenbewegung, Reigen und Zug. Es sind uralte Formen von Gemeinschaftsritualen, erhalten in Folklore und täglichem Gebrauch, erneuert je nach Bedarf. Der Reigen, mit dem Untergang der alten bäuerlichen Gemeinschaft fast verschwunden, wurde durch die Jugendbewegung wiederbelebt und zum Massenerlebnis einer ganzen Generation. Der Zug, als Festform zu bestimmten feierlichen Gelegenheiten von Urzeiten an in dauerndem Gebrauch, erfuhr im 20. Jahrhundert, dem Jahrhundert der großen Massenaktivitäten, einen ungeheuren Bedeutungszuwachs. Immer schon gab er als Hochzeits-, Leichen- oder Karnevalszug, als Prozession oder Polonaise öffentlichen Ereignissen eine gehobene, stilisierte Form, nun diente er Revolutionen und Machtergreifungen als Instrument politischer Willensbekundung. Künstler machten aus dem historischen Fakt eine Kunstform im Stil ihrer Zeit, vom »Zug der Millionen« in dem Arbeiterlied der zehner Jahre bis zum »March of Time« in den dreißigern. Der Zug war einer der wesentlichen Topoi des 20. Jahrhunderts, in dem die Zeit sich als in Bewegung interpretierte.

Paul Wegener hat diesen Topos mehrfach und in sehr unterschiedlicher Gewichtigkeit ins Bild gesetzt. In *Rübezahls Hochzeit* ist er Höhe- und Endpunkt der Filmhandlung. In *Der Golem, wie er in die Welt kam* zitiert Wegener den jüdischen Mythos der großen Wanderung. Von den prunkvollen Aufzügen im Stil des Trecento in *Herzog Ferrantes Ende* geben die wenigen erhaltenen Photos nur eine schwache Ahnung. Der Strom der vom Rattenfänger behexten Kinder in den Felsenschlund ist nur noch in Lotte Reinigers Silhouette erhalten. Die Bedeutung des Zuges war Wegener schon aus dem Theater Reinhardts vertraut, für den das ein systematisch eingesetztes künstlerisches Mittel von hohem Ausdruckswert darstellte. Aber Wegeners Vorstellungen liegen auch ältere Wurzeln zugrunde.

Der fröhliche, tänzerisch aufgefaßte Hochzeitszug Rübezahls nimmt die traditionelle Form dieses alten Gesellschaftsrituals auf, das schon von der Romantik geliebt wurde. Wegener bezieht sich in bestimmten Sequenzen ausdrücklich auf Ludwig Richters *Brautzug im Frühling*. Aber auch Schinkels *Erntefestzug* gehört in die romantische Ahnenreihe, auf die auch der vorgetragene bebänderte Kranz verweist. Schinkels Bild war eine Huldigung an den Staatskanzler Hardenberg und seine Reformen. Es enthält antike, politisch zu deutende und auch persönliche Bezüge, in der Form des Kranzes, in der Götterfigur über der Quelle, einer Allegorie der Felicitas publica, und in der Stammburg Hardenberg im Hintergrund. Wegener übernimmt die überlieferte Form demonstrativer Selbstdarstellung im Festzug und gibt ihm den neuromantischen, von der Jugendbewegung bestimmten Charakter seiner Zeit. Allen Varianten gemeinsam sind der lockere Gestus und – Wegeners Hauptanliegen – die Einbettung rhythmischer Gruppenbewegung in die freie Natur, ein romantisches Selbstverständnis.

81. *Rübezahls Hochzeit*, Elfen im Birkenwald.
82. William Shakespeare, *Ein Sommernachtstraum*, Deutsches Theater, Berlin, 1913.
83. Ludwig von Hofmann, *Reigen*, aus *Pan*, 1898.
84. Karl Friedrich Schinkel, *Erntefestzug*, 1826.
85. *Der Golem, wie er in die Welt kam*, Zug der Kinder Israel.
86. Ephraim Mose Lilien, *Väter und Söhne*, 1905.
87. *Rübezahls Hochzeit*, Hochzeitszug am Berg.

Mehr noch als dem Reigen, der allerdings auch den Totentanz kennt, haftet dem Zug manchmal etwas Makabres an. Die Linie ist endlich, der Kreis unendlich. Der Reigen kann immerwährend sich drehen, er kann sanft vergehen wie in den Schleiern Appias, die Wegener mit seinen Nebelschleiern in die Natur übertrug. Der Zug aber führt zu einem Ziel, und das ist entweder eine Verheißung oder eine Katastrophe. Hochzeitszüge enden vor dem Altar oder wie bei dem irdisch gesonnenen Wegener im Bett, Demonstrationen auf der Kundgebung, Festzüge bei der Huldigung oder der Tafel. Der Zeitmarsch endet in der Zukunft, die man in seinem Sinne als licht annimmt. Der Zug der Kinder Israel endet im Gelobten Land; im Falle des Golemfilms wird er aber brutal abgebrochen. Hier klingt die Ambivalenz des Motivs an. Ephraim Mose Lilien, ein Kenner jüdischer Mythen, verwendet das alte Bild des wandernden jüdischen Volkes, um in der Beilage *Ulk* des *Berliner Tageblatts* einen aktuellen Mißstand aus dem russisch-japanischen Krieg 1905 kritisch, aber gar nicht ulkig, zu glossieren. Während junge jüdische Ärzte gegen Japan rekrutiert wurden, vertrieb man ihre Familien aus Rußland, weil sie ohne Ernährer das Wohnrecht in den Städten verloren hätten. Die Graphik *Väter und Söhne* führt beide Züge aneinander vorbei, den der Söhne, vom Tod angeführt, nach Osten, den der Väter nach Westen. Der Genius der Menschheit an seiner Spitze verhüllt das Haupt.[40]

Die besondere Bedeutung von *Rübezahls Hochzeit* besteht u. a. in dem Zusammentreffen des Filmemachers Paul Wegener mit der Tanzschule Hellerau. Die Wahrnehmung des freien Tanzes mit filmischen Mitteln, die Übertragung rhythmischer Gruppenbewegungen in die freie Natur machen aus *Rübezahls Hochzeit* ein wesentliches filmhistorisches Ereignis. Tanzhistoriker kennen Hellerau als eine Keimzelle des Ausdruckstanzes, Gartenhistoriker kennen es als eine der frühen Gartenstädte, Theaterwissenschaftler als Ort der Theaterreform Appias, Soziologen und Pädagogen kennen seine Bedeutung für ihr Fachgebiet, Kunsthistoriker kennen die Anlage und das Festspielhaus als große Leistung moderner Architektur. Daß aber die kleine, mit großen Ansprüchen und Hoffnungen befrachtete Gründung auch Bedeutung für die Filmgeschichte hatte, und zwar durch Paul Wegener, ist noch nicht wahrgenommen worden. In einer schwierigen Situation, als sie vor dem Scheitern stand, brachte er die Hellerauer Tanzschülerinnen vor die Kamera in einer filmisch wirksamen Kombination von Spielhandlung und modernem Tanz.

Rübezahls Hochzeit verweist durch seine Verbindung von freiem Solotanz und rhythmischer Gruppenbewegung schon auf die zweite Phase nach dem Krieg, als nach der Dominanz der rhythmischen Gymnastik von Jaques-Dalcroze die Entwicklung des Ausdruckstanzes Vorrang hatte. Als filmische Wahrnehmung des modernen Tanzes fungiert *Rübezahls Hochzeit* lange vor dem Tanz- und Sportfilm der Ufa *Wege zu Kraft und Schönheit* (1924). Zu dieser Zeit war die Tanzbewegung, zu deren Überleben über die Kriegsjahre Wegener beigetragen hatte, zu einer Massenbewegung geworden, die auch ein Massenpublikum erreichte, worauf die Ufa mit ihrem Film reagierte.

6. Unter freiem Himmel

Filmen im Freien war in der Frühzeit des Films eine von der technischen Unzulänglichkeit diktierte Selbstverständlichkeit: Man brauchte das Sonnenlicht. Später ermöglichten Glashäuser das Drehen in bühnenähnlichen Dekorationen. In dem Maße, wie der Film sich seiner Eigenständigkeit bewußt wurde, lösten sich die Filmkünstler von den Zwängen des Ateliers und gingen mit der Kamera immer öfter ins Freie. So begannen sie, die Natur als Hintergrund wahrzunehmen und allmählich gezielt einzusetzen.

Der Film entdeckte die Landschaft. Reinhardt ging mit seinem Team nach Italien, wo er 1913 *Die Insel der Seligen* mit bewußter Einbeziehung italienischer Küsten und Berge sowie der charakteristischen mediterranen Flora drehte. Lubitschs *Romeo und Julia im Schnee* (1920) ist am Urlaubsort des Teams entstanden, vor dem Alpenpanorama und mit bayerischem Ambiente. Paul Wegener, der in seiner Freizeit ausdauernd wanderte, war bahnbrechend in dieser Beziehung, schon mit *Der Student von Prag*; vor allem aber seine Märchenfilme sind ein Hymnus auf Landschaft und Natur. Der Film – und nicht nur der Film – entdeckte die Natur wieder, Wald und Wiesen, Berge und Wasser, Sonnenaufgang und Nebel. Vor allem entdeckte man den Himmel und das Licht im Freien.

Die neue Freiluftkinematographie muß aber in größeren Zusammenhängen als denen der Filmgeschichte gesehen werden. Veränderungen in der Naturauffassung hatten sich seit längerem in vielen Ländern Europas vorbereitet. Vorangegangen waren die Freilichtmalerei und der Umgang mit Lichtphänomenen im Impressionismus und schließlich die symbolistische Umdeutung der Natur in der Malerei. Auf den Impressionismus folgte der Ausbruch Paul Gauguins und der französischen Künstlergruppe der Nabis aus der großstädtischen Kulturlandschaft. Er prägte eine ganze Künstlergeneration, die voller Sehnsucht nach dem Einfachen, Unverfälschten und Elementaren in der Provinz oder in weiter Ferne eine neue Welt suchte und in der Natur ihr eigenes Inneres entdeckte. Die Wirkung auch außerhalb Frankreichs war enorm; sie ist nur erklärlich aus einer bereits vorhandenen Stimmung des Überdrusses an der Zivilisation und vordergründig realistischer Darstellung. Die Anregung wurde begierig aufgegriffen; vor allem Nordeuropa erlebte eine Aufbruchsbewegung, die sich in allen Gebieten der Kultur äußerte, speziell in einer Blüte der Landschaftsmalerei. Die Folgen für die Filmgeschichte sind bis jetzt noch nicht untersucht worden, was um so erstaunlicher ist, da Fritz Lang bei einem der wichtigsten Maler des französischen Symbolismus, Maurice Denis, studiert hat. Wegeners Beziehung zu Vertretern der neuen Sicht auf Natur und Landschaft sind nicht so persönlich. Immerhin kannte er die scharfe Auseinandersetzung um die Kunst Edvard Munchs, die anläßlich mehrerer skandalträchtiger Ausstellungen in Berlin die Fronten zwischen Moderne und reaktionärem Akademismus blitzlichtartig erhellte, in unmittelbarer Umgebung. 1906, als Wegener in das Reinhardt-Team eintrat, malte Munch, der in diesen Jahren in Berlin weitgehend durchgesetzt war und mit ihm die neue nordeuropäische Kunst, für das Foyer von Reinhardts neueröffneten Kammerspielen einen *Lebensfries* und gestaltete das Bühnenbild für die Eröffnungsvorstellung, Henrik Ibsens *Gespenster*.

Die kulturpolitischen Vorgänge bilden nur den äußeren Rahmen für Wesentlicheres: die Wanderung von Ideen und Formen und die Übereinstimmung von Empfindungen und Bildvorstellungen. In den Landschaften der Wegenerfilme kommt das neue Naturempfinden zum Ausdruck. Charakteristisch ist die Art, wie der Mensch in Beziehung zur Landschaft gesetzt wird, zu Flüssen wie in *Der verlorene Schatten*, zu Gebirgen, Pflanzen und Tieren wie in *Rübezahls Hochzeit*, besonders im perspektivischen Tiefenzug des Kamerablicks in ein Flußtal (*Hans Trutz im Schlaraffenland*) oder eine Waldwiese (*Der Rattenfänger*, vgl. Abb. 76). Damit geht eine sym-

88. Walter Leistikow, *Märkischer See*, um 1900.
89. Väinö Blomstedt, *See mit verschneitem Ufer*, 1900.
90. *Der Student von Prag*, Jagdgesellschaft am See.
91. Ejnar Nielsen, *Das blinde Mädchen*, Gjern, 1896–98. Ausschnitt.
92. Hugo Simberg, *Der verwundete Engel*, 1903.
93. *Hans Trutz im Schlaraffenland*, Engel bewachen ihren Schlaf.
94. *Hans Trutz im Schlaraffenland*, Mutter und Kind vor Flußtal.

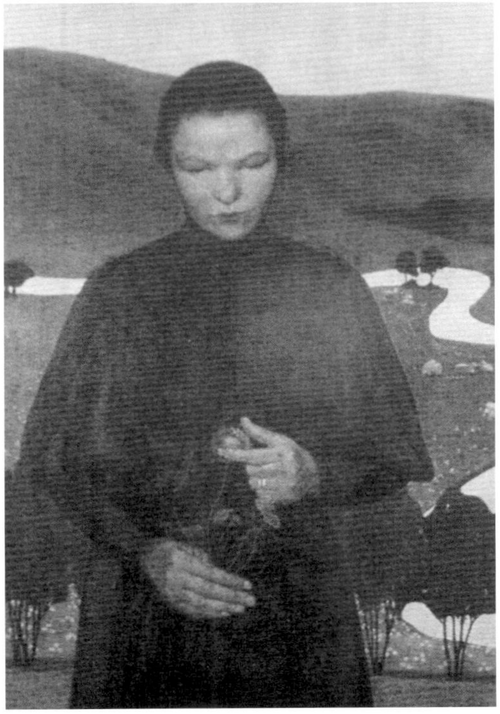

bolgeladenen Stilisierung einher, beispielsweise in der Personifizierung von Naturgewalten oder der Erscheinung von Engeln.

Mit der heiter-bewegten Gesellschaft von Naturgeistern folgte Wegener der zeittypischen Tendenz zur Dämonisierung der Natur, wie etwa in Reinhardts Film *Die Insel der Seligen* (1913) und in seinen *Sommernachtstraum*-Aufführungen (1905, 1906, 1913) oder in Gerhart Hauptmanns märchenhaftem Schauspiel *Die versunkene Glocke*. Elfen und Faune, Nixen und Wassermänner treiben da ihr Wesen in Wäldern und Gewässern. Wegener variierte in *Rübezahls Hochzeit* Figurenkonstellationen aus *Ein Sommernachtstraum* und *Die Versunkene Glocke*; die Liebe der Elfe zu dem etwas tumben Menschenjüngling und ihre Rückgewinnung durch den starken Naturgeist parodiert gewissermaßen die Verwirrungen des *Sommernachtstraums*. Aber er übertrug sie aus dem Renaissance-Pandämonium Shakespeares in die heimische Sagenwelt, wie sie Romantik und Neuromantik auffaßten, Rübezahl statt Oberon. Vor allem ließ er die Filmkamera in der realen Natur ganz neue Bilder entdecken.

Der Vergleich mit zeitgenössischer Neuromantik liegt nahe. Gerhart Hauptmanns »Rautendelein« aus dem 1896 in Berlin mit starkem und nachhaltigen Erfolg uraufgeführten Märchendrama *Die versunkene Glocke* ist so etwas wie eine ältere Schwester von Wegeners »Elfchen«. Der Jugendstilmaler Heinrich Vogeler, Mitglied der norddeutschen Künstlerkolonie Worpswede, hat einen Zyklus von Zeichnungen zur *Versunkenen Glocke* geschaffen. Das erste Blatt dieser zwölf Zeichnungen zeigt die Anfangsszene, das blumenhafte Märchenwesen mit dem floralen Phantasienamen »Rautendelein« im Gespräch mit dem alten, grämlichen Wassergeist Nickelmann, der, vom Frühling beunruhigt, quakend aus dem Brunnen guckt. Das Märchenmotiv vom Mädchen und dem täppischen Wassermann wurde im wasser- und blumenliebenden Jugendstil von vielen Künstlern gestaltet. Wegener hatte schon 1896/97 am Stadttheater Koblenz die Rolle des Nickelmann gespielt. Jetzt fügte er dem gängigen Motiv mit seinem Rübezahl auf schweren Freiersfüßen eine weitere, für die Filmkunst vollkommen neue Variante zu: Wie sich Fels und Wasser begegnen, in den beiden verkörpert und um sie inszeniert, wie der graue, klobige Rübezahl über die großen Steinbrocken des Bergbachs steigt, aus denen er selbst gebildet zu sein scheint, hinter der quicklebendigen, lausbübischen Elfe her, die voller Lebenslust im sprudelnden Bach tobt. Die Verwandtschaft von Wegeners Filmlandschaften mit dem Symbolismus aus dem Norden läßt sich an dem beliebten neuromantischen Motiv des Waldsees exemplarisch zeigen.

In *Der Student von Prag* gibt es die poetische Bildfolge einer Jagdgesellschaft, die durch den Wald reitet. Das Glitzern des aufgewirbelten Staubes im Sonnenlicht und das Schimmern des Waldsees lassen den an den Impressionisten geschulten Sinn für Lichteindrücke in der freien Natur erkennen. Die Bilder verraten mehr über die Landschaft, als der Wahrscheinlichkeit der Fabel guttut: Unverkennbar ist der besondere Charakter der märkischen Seen mit ihren geschwungenen Ufern und den bescheidenen, flachen Wäldern, obgleich die Fabel die Prager Umgebung vorschreibt. Man findet bei Walter Leistikow, einem Maler, der die Mark Brandenburg mit den Augen des Jugendstils sah, eine Reihe von Landschaften mit vergleichbarem Stimmungsgehalt. Nicht zufällig gehörte Leistikow zu den Berliner Malern, die Munch und der modernen skandinavischen Kunst zum Durchbruch verhalfen.

Der finnische Maler Väinö Blomstedt hat ebenfalls die Landschaft seiner Heimat zum Gegenstand gemacht, also eine Landschaft von ganz anderem Charakter. Aber die Art, sie zu sehen, macht die Darstellungen vergleichbar. Die Komposition aus rhythmisch bewegter, sanft geschwungener Uferlinie, schimmernder Wasserfläche und einzelnstehender Baumgruppe ist so etwas wie eine Ikone des Jugendstils geworden, typisch für eine poetische, malerische und betont emotionale Landschaftsauffassung.

Die Bäuerin in Paul Wegeners märchenhaften Film *Hans Trutz im Schlaraffenland* bricht mit ihrem Kind auf, um ihren Mann zu retten, der höllischen Dämonen in die Falle gegangen ist. Im Traum hat sie seinen Hilferuf gehört. Die madonnenartige Gestalt ist vor dem Hintergrund einer felsigen Landschaft aufgenommen, der sich im Verlauf der Szene zu einem weiten Blick in ein Flußtal öffnet. In dieser Weise stellt auch der finnische Maler Ejnar Nielsen *Das blinde Mädchen* als markante Figur vor die Landschaft. An ihr vorbei schweift der Blick in die Tiefe und folgt den Windungen des Flusses. Die Filmkamera vollzieht die Augenbewegung selbst, ein für die neuromantische Tendenz dieser Richtung bezeichnender Blick, der Menschen über Landschaftsräume interpretiert.

Indessen haben Mutter und Kind ihre Wanderung unterbrochen und sich zum Schlafen niedergelegt. Engel erscheinen, um sie in den Schlaf zu singen und sie zu schützen – ebenfalls ein charakteristisches Detail des neuen Stils. Die Engel aus Humperdincks Märchenoper *Hänsel und Gretel*, die hier zweifellos als Modell gedient haben, und die Engel aus der Verklärung des armen Hannele in Gerhart Hauptmanns Schauspiel *Hanneles Himmelfahrt* finden hier ihre filmische Entsprechung. Es ist nicht die einzige; Urban Gads gleichnamige Verfilmung von *Hanneles Himmelfahrt* (1922) sei stellvertretend genannt. Typisch ist die Einbeziehung der übersinnlichen Erscheinungen in bäuerlicher oder proletarischer Umgebung. Die beiden Jungen, die auf Hugo Simbergs Bild *Der verwundete Engel* den Blessierten auf einer primitiven Bahre abtransportieren, sind ebenso offenkundig Dorfkinder wie in *Hans Trutz im Schlaraffenland* die Engel selbst, die aussehen, als hätten sie sich ihre Blumenkränze eben beim Spielen auf der Wiese gewunden.

Natur erscheint bei Wegener nicht nur in ihrer realen, mehr oder weniger symbolisch überhöhten Form, sondern auch in der Verkörperung durch eine Person; sie hat das Gesicht und

95. *Der Student von Prag*, Zigeunerin mit Wiesenblumenstrauß.
96. Otto Pankok, *Hilda (Die Freche)*, 1947.
97. Lotte Reiniger, *Prinz Achmed*, 1923–26, Fee und Gazelle.
98. *Rübezahls Hochzeit*. Elfe und Hirsch.

den Körper seiner Frau Lida Salmonova. Sie war für ihn der Typ des Naturkindes schlechthin. Er hat sie in fast allen seinen Filmen in entsprechenden Rollen eingesetzt, als Zigeunerin in *Der Student von Prag*, als Elfe in *Rübezahls Hochzeit*, als Bäuerin in *Hans Trutz im Schlaraffenland*, als vom Rattenfänger bezaubertes Mädchen und als eines, das den warmen Platz im Schloß verläßt, um mit dem wanderden Musikanten zu ziehen (*Der verlorene Schatten*), und schließlich als sinnliches Töchterchen des Rabbi in den Golemfilmen.

In einer der Schlüsselszenen in *Der Student von Prag* bietet das Zigeunermädchen Liduschka dem Studenten Balduin einen selbstgepflückten Wiesenblumenstrauß an. Der dicke Strauß kleinblütiger Blumen, reich in seiner lebendigen Fülle und doch anspruchslos, ist eine bedeutungsschwere Gabe, und die Geste ist nur vordergründig ein Verkauf. Es ist ein Appell an den Studenten, der die Gabe des anmutigen, aber einfachen Mädchens nimmt und sie schnell versteckt, als der vornehme Konkurrent seinen üppigen, teuren Strauß der Gräfin präsentiert. Mit dem Wiesenblumenstrauß verleugnet Balduin um des sozialen Aufstiegs willen seine Liebe und die eigene Vergangenheit und stürzt sich damit in einen Zwiespalt, an dem er zugrunde geht. Das Mädchen mit dem Wiesenblumenstrauß, Zigeunerin, »von unten« kommend, Gegenspielerin der Dame – in dieser Figur verbindet sich der soziale mit dem naturphilosophischen Aspekt. Der Strauß, ganz besonders der Wildblumenstrauß, ist ebenso wie der Kranz ein Attribut, das für Jugend und frische Mädchenhaftigkeit steht (vgl. Abb. 99 und 66), aber auch für Bescheidenheit und soziale Inferiorität.

Die Figur der Liduschka fordert den Vergleich mit Zigeunerdarstellungen anderer moderner Künstler heraus. Pankoks freche *Hilda*, deren Trotz durch Melancholie gemildert wird, trägt provokant ihre Unabhängigkeit zur Schau, während Liduschka, ebenso zerlumpt und anmutig wie Hilda, eher dringliche Bitte zum Ausdruck bringt – beides typische zigeunerische Haltungen.

Seit die Romantiker die Zigeuner als Gegenstand entdeckten und ihr elendes Wanderdasein mit geheimnisvollem Märchenglanz umgaben, sind diese als ein Topos für Heimatlosigkeit und trotzige Unabhängigkeit in Kunst und Literatur eingegangen, auch für Phantasie, Sehnsucht, Künstlertum und alles Nicht-Bürgerliche: Von Achim von Arnims Erzählung *Isabella von Ägypten* bis zu Nikolaus Lenaus bekanntem Gedicht *Die drei Zigeuner* spinnen sich um diese Außenseiter der Gesellschaft Legenden, in denen antibürgerliche Sehnsüchte den Reiz des Fremdartigen mit der Sympathie für wilde Ungebundenheit verbinden. Damit wird gleichzeitig ihre Naturnähe im Gegensatz zur Behaustheit der Stadt- und Dorfbewohner wahrgenommen und poetisiert, ihr Wanderdasein unter freiem Himmel, ihr Nachtlager im Wald. Ganz besonders die Zigeunerin wurde zu einem festen Bild, in dem sich Faszination und Ängste mischen. Mit der Figur der Esmeralda aus Victor Hugos *Der Glöckner von Notre Dame* und mit Prosper Mérimées *Carmen*, besonders durch die Opernfassung, ging sie in die Kollektion der bis zur

Trivialität abgenutzten populären Figuren ein. Das war kein Hinderungsgrund für die Moderne, sie mit ihren ganz andern Mitteln aus anderem Geist in ihrem Sinne neu zu interpretieren. Exemplarisch dafür sind sowohl die zarten expressionistischen Bilder Otto Müllers, der wegen seines Hauptmotivs als »Zigeunermüller« in die Kunstgeschichte eingegangen ist, als auch die skurrilen Graphiken Otto Pankoks, bei dem der Akzent weniger auf der Natürlichkeit (wie bei Müller und Wegener) als auf der Solidarität mit der (im »Dritten Reich« bis zur Ausrottung) verfolgten Minderheit liegt. Pankok stellte mit Vorliebe die verschiedensten aus der Gesellschaft ausgegrenzten Typen dar, die er mit großer Sympathie in ihrer spezifischen Eigentümlichkeit erfaßte: Zigeuner, Juden, Alte und Arme. Das Blatt *Hilda oder Die Freche* ist ein später Nachklang; als es entstand, gab es in Deutschland kaum noch Zigeuner.

Als Naturwesen setzt Wegener Lida Salmonova dann vor allem in *Rübezahls Hochzeit* in Szene. Sie erscheint stets in Beziehung zu Natur, vom Fisch in der Tiefe bis zu den Wolken über den Bergen. Vor allem Wald und Wasser sind ihr Element. Mit ihren Freundinnen tanzt sie durch den Wald, kreischt im sprudelnden Bergbach, spielt mit den Wildtieren und sitzt still mit den Zwergen zwischen den hohen Waldblumen.

Mädchen und Wildtier – meist Reh oder Hirschkuh – ist ein verbreitetes Märchenmotiv, von der Romantik geliebt, immer in der Bedeutung »Waldeinsamkeit«; bekannt sind vor allem *Brüderchen und Schwesterchen* aus den Märchen der Brüder Grimm und die Sage bzw. das Volksbuch *Genoveva*, durch Ludwig Richters Gemälde sehr populär. Eine exotische Variante ist die badende Fee in Lotte Reinigers Silhouettenfilm *Prinz Achmed*, die mit der zutraulichen Gazelle schäkert. Die Bedeutung dieses Bildmotivs besteht darin, daß die (symbolisch aufgefaßte) Frau nicht als Mensch, sondern als Naturwesen gesehen wird, so sehr, daß das scheue Wild sie nicht als Menschen fürchtet, sondern als seinesgleichen akzeptiert. Der Friede mit den Tieren liefert in *Rübezahls Hochzeit* manches gelegentlich sogar komische Handlungsdetail, wenn etwa die Elfe am gutsherrlichen Tisch sich vor dem gebratenen Hecht entsetzt, den sie als ihren Kameraden ansieht. Rübezahl macht ihn ihr zu Gefallen wieder lebendig und läßt ihn im Zimmer herumschwimmen. Das Wildtier wird zum Symbol der Natur, in dem der Traum von der Wildnis Gestalt wird, vom röhrenden Hirsch der Trivialmalerei bis zu Henrik Ibsens *Wildente*.

Neben den Tieren gehören die Zwerge zu Elfchens phantastischer Gesellschaft. Man denkt an Schneewittchen, aber bei genauerem Hinsehen ist die Kindlichkeit der als Darsteller eingesetzten Kinder doch zu wenig kaschiert, als daß es nicht Absicht wäre. Hier gruppiert sich keine Versammlung mürrischer oder mißtrauischer alter Männer zu dem großen, schönen Mädchen. Sie turnen fröhlich querfeldein, nennen sie »Elfentante« und sind Kinder, nicht nur zu allen Diensten, sondern auch zu vielerlei Allotria stets bereit. Obwohl sich Paul Wegener nicht scheut, in seinem Drehbuch »die Tonfiguren in den Vorgärten« als Modell anzuführen, die bekannten »Gartenzwerge«, die immer solche arbeitsamen Alten darstellen, gibt er Lida Salmonova tatsächlich eine wirkliche Kinderschar zur Seite. Auch in der Umsetzung ihres geisterhaf-

ten in das reale Menschendasein ist sie eine Kinderbetreuerin, und die kleine Tochter des Gutsherrn fliegt ihr sofort zu. Freundliche Zuwendung zu allen Kleinen und Schwachen ist also ihr Wesen. Auch ihre verquere Zuneigung zu dem schwächlichen Hauslehrer ist nichts anderes als fehlgeleitete Mütterlichkeit. Das Waldmädchen, das da mit den Zwergenkindern zwischen groben Felsbrocken und zarten, hohen Waldblumen sitzt, mit locker fallendem Haar und in gefühlvoller Haltung, ist das Sehnsuchtsbild einer romantisch bewegten, naturbegeisterten Generation, die in Jugend- und Wanderbünden ihr neues Lebensgefühl realisierte.

Mehrere Wegenerfilme verleihen diesem Lebensgefühl Ausdruck, das in den zehner Jahren ungeachtet des Krieges große Teile der deutschen Jugend beseelte, besonders *Rübezahls Hochzeit* und *Der Rattenfänger*. Die Mädchengruppe um Lida Salmonova in der Rolle der Bürgermeisterstochter aus diesem Film – gleich wird der Rattenfänger auftauchen und, von den Mädchen bestürmt, zum Tanz aufspielen (vgl. Abb. 85) – ist verblüffend ähnlich den zahllosen Amateurphotos junger Leute in den Photoalben jener Jahre wie das anonyme Photo einer rastenden Mädchenwandergruppe, entnommen einem zeitgenössischen Buch über *Deutsches Jugendwandern* in den zwanziger Jahren.[41] So sah sich der Wandervogel: als Gruppe und in der freien Natur. Auch die Märchenhochzeit findet unter freiem Himmel statt. Das Bett steht auf der Waldwiese, wo sich der Hochzeitszug der kindlichen Naturgeister mit Kratzfuß und Verbeugung verabschiedet nach einem großen Umzug durch Wald und Flur.

Zu den männlichen Sehnsuchtsbildern dieser Generation gehört der einsame Reiter in freier Landschaft. Paul Wegener als wandernder Musikant in dem Film *Der verlorene Schatten* in seiner Beziehung zu der monumental interpretierten Landschaft mit Solitären ist ebenso repräsentativ dafür wie Hans Thomas *Reiter auf Bergeshöhe*. Die Beliebtheit des Motivs, im Zeitalter von Eisenbahn und Auto ein historisches Bild, wurzelt nur vordergründig in dem Hang zur Nostalgie, den die Natur- und Heimatliebe dieser Generation einschloß. Die biedermeierliche Fabel des Films *Der verlorene Schatten* begründet den historischen Rückgriff formal. Tiefer greift eine Interpretation als Mittel der Selbstverständigung. Hans Thoma stellt seinen Reiter ohne jeglichen historischen Bezug in eine stilisierte Landschaft.

Mit diesen groß gesehenen Landschaften gewinnt auch der Himmel mehr und gewichtigere Bedeutung. Spätestens seit Kant wurde »der gestirnte Himmel« mit dem menschlichen Inneren in Verbindung gebracht. Die Romantik hatte die Wolken als Metapher für Wandern und Sehnsucht bis zur Trivialität gebraucht. »Wie die Wolken da wandern / am himmlischen Zelt, / so steht auch mir der Sinn / in die weite, weite Welt«, heißt es in dem Volkslied *Der Mai ist gekommen*. Nun richtete wieder eine neue Generation den Blick auf den Himmel.

Ziehende Wolken waren ein Kultbegriff für die Generation um die Jahrhundertwende, die sich als Jugend im Aufbruch und in Bewegung empfand. Die visuellen Künste Malerei und Film

99. *Rübezahls Hochzeit*, Elfe und Zwerge.
100. Heinrich Vogeler, *Rautendelein*, Illustration zu Gerhart Hauptmann, *Die versunkene Glocke*, 1898.
101. *Der Rattenfänger*, Mädchengruppe.
102. Anonymes Wandervogelphoto.
103. *Rübezahls Hochzeit*, das Bett auf der Waldwiese.

erfaßten die riesige Weite und freie Beweglichkeit des Himmels mit ihren Mitteln. In Wegeners *Der verlorene Schatten* gibt es ebenso wie in Murnaus *Nosferatu* Blicke auf ziehende Wolken oder Wolkengebirge, scheinbar leere Bilder, oft mit einem kleinen Zweig oder Baumwipfel am Rand als Festpunkt oder mit einer Blende geformt. In *Rübezahls Hochzeit* geraten im Taumel des Festes Berge und Wolken in Bewegung; sie sind ebenso lebendig wie Menschen, Tiere und Geister. Ein gravitätischer Knittelvers als Zwischentitel verweist darauf: »Im Himmelsraum, im Sonnenglanz, da wogt ein froher Wolkentanz.«[42] Technisch noch primitiv, ist die Einstellung bemerkenswert als ein Versuch, Wegeners naturphilosophischer Auffassung von der großen, allumfassenden Einheit des beseelten, lebendigen Kosmos filmischen Ausdruck zu geben.

In Hodlers Gemälde *Die Jungfrau im Nebel* sind die wogenden Nebelmassen in Beziehung zu den zerklüfteten Formen des darüber thronenden Berges gesehen, in dessen verwandten Strukturen erstarrte Bewegung sichtbar ist. Wolken und Berge, Berge und Nebel werden bei Hodler, der Landschaft als Offenbarung einer höheren Ordnung der Dinge interpretiert, zum Sinnbild kosmischer Entgrenzung.

Paul Wegener hat gern das Urtümliche und Erdgebundene seines Typs betont. In *Rübezahls Hochzeit* gibt er den Berggeist als personifizierte Materie. Mit überdimensionalem Kittel und Hosen scheint er mit dem Fels verwachsen, aus ihm gebildet zu sein, so daß die Landschaft als Ausdruck seines Wesens erscheint. Wie der Golem aus Lehm erwächst, so Rübezahl aus Fels, eine Verkörperung der Idee des Materials. Wegener sucht charakteristische Landschaften als natürliche Schauplätze auf, schattigen Wald, rauhe Felswand, sprudelnde Gebirgsbäche, typisch romantisches Ambiente wie bei Carl Blechen, wo der Einsiedler, und bei Ludwig Richter, wo Genoveva in der Bergspalte wohnt.

Mit dem Spalt im Berg hat Wegener einen alten Topos aufgegriffen. Er stammt aus der Märchen- und Mythenwelt, wo Berge sich auftun und Schätze freigeben, Menschen verschlingen oder auch durchlassen in eine unterirdische Welt. Paul Wegener hat eine solche Sage ein Jahr später in seinem Film *Der Rattenfänger* verwendet. Das Motiv der gespaltenen Wand wurde im 18. Jahrhundert von der Landschaftmalerei aufgenommen. Caspar Wolfs *Wasserfall von Geltenbach im Winter* aus dem Jahre 1774 stellt eine scheinbar schlichte Hochgebirgslandschaft dar. Aber in dieser Zeit änderte sich die Landschaftsauffassung grundlegend. Landschaften wurden Bedeutungen zugemessen, wobei Hochgebirgsdarstellungen eine besondere Rolle zukam. Die Romantik dann interpretierte Landschaften noch entschiedener als Sinnbilder, Orte wurden doppeldeutig, hintergründig. Bergbäche und Schluchten wurden als Risse interpretiert, als Durchbrüche, entweder ins Freie, oder es erschien dahinter eine andere Welt wie in Schinkels Gemälde *Felsentor*.

Das Motiv des Durchbruchs ist im 20. Jahrhundert mit seiner komplizierten Geschichte vielfach wieder aufgegriffen worden. Das Bild der durchbrochenen, der gerissenen Erde wurde zum allgemeinen Weltbild. Der Durchbruch war als Topos bekannt, bevor ihn der Surrealismus

104. *Der verlorene Schatten*, Gewölk.
105. Hans Thoma, *Reiter auf Bergeshöhe*, 1890.
106. *Der verlorene Schatten*, Reiter.
107. Ferdinand Hodler, *Berg und Wolken*, 1908.
108. *Rübezahls Hochzeit*, Rübezahl am Fels.
109. Carl Blechen, *Felslandschaft mit Mönch*, 1825.
110. *Rübezahls Hochzeit*, Rübezahl in der Schlucht.
111. Karl Friedrich Schinkel, *Felsentor*, 1818.

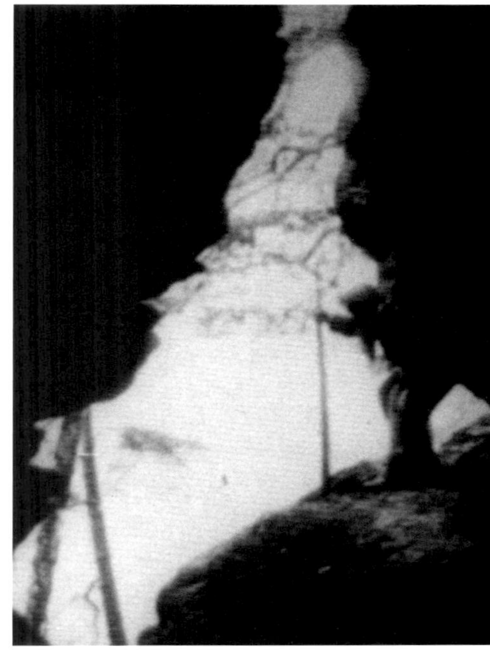

zum Stilprinzip erhob. Das hatte auch für die Filmgeschichte große Bedeutung, wie etwa für Fritz Lang, der seine Eingeschlossenen in immer neue Unterwelten durchbrechen ließ (in *Die Spinnen* oder *Das Testament des Dr. Mabuse*), auch für Paul Wegener, nicht nur in *Hans Trutz im Schlaraffenland*; man denke nur an den Ausbruch des Golem aus dem finsteren Ghetto durch das große Tor ins Freie.

Zerklüftete Felsenlandschaften wie die Sächsische Schweiz, wo die entsprechenden Szenen aus *Rübezahls Hochzeit* gedreht wurden, gewannen aus solchen Gründen für die beginnende Moderne eine besondere Anziehungskraft, zumal ihre phantastischen Steingebilde deren anthropomorpher Vorstellungswelt stark entgegenkamen. So war es kein Zufall, daß Wegener von dieser grotesken Gebirgswelt und der ihr entsprechenden Sagengestalt fasziniert war.

Rübezahl zwischen Felswänden, als Silhouette gegen den Himmel aus dem Inneren der Schlucht gesehen – für Wegener, der ein besonderes Verhältnis zum Umriß hatte, ist das eine typische Art, auch Landschaft zu sehen.

Schinkels *Felsentor* zeigt beispielhaft die ausgereifte romantische Landschaftsauffassung. Durch den Rahmen des schwarzen Felsentors gesehen, erscheint in der Ferne das leuchtende

Land wie eine Fata Morgana, eine andere Welt. Die Glocke des Einsiedlers weist zusätzlich auf Jenseitiges hin.

Der hintergründige Märchenfilm *Hans Trutz im Schlaraffenland* versetzt das Hungermärchen vom Schlaraffenland, wo den Faulenzern die gebratenen und gebackenen Leckerbissen nachlaufen, in eine unbestimmt altdeutsche Vergangenheit. Hans Trutz ist ein Bauer, der aus Freßgier und Faulheit ins Schlaraffenland aufbricht – die Gegenwart der Kohlrübenwinter des Ersten Weltkriegs ist nicht zu sehen, aber zu ahnen. Ein sehr altertümliches Dorf in der Lausitz wurde dafür ausgewählt – Märchenzeit und Märchenort; aber wer damals die Filmbilder vom Graben durch den Grießberg gesehen hat, kann aktuelle Assoziationen gehabt haben. Dem Bauern Hans Trutz gerät der Graben, den er gräbt, zu einer Art Höllenschlund, einer Mischung aus Wolfsschlucht und Schützengraben. Die Alptraumlandschaft ist durchzogen von einem wüsten Gewirr kaum noch identifizierbarer Dinge, eine chaotische, zerrissene Landschaft, falls diese Bezeichnung überhaupt anwendbar ist auf die höhlenartige Schlucht. Für eine solche Landschaft der Zerstörung gibt das Drehbuch, das vom »Reisberg« spricht, durch den Hans sich graben muß, keinerlei Rechtfertigung. Die zerfetzten Reste von Gegenständen erklären sich nur als optische Assoziation zur zeitgenössischen Höllenlandschaft. Sie ist bevölkert von kriechenden, lauernden, greifenden Ungeheuern (der Schauspieler Fritz Rasp – im Vordergrund –, später oft in diabolischen Rollen zu sehen, gibt hier eine frühe Probe seiner spezifischen Fähigkeit). Am Ende erscheint Satan selbst triumphierend auf schwarzem Pferd als eine Art Mars oder apokalyptischer Reiter und brüllt den Ratlosen im Graben an – der Krieg selbst brüllt ihn an (diese Figur stammt aus der symbolistischen Vorstellungswelt; vergleichbare Figuren schufen Franz von Stuck, Max Klinger und Alfred Kubin). Entsetzt reißt Hans die Augen auf, ein Verzweifelter, eingekreist von Höllengestalten – Bauer, Tod und Teufel. Statt hoch zu Roß durch die Ungeheuer zu reiten, wie der Ritter in Dürers bekanntem Holzschnitt, der gedanklich hinter diesen Szenen erscheint, steht er tief im Graben, über und um ihn tost die Hölle; der geschundene Soldat des Ersten Weltkriegs ist kein Ritter – so ist Wegeners Erlebnis, so seine Darstellung.

Denn bezieht man biographische und zeitgeschichtliche Zusammenhänge ein, so erschließt sich die tiefere Bedeutung solcher Szenen. Einige Zeit zuvor war Paul Wegener krank aus der mörderischen Schlacht an der Westfront nach Hause gekommen. Er war, wie er sagte, als Freiwilliger gegangen und als Pazifist zurückgekehrt. Auf das Schockerlebnis des Grabenkrieges reagierte er unmittelbar mit diesen verschlüsselten Bildern. Immerhin dauerten die Schlachten noch an, und Wahrheiten darüber wurden unterdrückt. Mit *Hans Trutz im Schlaraffenland* wurde der ganz neuartige Topos des Schützengrabens verschlüsselt im zeitgenössischen Film sichtbar, auf ganz andere Weise als in den heroisierenden Propagandafilmen, für deren Herstellung zur gleichen Zeit die Ufa gegründet wurde. Daß Paul Davidsohn, dessen PAGU zu den Ufagründern gehörte, den Film produzierte, ist ein Beweis für die Vielschichtigkeit filmhistorischer Realität.[43] Später, als mit Beginn der Hitlerdiktatur die Gefahr eines neuen Krieges sichtbar wurde, sollten diese Erfahrungen Wegener zu dem autobiographischen Bericht *Flandrisches* Tagebuch[44] motivieren, eine Warnung für die Jugend, der ein heroisierendes und geschöntes Bild des Ersten Weltkriegs vorgegaukelt wurde.

Viele Künstler aus allen beteiligten Nationen waren als Soldaten dem traumatischen Erlebnis ausgesetzt und arbeiteten an der künstlerischen Umsetzung. Aber erst viel später wurde es als internationales Massenerlebnis identifiziert, gab es neben der vielfachen künstlerischen Bewältigung eine öffentliche Diskussion, die Ende der zwanziger Jahre in den Auseinandersetzungen um Erich Maria Remarques Roman *Im Westen nichts Neues* und seine Verfilmung *All Quiet on the Western Front* gipfelten. In Frankreich entstand 1931 der Antikriegsfilm *Les Croix de bois* von Raymond Bernard, in Deutschland *Westfront 1918* (Georg Wilhelm Pabst, 1930) und *Niemandsland* (Viktor Trivas, 1931). Vereinzelte Stimmen gegen den Krieg aber waren schon sehr früh zu hören, erhoben wurden sie schon während des Krieges, in Deutschland von Magnus Zeller und den Brüder Herzfeld, in Frankreich von Henri Barbusse, in Belgien von Frans Masereel.

In diesem Prozeß spielten die graphischen Antikriegsmappen von Käthe Kollwitz (*Krieg*, 1922/23) und Otto Dix (*Krieg*, 1924) eine wichtige Rolle. Dix gestaltete seine grauenhaften Kriegserlebnisse in aggressiven Bildfolgen und Gemälden, die den Irrsinn und die Brutalität des Schützengrabens, die Zerstörung der Landschaft, alle Phasen des Sterbens und Verwesens in der Materialschlacht demonstrativ zur Schau stellten. Paul Wegener fand für das gleiche Grunderlebnis seine eigene märchenhafte Form. Während Dix in provokantem Zynismus die Ernüchterungs- und Entlarvungskunst der zornigen zwanziger Jahre repräsentiert, sieht der zwanzig Jahre ältere Wegener mit dem Blick des Neuromantikers aus dem vom Trommelfeuer zerrissenen Boden die höllischen Geister Grünewalds und Boschs aufsteigen, die so eine ganz neue

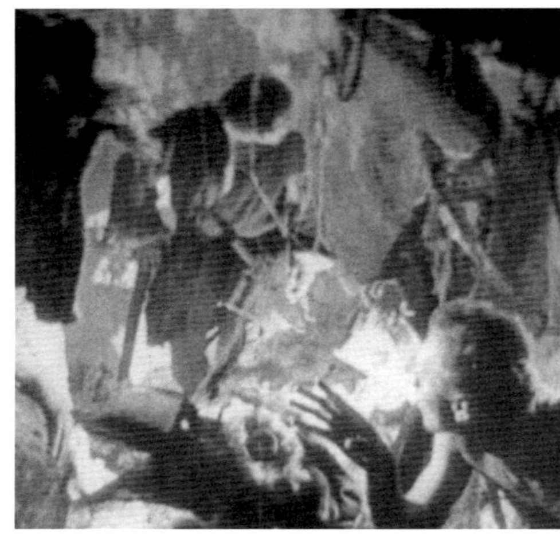

112. *Hans Trutz im Schlaraffenland*, Hans Trutz und Satan.
113. *Hans Trutz im Schlaraffenland*, im Graben.
114. Otto Dix, *Zerfallener Kampfgraben*, aus dem Zyklus *Der Krieg*, 1924.
115. *Hans Trutz im Schlaraffenland*, gespaltene Wand.
116. Caspar Wolf, *Der Wasserfall von Geltenbach im Winter*, 1774.
117. *Der Student von Prag*, Balduins Grab.
118. Hermann Fürst Pückler, Seepyramide in Branitz, 1855.

Bedeutung erhalten. Sein Bild ist auch keineswegs lieblich, sondern wüst und brutal, aber der kunsthistorische Blick interpretiert und verfremdet das grauenhafte Geschehen durch Übertragung in die frühneuzeitliche Symbolsprache.

Die Figur des Bauern mit dem Spaten gibt Wegener trotz ihres symbolträchtigen Namens und trotz seiner mächtigen Statur nicht als Kraftprotz, sondern als Bedrängten, der sich verzweifelt nach Hause wünscht – er erscheint nächtlich der entsetzt auffahrenden Frau mit flehenden Gesten. Dem Angriff der Hölle wäre er hilflos ausgeliefert, hätte er nicht seinerseits den Zauber der Heimat aufzubieten, den die Lilie in der Hand des Kindes symbolisiert.

Mit einem Soldatentraum anstelle einer Apotheose endet der Film: Hans Trutz pflügt; dann springt er durch eine blühende Wiese Frau und Kind entgegen, die ihm das Mittagessen bringen.

In Wegeners Filmen gibt es Lebenslandschaften wie das tanzende, Hochzeit feiernde Riesengebirge, und es gibt Todeslandschaften. In *Der Student von Prag* finden sich zwei: der Jüdische Friedhof, wo das Liebespaar dem Gespenst des Doppelgängers begegnet, und das Grab im See, Endpunkt von Balduins Flucht. Auf dem Judenfriedhof trifft die Baroneß den Geliebten – ein seltsamer Platz für ein Rendezvous. Die fragt mit Recht, warum er sie gerade hierher bestellt hat. Es ist der einsamste Ort, wie er antwortet. Zugleich ist es ein schauerlicher Ort. Der Zuschauer ahnt, daß diese Liebe unter einem dunklen Stern steht.

Judenfriedhöfe sind ein Topos in der Kunst, nicht nur ihrer dekorativen Form wegen, sondern wegen ihrer bedeutungsschweren und düsteren Atmosphäre. Was in der Friedhofsszene erst anklingt, wird in der Schlußszene des Films voll ausgespielt: Auf Balduins Grab sitzt die Spukgestalt mit starrem Blick, von schwarzem Weidengezweig heftig umweht.

Die Landschaft des Todes am Ende des Films steht in einer noch viel älteren ideengeschichtlichen Tradition. Das Grab unter Weiden ist von Wasser umgeben, erhebt sich wie ein Hügel darüber; es entsteht die Illusion einer Insel. Klassik, Romantik und Symbolismus haben die antike Idee der Seelenfähre wiederbelebt; eine der bekanntesten ist Böcklins *Toteninsel*. Dem Filmbild in der Stimmung vergleichbar ist die Seepyramide des Fürsten Pückler in dem von ihm geschaffenen Park Branitz. Zu ihr wurde der Sarg übergesetzt, so wie Charon die Seelen der Verstorbenen über den Fluß Lethe setzt. Das war keine nur symbolische Darstellung, sondern ein wirkliches Grab auf der Insel wie das des Jean-Jaques Rousseau in Ermenonville. Pückler hat seine eigene Beerdigung nach dieser Idee inszeniert. Seine Interpretation ist zu lesen auf der als Pendant zur »Seepyramide«, in der sich das Grab befindet, errichteten »Landpyramide«: »Gräber sind die Bergspitzen einer fernen neuen Welt.« Das Grab auf der Insel verbindet archetypische Todeslandschaften aus der ägyptischen und antiken Vorstellungswelt, denen Pückler auf seinen ausgedehnten Reisen nachforschte und die er im Sinne des zeitgenössische Pantheismus umdeutete.[45] Die Wasserfläche ist als die Grenze zur »Unterwelt« im Wortsinne aufgefaßt. Wasser und Spiegel wurden von alters her aus Märchen- und Vorzeiten als Übergänge zum Jenseits und zum Geisterreich angesehen. Auch der Film bedient sich dieser Bildsprache. In Jean Epsteins *Der Untergang des Hauses Usher* (1928) wird der Sarg der Gräfin zu der Begräbnisstätte auf der Insel übergesetzt.

7. Reale und metaphorische Orte

Der Schritt aus dem Atelier ins Freie brachte für den Film eine grundsätzliche Änderung der Sehgewohnheiten; u. a. ergab sich die Möglichkeit, reale, unter Umständen allgemein bekannte Orte in das Filmbild einzubeziehen. Den Schauwert bestimmter Orte auszunutzen, ist ein Prinzip, das später bis zur äußersten Trivialisierung kopiert wurde. Der reale, unabhängig vom Film vorhandene, nicht gestaltete, aber nach seiner Attraktivität kalkulierte Drehort erlangte bald über den Schauwert hinaus eine weitere Dimension – ihm wurden Sinn und Bedeutung unterlegt. »Topos« heißt Ort in doppeltem Sinne; meist meint man damit von vornherein die höhere, die Bedeutungsebene.

Da diese Zeit balladeske und historische Stoffe liebte, entdeckten manche Regisseure als Hintergrund für ihre Spielhandlung nicht nur Landschaft, sondern Orte mit historischer Patina, alte Städte und Dörfer mit ihrer besonderen Poesie, auch Burgen und Schlösser. Murnau wählte als Schauplatz für den Film *Der Knabe in Blau* die romantisch gelegene niedersächsische Wasserburg Vischering als typischen örtlichen Adelssitz. Wegener setzte den realen historischen Ort bewußt und systematisch als Stilmittel ein. Er ging nach Prag für *Der Student von Prag*, in die mittelalterliche Fachwerkstadt Hildesheim für seinen ersten *Golem* (1914) und für den Film *Der Rattenfänger*. Der tödliche Kampf auf der Turmplattform in *Der Golem* fand auf dem Normannischen Turm in Potsdam-Sanssouci statt. *Hans Trutz im Schlaraffenland* drehte er in einem abgelegenen und sehr altertümlichen Dorf in Sachsen. Für *Der Rattenfänger* wählte er neben Hildesheim auch Bautzen als Drehort wegen seiner charakteristischen Altstadtsilhouette mit der Alten Wasserkunst. Die wuchtigen Formen dieses massigen Turmes, deutlich erkennbar in einer der für den Film geschnittenen Silhouetten Lotte Reinigers, geben noch in der extremen Verkleinerung durch den Scherenschnitt das typische Bild einer alten deutschen Stadt. Der Galgen, durch den die Bürger den lästigen Rattenfänger loswerden wollen, wurde in der Spreeniederung und den alten Wallanlagen vor diesem dekorativen Hintergrund errichtet.

Wie die Kamera den Charakter eines authentischen historischen Ortes herausschälen kann, der dem unbefangenen Blick kaum sichtbar ist, kann an einem seltenen Beispiel aus dem Film *Der Rattenfänger* demonstriert werden. Vor einer mit anspruchsvollen Skulpturen geschmückten Renaissancefassade agiert Lida Salmonova in der Rolle der Bürgermeisterstochter, die sich in den vom Galgen bedrohten Rattenfänger verliebt hat und nun den Kampf gegen ihren Vater und die Stadtobrigkeit aufnimmt. Mädchen und Macht in Konfrontation – vor dem imponierenden Rathaus zögert sie einen Augenblick, dann steuert sie entschlossen auf die prunkvolle Fassade mit den antiken Herrscherpersönlichkeiten zu, in denen die ganze Gewalt der Tradition verkörpert ist. Durch den Kamerablick wird reale Architektur zur Metapher. Dabei zeigt der Vergleich des Filmbilds mit dem wirklichen Ort, wie die Kamera mit scheinbarer Verfälschung der Realität die wahren Charakter eines Ortes enthüllt. Das Filmbild suggeriert die Vorstellung eines Renaissancepalastes, wie es etwa das Heidelberger Schloß darstellt. In Wirklichkeit war es das sogenannte Kaiserhaus in Hildesheim, ein relativ bescheidenes Bürgerhaus, das inzwischen mit der gesamten Altstadt von Hildesheim in Schutt und Asche gesunken ist. Die prächtigen Kaiserfiguren und die anspruchsvolle steinerne Ornamentik stehen in seltsamem Gegensatz zu seiner Schlichtheit. Die Geschichte des Hauses erklärt den Widerspruch: In der Zeit des Humanismus hatte ein Hildesheimer Patrizier die Absicht, hier einen Renaissancepalast zu errichten. Er starb über der Ausführung; die bereits ausgeführten steinernen Bildnisse und Schmucksteine wurden notdürftig in ein viel kleineres und einfacheres Haus eingebaut. Sie stellten Helden des Alten Testaments und der Antike dar, auch Kaiser des Altertums und der deutschen Geschichte – ein stolzeres Programm, als der Bauherr einlösen konnte. Wegener fühlte sich gerade davon angezogen und provoziert. Er brauchte nur das Bruchstück, um das nicht realisierte Palais in der Phantasie erstehen zu lassen. Das Auge des Zuschauers ergänzt aus dem Detail das nie Gewordene, das es nur in der Idee gab. Paul Wegeners Film projiziert diese vor 300 Jahren gescheiterte Absicht in die Kinowirklichkeit von 1918. Und während die authentische Spur, das Flickwerk von Haus, bald darauf verschwand und auch der Film nur als Fragment überdauerte, produzierte die Filmgeschichte hier eine ironische Paraphrase auf geistigen Anspruch und materielle Vergänglichkeit, die nur im Filmbild noch wahrnehmbar bleibt.

Symptomatisch für Wegeners Interpretation historischen Ambientes ist *Der Student von Prag*, wo im Vorspann demonstrativ und werbewirksam die Berühmtheiten Prags als Schauplätze der Handlung genannt werden: das Belvedere, der Hradschin, das Palais Fürstenberg, das Alchimistengäßchen. In der Säulenhalle des Belvedere kokettiert der durch den Teufelspakt reich gewordene Student mit der Gräfin vor dem imposanten Hintergrund des Veitsdomes. Die

119. *Der Rattenfänger*, Mädchen vor Rathaus.
120. Hildesheim, Kaiserhaus.
121. Hans Scharoun, *Betongedanken*, 1920.
122. Edward Gordon Craig, *Steps*, 1905.
123. *Der Student von Prag*, Paar mit Blick auf den Veitsdom.
124. *Der Student von Prag*, Treppe und Bogen.

Flucht des Studenten vor seinem Doppelgänger gibt Gelegenheit für große Panoramablicke über die Hügel und die Kuppeln und Türme des historischen Prag. Paul Wegener macht mehr daraus als eine Staffage. Es geht nicht (oder nicht nur) um den Schauwert; es geht um den Ausdruckswert des Ortes. Für seine metaphorische Interpretation historischer Orte nutzte Paul Wegener eine geographische Besonderheit Prags, die Hanglage, wo es eine Welt »oben« und eine »unten« gibt, die helle obere mit dem Hradschin und dem Belvedere, die dunkle andere liegt auf vieldeutige Art »unten«, mit Altstadtgassen, Kneipen, Zigeunerinnen und Friedhöfen. Aus der Tiefe der Studentenkneipe und seiner armseligen Bude ist der Student Balduin mit Hilfe des diabolischen Skapinelli in die Sphäre der »Oberen« im Wortsinne aufgestiegen, deren Leben sich auf den Höhen der Kultur bewegt. Der Hintergrund hat metaphorischen Charakter; er bedeutet Reichtum, Traditionsbewußtsein und Kultiviertheit einer Oberschicht.

Die Verbindung zwischen beiden sind die berühmten Prager Treppen.

Treppen haben im deutschen Stummfilm eine enorme Bedeutung. Sie sind mehr als eine Verbindung zweier Stockwerke; sie sind Durchbrüche oder Übergänge. In *Der Student von Prag* sind es reale und bekannte Treppen, durch Einbeziehung in die Inszenierung mit Bedeutung aufgeladen. Die Baroneß steigt zum Rendezvous im Jüdischen Friedhof eine endlose Treppe in immer neuen Brechungen hinunter. Im oberen Bereich ist die Treppe mit einem Relief geschmückt. Dem Abstieg der Dame in gesellschaftliche und räumliche Tiefen ist der steile Aufstieg der Zigeunerin parallelmontiert, die bei der Oberschicht eindringt, um die Konkurrentin auszumanövrieren. Die Sequenz hat den Charakter einer Metapher. Die Flucht Balduins folgt dem gleichen Bewegungsmuster. Seine wilde Flucht vor dem Doppelgänger führt ihn über Treppen und durch Bögen wieder hinunter in die Tiefe.

Die Darstellung und Interpretation von Treppen gehörte zu den Problemen, die den englischen Theaterreformer Edward Gordon Craig seit Jahren beschäftigten. Er hatte sie zum Gegenstand einer fiktiven Aufführung gemacht, für die er vier Entwürfe publizierte.[46] In extremer Übersteigerung hatte er *Die Treppe* (*Steps*) zum eigentlichen Helden erklärt, eventuell noch in Verbindung mit menschlichen Figuren, aber ohne dramatische Handlung. Man fühlt sich an Wegeners Vorstellungen von einer »kinetischen Lyrik« erinnert. Kombinationen von Bogen, Treppe oder Streifen und Vertikalen waren später in den Kompositionen der Avantgarde mehrfach Gegenstand künstlerischer Experimente. So exerzierte Hans Scharoun sie um 1920 in einer Reihe von Entwürfen durch. Das Beispiel ist charakteristisch für das Verhältnis der frühen Moderne der Jahrhundertwende zur Avantgarde der zwanziger Jahre und für das Verhältnis Wegeners zu beidem.

Craig war ein Revolutionär des Theaters, dessen radikal neuartige Bühnenbilder, obwohl wegen seiner Kompromißlosigkeit selten realisiert, sehr stark auf das internationale Theater nach der Jahrhundertwende wirkten, auch auf Max Reinhardt.[47] Seine Zusammenarbeit mit Craig 1905/06 führte zwar nicht zu den vorgesehenen Inszenierungen, aber zu intensiver Kenntnisnahme. Craig war von dem bedeutenden Förderer moderner Kunst Harry Graf Keßler 1903 nach Deutschland eingeladen worden und kam nach einem erfolglosen Zwischenspiel in Weimar nach Berlin, erst zu Otto Brahm ans Lessingtheater, dann zu Reinhardt ans Deutsche Theater. Zwei von Reinhardts berühmten Aufführungen gelten als »Craigsche Aufführungen«, das *Wintermärchen* (1906) und *König Lear* (1908). Paul Wegener, zu der Zeit vielbeschäftigtes Mitglied des Reinhardt-Teams und Hauptdarsteller in beiden Schauspielen, hat in seinen Filmen manche Inszenierungsidee des Reinhardt-Theaters ins Filmische umgesetzt, etwa die Radikalität strenger Vertikalen in Beziehung zur menschlichen Figur oder auch ihre Brechung in geometrisch gebaute Formen, denen in der Treppensequenz die Kameraeinstellungen entsprechen. Sein Einfluß dabei ist auch in der fast vertikalen Bewegungslinie von Szenen des Aufstiegs (der Zigeunerin) und des Abstiegs (der Baroneß) spürbar, wenn man damit beispielsweise seinen Entwurf *Wapping old stairs* zu *The Masque of London* vergleicht,[48] eines seiner Stücke mit Musik und Lichteffekten, die er in den ersten Jahren nach 1900 entwickelte und »Masques« nannte. Craigs in ihrer Radikalität schwer umsetzbare, aber außerordentlich eindrucksvolle und moderne Bildideen werden bei Wegener, auf reale historische Architektur angewandt, zu eigenwilligen und ausdrucksstarken Filmsequenzen.

Immer wieder ist Paul Wegener nach Prag zurückgekehrt, auch als er nicht mehr mit realen Hintergründen arbeitete, sondern die völlig künstliche Welt von *Der Golem, wie er in die Welt kam* bauen ließ. In dieses Phantasie-Prag sind Vorstellungen von Orten ganz anderen Charakters eingegangen. Wegener hat sein Bild von Prag in *Der Student von Prag* gestaltet: eine barocke Stadt mit bewegten Figuren vor pompösen Fassaden, mit hängenden Gärten und der dekorativen Dominante des Hradschin. Auch Fachwerk wie das (reale) Goldmachergäßchen gibt es, aber nichts von den gestaffelten, hohen, vorspringenden Fachwerkgiebeln, wie sie für den Golemfilm typisch sind. Dessen schiefes, spitzgiebeliges Häusergewimmel gehört zu einer fiktiven Stadt mit deutlich wahrnehmbarem Charakter: einer altdeutschen Märchenstadt in rigoroser Überhöhung und Stilisierung durch die der Geschichte stark verpflichteten frühen Moderne. Gerahmt durch das Ghettotor, vor dem die Juden den leblosen Golem bestaunen und durch das der Betrachter die Stadt sieht, wird ihr Charakter wie in einem Brennglas deutlich: das schon fast klischeehafte Bild einer damals sehr geliebten altdeutschen Stadt, Rothenburg ob der Tauber, mit ihrer meistabgebildeten Ansicht, dem Plönlein, einem Platz mit den für historische Orte typischen Details: Tor und Turm und schiefe, unebene Gassen zwischen unregelmäßigen Fachwerkhäusern. Poelzig und Wegener haben Rothenburg wahrscheinlich gekannt: Das Rothenburger Wildbad, ein Kurhaus der Jahrhundertwende in exotisch-monumentalem Stil, wie ihn Wegener in seinem persönlichen Umfeld auch pflegte, gehörte der Genossenschaft Deutscher Bühnenangehöriger, und Poelzig ermöglichte der Schinkelpreis, der ihm schon während seiner Ausbildungszeit verliehen wurde, eine viermonatige Reise durch Süddeutschland mit dem Skizzenblock.

Die stilisierte Übersteigerung des historischen Ambientes, wie es die Architektur des Golemfilms bestimmt, bezieht ihre charakteristischen Elemente aus vielen kleinen alten Städten, und die Frage wäre müßig, welcher Ort die Phantasie der Filmschöpfer beflügelt hat, wäre sie nicht zugleich die Frage nach den zeittypischen Wunschvorstellungen. Tatsächlich wurde um die Jahrhundertwende Rothenburg im Zuge der Jugendbewegung zu einer Art Kultort, ebenso auch andere verschlafene alte Städte, die einer frühen Blüte und nachfolgender Bedeutungslosigkeit die Erhaltung ihrer historischen Substanz verdankten. Eine junge Generation auf der Suche nach sich selbst entdeckte damals in neuromantischer Begeisterung Natur und Geschichte, deutsche und jüdische, wie die Popularität des Golemthemas anzeigt.

125. *Der Golem, wie er in die Welt kam*, Blick durchs Tor.
126. Rothenburg ob der Tauber, Plönlein.

127. Pieter Bruegel d. Ä., *Das Schlaraffenland*, 1567.
128. *Hans Trutz im Schlaraffenland*, Schlaraffen.

8. Kunstgeschichte als Bilderfundus

Paul Wegeners Denken war, von seinem Selbstverständnis als Darsteller bestimmt, vorwiegend visuell; seine Filmentwürfe sind Bildfolgen, seine Figuren von sinnlicher Plastizität. Schon durch die musische Atmosphäre des Elternhauses vorbereitet, entwickelte er ein besonderes Verhältnis zur bildenden Kunst, wurde ein passionierter Museumsbesucher und Kunstkenner. Bildererlebnisse stehen auch am Anfang seiner schauspielerischen Entwicklung. Während seines ersten Semesters in Freiburg besuchte er das elsässische »Kolmar, wo der Isenheimer Altar, damals noch nicht restauriert, einen ungeheuren Eindruck auf mich machte«, schrieb er in seinen autobiographischen Aufzeichnungen.[49] »Aufgewühlt durch das Erlebnis des Altars, beschloß ich, mein Leben zu ändern und endgültig und ernsthaft die Bühnenlaufbahn einzuschlagen.« Grünewalds eindringliche Symbolsprache sollte von da an zu seinem inneren Vokabular gehören. Kunstgeschichte wurde eine seiner Leidenschaften. Die Rezeption von Werken der bildenden Kunst sollte auch über den reinen Kunstgenuß hinaus erhebliche Bedeutung für seine Arbeit gewinnen. Er war stolz auf »seine frühe Idee in *Herzog Ferrantes Ende*, in Dekoration und Kostüm zum ersten Male ... ganz bewußt die stilistische Formenwelt der bildenden Kunst in den Film eingeführt zu haben«.[50]

Sein Biograph Kai Möller erzählt: »Mehr als einmal ist er mit dem Masken- und Kostümbildner in die Berliner Museen gegangen, wo sie sich Anregungen holten«, und, um Mißverständnissen vorzubeugen, beeilt er sich hinzuzufügen: »Es kam ihnen dabei auf das Menschlich-Charakteristische und das Künstlerisch-Originelle, niemals auf historische Anlehnung an.«[51] Es ist oft erörtert worden, daß historische Rückgriffe, zumal wenn sie nicht beliebig gewählt werden, sondern einem zwingenden ästhetischen Bedürfnis entsprechen, den zeitgenössischen Charakter eines Kunstwerkes nicht beeinträchtigen, sondern ihm entsprechen; historische Reminiszenzen haben in ihrer zeitgenössischen Abwandlung eine Funktion bei der Modernisierung. Die Erneuerungsbewegung in der europäischen Kunst um die Jahrhundertwende definiert sich in der Rückbesinnung auf Tradition der Romantik und folgte ihr auch in ihrem Verhältnis zur Renaissance. Obgleich Wegeners Griff in die Kunstgeschichte eine schöpferische, keine äußerliche Aneignung war, scheute er sich nicht, auch gezielt ganz bestimmte Kunstwerke wie Szenenanweisungen zu benutzen. So bezieht er sich in seiner Balzacverfilmung *Der Galeerensträfling* auf Michelangelos Fresko *Das Jüngste Gericht*, um die Atmosphäre der Szenen im Bauch der Galeere zu kennzeichnen, und auf Moritz von Schwinds Gemälde *Die Hochzeitsreise*, um die Abfahrt des glücklichen jungen Paares zu schildern.[52] In dem Drehbuch des Films *Hans Trutz im Schlaraffenland*, bei dem Wegener einen fest umrissenen Stil im Auge hatte, den der deutschen und niederländischen Kunst des frühen 16. Jahrhunderts, nutzt er zwei bekannte

Gemälde zu diesem Zweck mit ausdrücklicher Nennung: Pieter Bruegels d. Ä. *Schlaraffenland* und Matthias Grünewalds *Versuchung des heiligen Antonius* aus dem Isenheimer Altar. Daneben werden andere Künstler aus dieser Zeit genannt: Möbel sollen sein »wie auf einem Dürerschen Holzschnitt«, Dämonen aller Art »nach Bruegel, Grünewald und Bosch«.[53]

Wegeners kunsthistorischer Blick ist nicht allein biographisch zu erklären. Wie die französischen Symbolisten und die englischen Künstler von Arts and Crafts in der Renaissance ihren Bezugspunkt sahen, so griff Wegener auf vergleichbare Traditionen seines Kulturkreises, der deutschen und niederländischen Kunst der Reformationszeit, zurück. Entsprechend anders als das französische, das vom Katholizismus bestimmt ist, gerät sein Bild dieser Zeit : derb, sinnenfroh und zugleich hintergründig. Aber Engel mit Lilien, schwärmerisch interpretiert, wie derjenige, der in *Hans Trutz im Schlaraffenland* die Rettungsreise der Bäuerin initiiert und überwacht, sind in beiden Kulturkreisen beliebt.

Wegeners Bild des Schlaraffenlandes hält sich eng an die Bruegelsche Vorlage. Das Drehbuch schreibt vor: »Haus mit Eierkuchenziegeln, Lebkuchentüren und -fenster, Balkenwerk aus Schinken- und Speckseiten, Zaun aus Bratwürsten, Hecke aus Kirschen, Erdbeeren und Trauben. Baum mit Wecken und Pfannkuchen. Rund um den Baum, ziemlich über der Erde, läuft ein breiter Tisch ... halbgefüllte Teller, umgestürzte Becher, Speisereste und verschütteter Wein. Halb unter dem Tisch, strahlenförmig um den Baumstamm wie auf dem Bruegelschen Bilde *Schlaraffenland* schnarchen drei Fette.« Leichte Veränderungen bei der Inszenierung tun der frappierenden Ähnlichkeit beider Bilder keinen Abbruch. Auf den Tisch verzichtete man, das gebratene Schwein mit dem Messer zum Abschneiden wurde in den Vordergrund geholt, und die ständische Differenzierung der drei Schlaraffen – Bauer, Landsknecht und Gelehrter –, im Drehbuch noch erhalten, fiel als für den Film unwichtig weg. Im Drehbuch erscheinen dagegen neben dieser mechanisch von Bruegel übernommenen andere, zeitgenössischere Gruppen von Schlaraffen: wilhelminische Fresser und lebensreformerische Asketen, beides von Wegener ironisierte Existenzen. Deutlich ist die allgemeine Richtung. Es sollte ein Bauernstück im altdeutschen oder niederländischen Stil werden, mit hintergründigem Bezug auf die Gegenwart, nach Art der Fastnachtsspiele. Klobige Knittelverse kommentieren bieder die einfache Fabel. Der Schaupielstil folgt diesem Muster, wie in den beiden erhaltenen Fragmenten zu erleben ist. Lubitsch gibt mit skurrilen Sprüngen und grotesken Grimassen einen altdeutschen Teufel mit gebogenen Hörnern, der durch den Schornstein eindringt, um als Edelmann die Bäuerin zu verführen. Seinen überdimensionalen Pferdefuß tarnt er verschämt als Riesenpantoffel. Der dicke Schwanz wird von ihr in die Truhe geklemmt. Auch bei Hans versagen seine schlichten Verführungskünste. Die kleine Versucherin im Schleiergewand und wallendem Haar, die er erscheinen läßt, um Hans im Schlaraffenland zu halten, ist gemeint als Erotik im Stil des Lukas Cranach, läßt aber eher an ein zeitgenössisches Laienspiel denken.

Wie Wegener die Tradition des Fastnachtsspieles, so nahm zur gleichen Zeit Reinhardt eine ähnliche volkstümliche Tradition des späten Mittelalters auf, die des Mysterienspiels, mit *Das Mirakel* (Karl Vollmoeller, 1914) und *Das alte Spiel von Jedermann* (Hugo von Hofmannsthal, 1918).

Im Unterschied zur landläufigen Erzählung dient das Graben durch den Grießberg der Flucht aus dem Schlaraffenland, dessen Genüsse der Bauer Hans Trutz in seinem natürlichen Empfinden als leer und widerwärtig erkennt. Für den Überfall der Teufelsbande, die ihn daran hindern will, wählte Paul Wegener als Modell die *Die Versuchung des heiligen Antonius* von Grünewald, worauf er sich auch ausdrücklich beruft. Es ist eines der gewaltigen Gemälde des Isenheimer Altars, eines dreifachen Flügelaltars, gemalt 1510 bis 1515 für den Chor des Antoniterhospitals in Isenheim im Elsaß, ein Hauptwerk des Mathis Neithart, genannt Gothart, der dann als Matthias Grünewald bekannt wurde. *Die Versuchung des heiligen Antonius* stellt vor dem Hintergrund einer Hochgebirgslandschaft und der zerstörten Hütte des Eremiten in leuchtenden Farben eine Fülle scheußlicher Ungeheuer dar, die den Heiligen zu Boden geworfen haben und ihn in zähnefletschender Wut bedrängen. Die Mischung aus Tier- und Menschenkörpern mit Köpfen und Händen, das chaotisch wüste Gewimmel der schauerlichen Gesellschaft, vor allem die fast krampfhaft überzeichneten aggressiven Hände werden in der Filmszene umgesetzt, die den Überfall der Höllengeister auf den heimwehkranken Hans Trutz darstellt.

Ein Detail Grünewalds hat es Wegener besonders angetan: der Vogeldämon, der mit aufgerissenem Schnabel und geschwungenem Stock den Heiligen angreift. Trotz des Vogelkörpers hat er Hände, bei Grünewald umkrampfen sie den Stock, bei Wegener erscheinen sie seitlich und verkehrt am grotesken Körper, denn der Dämon wird von einem Schauspieler artistisch dargestellt, der die Vogelmaske auf dem hochgestreckten Gesäß balanciert. Der groteske Vo-

gel als zugleich gespenstisches und komisches Motiv spukt auch sonst durch das Drehbuch: Auf der Mauer des Schlaraffenlandes »stolziert ein vogelartiger Menschenkopf, die großen Füße direkt unterm Kinn, eine Erscheinung, wie man sie aus Bruegelschen Bildern kennt«.

Von besonderem Interesse ist die Interpretation der Hauptfigur, die sich mit den »Dämonen aller Art« auseinanderzusetzen hat. Hans Trutz ist in Kostüm, Maske und schauspielerischer Auffassung nach dem Bild Martin Luthers geformt (vgl. Abb. 6), eines der verschlüsselten historischen Porträts, wie sie gelegentlich und nicht allzu selten in Kunst und Literatur, auch in der Filmkunst vorkommen.[54] Murnau zitierte in einer Momentaufnahme des *Faust* das zeitgenössische Bild des Preußenkönigs Friedrichs II., Lang formte in *Dr. Mabuse der Spieler* die Figur des Meisterräubers Georg nach dem Modell eines kommunistischen Bandenführers, dessen Bild damals die Sensationspresse beherrschte. Wegeners vierschrötiger Bauer mit dem bezeichnenden Namen Hans Trutz, in kuttenartigem, grob gegürtetem Kostüm, mit altdeutscher Haartracht, wütend sich wehrend gegen höllische Schreckbilder, wie sie das ausgehende Mittelalter sah – er beschwört das mythische Bild, das Jahrhunderte der Lutherrezeption geformt und variiert haben, das Bild des Mannes, welcher nach populärer Überlieferung das Tintenfaß nach dem Versucher geschleudert hat, der ihn bedrängte. Ein Tintenfaß ist hier nicht angebracht, Hans Trutz ist Bauer und trägt den Spaten, gräbt oder pflügt. Doch ist das Lutherbild, das ja stark bäurischen Charakter hat, deutlich erkennbar. Vor allem steht die Figur Luthers für Widerstand in schweren Nöten, eine nationale Identifikationsfigur in einer »Welt voll Teufel«, wie es in Luthers Choral »Ein feste Burg ist unser Gott« heißt, der im 16. Jahrhundert die Hymne des bedrängten Protestantismus war. In der Zeit des Ersten Weltkriegs, der als nationale Katastrophe empfunden, ehe er – viel später – als Weltkatastrophe erkannt wurde, sahen auch andere deutsche Künstler Luther als eine Figur nationalen Selbstverständnisses: Lovis Corinth schuf einen graphischen Zyklus *Martin Luther*, und Ernst Barlach widmete Luther in seinem Zyklus *Kriegszeit* ein Blatt mit dem Titel *Und wenn die Welt voll Teufel wär*. Neben dem aktuellen Bezug muß Wegeners Hans Trutz auch im Zusammenhang mit dem historisch sich verändernden Lutherbild gesehen werden. Die Mythenbildung hatte, ausgehend von den zahlreichen Porträts des älteren Cranach, seines Sohnes und deren produktiver Werkstatt schon zu dessen Lebzeiten eingesetzt. Um 1800 wurde Luther im Zuge des sich entwickelnden Nationalbewußtseins, das zugleich demokratisch war, zu einer emanzipatorischen Integrationsfigur; nicht zufällig hatten die demokratischen Studenten 1817 die Wartburg und den 300. Jahrestag des Thesenanschlags zu Ort und Anlaß ihres Burschenschaftstreffens gemacht. Nach dem Scheitern der Revolution 1848 wurde alles Emanzipatorische systematisch aus dem Begriff des Nationalen verdrängt, was das Lutherbild zum Kraftmeierisch-Protzigen und Nationalistischen veränderte. Eine Erneuerung trat erst mit den geistigen und ästhetischen Erschütterungen des ausgehenden 19. Jahrhunderts ein. Jugendstil und Jugendbewegung nahmen die alten Freiheitsideen der Zeit um 1800 wieder auf und veränderten das Lutherbild erneut. Das erscheint jetzt zwar kräftig, aber weder protzig noch repräsentativ, sondern eigenwillig und persönlich.[55] In diesen Zusammenhang gehört Wegeners Interpretation, seine geschichts- und naturbetonten Märchenfilme sind Teil dieser Erneuerungsbewegung.

So fehlt dem Film auch trotz aller aktuellen Anspielungen jede nationalistische Note. Keine Heldenpose, kein Durchhaltepathos, sondern die Ängste eines ahnungslos in die Hölle geratenen Menschen, dessen höchstes Glück darin besteht, wieder hinterm Pflug zu gehen und am Wiesenrain mit Frau und Kind zu Mittag zu essen. Die Teufelsfratzen meinen keinen realen Feind, sondern die Schrecken des Schlachtfeldes, wie Wegener sie in seinem *Flandrischen Tagebuch* geschildert hat, Gewissensnöte eingeschlossen.

Der Figur des Kaisers in *Der Golem, wie er in die Welt kam* liegt das populäre Bild des Kaisers zugrunde, der die Wende vom Mittelalter zur Neuzeit markiert: Maximilians I., des »letzten Ritters«. Dabei ging Wegener mit der historischen Realität frei um. Denn der Kaiser, der zur Zeit des Rabbi Löw regierte und dessen Person untrennbar mit ihm verbunden ist durch die Audienz, die er ihm gewährte, die auch im Film mit der Einladung zum Rosenfest eine zentrale Rolle spielt, ist der astrologisch interessierte, kunst- und wissenschaftsfreundliche Rudolf II. Es mag auch an Maximilians zukunftsorientierter Selbstdarstellung gelegen haben, daß gerade sein Bild die allgemeine Vorstellung eines spätmittelalterlichen Kaisers bestimmt: Er stellte Künstler in einem bewußten Gedächtnisprogramm in seinen Dienst. In drei mit Holzschnitten ausgestatteten Büchern wollte Maximilian sich und seiner Dynastie ein Denkmal setzen, dem *Weisskunig*[56], dem *Theuerdank* und dem *Freydal*. Vor allem aber war es das Werk Dürers, seine Porträts, sein *Triumphzug* und das *Gebetbuch des Kaisers Maximilian*, das das Bild dieses Kaisers populär gemacht hat. In Wegeners Kaiserfigur ist das Maximilianmodell deutlich erkennbar, und zwar in

129. *Hans Trutz im Schlaraffenland*, Angriff der Dämonen.
130. Matthias Grünewald, *Die Versuchung des heiligen Antonius*, Isenheimer Altar, Detail.
131. *Hans Trutz im Schlaraffenland*, Vogeldämon.
132. Matthias Grünewald, *Die Versuchung des heiligen Antonius*, Detail.

zwei charakteristischen Varianten: der thronende Kaiser, mit Schriftstücken beschäftigt, und der Kaiser mit dem Rosenkranz. Dem entsprechen zwei szenische Zusammenhänge: die Unterzeichnung des Edikts gegen die Juden und das Rosenfest. Der Holzschnitt aus dem *Weisskunig* mit dem Titel *Kaiser Maximilian ehret das Andenken der Vorväter* stellt den Kaiser in offizieller Haltung dar, mit den Insignien seiner Macht, der Bügelkrone und der Kette mit dem Orden vom Goldenen Vlies, thronend vor einem reich verzierten Vorhang. Vor ihm sind Bücher und Schriftrollen ausgebreitet, umgeben ist er von Schreibern und Künstlern, die nach seiner Anweisung arbeiten. Wegeners thronender Kaiser ist wie Maximilian auf dem Holzschnitt von dienstbaren Geistern mit Schriftrollen umgeben. Statt der Bügelkrone, die nicht mehr als solche interpretiert ist, trägt er eine bauchige Mütze, die nur die Form der Kaiserkrone aufnimmt und sie banalisiert. Die floralen Verzierungen der Krone erscheinen hier als in Kugeln endende Zacken, die an eine Narrenkappe erinnern. Auf dem Vorhang hinter ihm züngeln Poelzigs gotische Flammen. Die kaiserliche Würde erscheint in dieser Interpretation trotz feierlich zelebrierter Präsentation ironisch gebrochen – anders als das symbolische Idealbild eines Herrschers im *Weisskunig*. Tatsächlich hat das herrscherliche Handeln auch eine ganz andere Wertigkeit: Dieser Kaiser ehrt weder das Andenken der Vorväter – das tut der Rabbi –, noch gibt er Künstlern Aufträge, sondern er unterzeichnet das Edikt, das die Juden vertreibt, eine wenig weise und würdige Tat, wie im Verlauf des Films klar wird.

Der andere Handlungsschwerpunkt, für den Wegener ein Porträt Maximilians als Modell nutzte, ist das Rosenfest, zu dem alle Hofbediensteten und -damen mit Rosenkränzen geschmückt erscheinen. Auch der Kaiser trägt den Rosenkranz. Nur ist ein Kaiser mit dem Rosenkranz ein so ungewöhnliches Motiv, daß der Gedanke an Dürers *Rosenkranzfest* sehr nahe liegt. Das Bild befindet sich in Prag, seit Kaiser Rudolf II., ein Verehrer Dürers, es 1606 kaufte und unter großen Mühen aus Venedig über die Alpen nach Prag bringen ließ, wo es sich noch heute befindet. Die Stadt Prag hat Wegeners Phantasie stark beschäftigt, was sich in seinem Werk deutlich ausprägt. Es ist anzunehmen, daß die Erfindung des Rosenfestes im *Golem* auf die Aura dieses repräsentativen Gemäldes zurückgeht.

Rosenkranzbilder sind im ausgehenden Mittelalter häufig, für die Kunstgeschichte sind sie ein feststehender Begriff. Sie stehen im Zusammenhang mit der religiösen Vereinigung der Rosenkranzbruderschaft und stellen die Jungfrau Maria entweder im Rosenkranz oder Rosen verteilend dar. Die Rose, antike Blume der Venus, wurde christlich umgedeutet und gilt unter anderem als die Marienblume. Dürers *Rosenkranzfest* ist ein Höhepunkt in der Kunst seiner Zeit, Ergebnis der Annäherung deutscher und italienischer Kunst im Zeichen der Renaissance und eines von Dürers Hauptwerken; mit ihm schaffte er als Maler den internationalen Durchbruch und wurde auch von den damals führenden Italienern anerkannt. Er malte es 1506 bei seinem zweiten Venedigaufenthalt im Auftrag der Kolonie der deutschen Kaufleute in Venedig, unter denen die Rosenkranzbruderschaft stark verwurzelt war, für deren Kirche San Bartolomeo. Die großartige Komposition drückt den hohen Anspruch aus: Papst und Kaiser knien vor der Madonna mit dem Kind, um als Zeichen ihrer Gnade Rosenkränze zu empfangen. Die Träger der beiden größten Mächte bilden in ihren riesigen purpurnen Gewändern mit der Madonna eine in prächtigen Farben strahlende Pyramide. Umgeben sind sie von einer großen Schar andächtiger Menschen, die von schwebenden Engeln ebenfalls mit Rosenkränzen bedacht werden, Porträts einflußreicher Mitglieder der deutschen Kolonie und der Rosenkranzbruderschaft auf der einen und hochgestellter Geistlicher auf der anderen Seite. Das Selbstbewußtsein der Zeit drückt sich in der Komposition aus: Die großen Mächte, eingebunden in das allumfassende höhere Prinzip, das die Madonna verkörpert, vereint mit den weniger Mächtigen in einer einzigen andächtig-frohen Gemeinschaft im Zeichen des Rosenkranzes, das Bild der Deutschen in Venedig als Weltbild.

Wegener interessierte daran zweierlei: das Bild der Gesellschaft mit dem Rosenkranz und das des Kaisers mit dem Rosenkranz. Das Motiv der mit Rosen bekränzten Gesellschaft erscheint in *Der Golem, wie er in die Welt kam* in völlig anderer Bedeutung. Anstatt der mystischen Vereinigung der Gläubigen mit der Himmelskönigin, für die bei Dürer der Rosenkranz steht, ist er hier das Symbol einer sehr irdischen Liebe und Freude. Der Hof feiert ein fröhliches Fest, und der mit Rosen bekränzte Kaiser ist kein andächtiger Beter, sondern ein leichtfertiger Herrscher, der unterhalten sein will, auch vom Rabbi mit seinem Golem. Seine nächste Umgebung sind die Kebse und der Narr, die dann bei der Beschwörung der Vorväter nicht den nötigen Ernst aufbringen, sondern den Kaiser mit ihrem verhängnisvollen Gelächter anstecken. Die Rose in ihrer alten Bedeutung als Blume der Venus gibt auch der Begegnung des Golem mit der mitleidigen Hofdame ihren erotischen Charakter (vgl. Kap. 10).

Dürers Begegnung mit der italienischen Renaissance hat auch in einem anderen Film Wegeners eine nicht auf den ersten Blick bemerkbare, aber doch deutliche Rezeption gefunden, in *Rübezahls Hochzeit*. Rübezahl schleppt sein endlich errungenes Elfchen huckepack heim. Fröhlich winkend und dem Publikum seine volle Kehrseite zuwendend (das Standphoto ist wie immer weniger aussagekräftig als das Filmbild), verläßt das unbekümmerte Paar die Szene und verschwindet hinter den schlesischen Bergen, wobei sich Rübezahl mit einem faunisch-anzüglichen Grinsen verabschiedet (vgl. Abb. 11). Die betont derbe Geste stellt im Vergleich mit dem zeitgenössischen Film eine ganz unübliche Frische und Ungeniertheit dar. Noch derber, seinem Thema entsprechend, findet sich das Motiv auf einer Radierung Mantegnas *Bacchanal mit Silen*, das Dürer auf seiner ersten Reise nach Venedig 1494 als Federzeichnung kopierte. Wegener, dem das Werk Dürers gut vertraut war, hat sie sicher gekannt. Es ist ein klassisches Motiv aus der dionysischen Tradition, in der die Erscheinungsformen der Trunkenheit als Äußerungen des Gottes Bacchus gewürdigt werden. Das Blatt vereinigt mehrere Gruppen von Bacchanten um einen berauschten Silen, der getragen werden muß und von einem Faun bekränzt wird. Sie musizieren oder schleppen ihre bewegungsunfähigen Gefährten, darunter eine Frau, die die Kontrolle über Körper und Kleidung ziemlich verloren hat. Dieses Motiv hat Wegener für seinen lüsternen Rübezahl variiert, indem er bacchische durch erotische Bezüge ersetzte. Entsprechend lieblicher ist seine Elfe als das betrunkene Weibsbild bei Mantegna oder Dürer, obwohl auch ihre Anmut durch Anpassung an Rübezahls Derbheiten etwas beeinträchtigt wird; der unverschämte Kamerablick auf die geschleppten Schenkel ist nicht unbedingt photogen.

Für Dürer, dessen erste italienische Reise ganz im Zeichen der Auseinandersetzung mit der Frührenaissance stand, war dieses Blatt eine Möglichkeit, sich der durch die Renaissancekünstler vermittelten antiken Tradition anzunähern. Er kopierte Graphiken von Bellini, Mantegna und anderen Italienern und legte sich so eine Art Mustersammlung figuraler Allegorien der Antike zu; er studierte künstlerische Techniken und lernte dabei die Welt neu zu sehen. Die Aneignung der lange verdrängten antiken Tradition erschloß einen kulturellen Reichtum, von dem Jahrhunderte immer neuen Gebrauch machten. Für Wegener, der sich mit Selbstverständlichkeit aus diesem Fundus bediente, ging es bei dem Motiv eher um den auf liebenswerte Art rüpelhaften Charakter seiner aus einer ganz anderen Tradition stammenden Hauptfigur. Das Bild antiker Rüpelhaftigkeit, als solches nicht mehr erkennbar, ist Material aus dem verfügbaren Bilderschatz der Menschheit. Er wird von Dürer transportiert und von Wegener aus seinem Funktionszusammenhang, sowohl dem antiken wie dem der Renaissance, gelöst und nach eigenem Bedürfnis neu interpretiert.

Vor allem bediente sich Wegener, insbesondere bei *Rübezahls Hochzeit*, mit Vorliebe aus dem populären Bilderschatz der Romantik, der seinem Empfinden und dem seiner Zeitgenossen in starkem Maße adäquat war. Sowohl in Aufmachung und Gestik als auch im szenischen

133. *Der Golem, wie er in die Welt kam*, Kaiser.
134. Hans Springinklee, *Kaiser Maximilian ehret das Andenken der Vorväter*, aus *Weisskunig*, 1514–16, Detail.
135. *Der Golem, wie er in die Welt kam*, Rosenfest mit bekränztem Kaiser, Detail.
136. Albrecht Dürer, *Das Rosenkranzfest*, 1506, Detail.
137. *Rübezahls Hochzeit*, Huckepack.
138. Albrecht Dürer (nach Andrea Mantegna), *Bacchanal mit Silen*, 1494, Detail.

139. *Rübezahls Hochzeit*, Rübezahl mit Bart.
140. Moritz von Schwind, *Rübezahl*, 1858–60. Ausschnitt.
141. *Rübezahls Hochzeit*, Morgenstunde.
142. Moritz von Schwind, *Morgenstunde*, 1858.

Zusammenhang ist die Einführung Rübezahls am Anfang des Films »nach dem Schwindschen Bilde« geformt, wie das Drehbuch vorschreibt: »Die Hände auf dem Rücken ... trottet Rübezahl zu Tal.« Die gebückte Haltung, der extrem steife Bart unter dem ausdrucksvollen Profil, der Ast als Wanderstab – das Modell ist eindeutig und selbst benannt, nur eines ist verändert: Statt vor dem unruhigen Waldhintergrund erscheint Rübezahl »als Silhouette vor dem klaren Nachthimmel«. Die Bildwirkung einer expressiven Silhouette läßt sich der umrißversessene Wegener, der die Ausdrucksmöglichkeiten des Körpers wie die der Kamera kalkulierte, hier wie in seinen anderen Filmen nicht entgehen.

Ein Gemälde von Schwind dient auch für eine andere Szene aus *Rübezahls Hochzeit* als Modell: *Morgenstunde* – ein sehr verbreitetes Bild von typisch romantischer Auffassung. Wegener, der sich im Drehbuch ausdrücklich darauf bezieht, dient es zur liebevoll poetisierenden und zugleich ironischen Charakteristik des zarten, sentimentalen Hauslehrers über sein bürgerliches Interieur und seinen Tagesanfang zwischen sehnsüchtigem Blick auf das Bild der Geliebten und herzhaftem Gähnen. Er übernimmt von Schwind die Morgenstimmung mit dem hereinbrechenden Licht und die Komposition des Raumes: rechts der Alkoven hinter geöffnetem Vorhang, durch den die Sonne die nächtliche Unordnung bescheint, links zwischen den Fenstern halb im Dunkeln das fast geschwätzige Ambiente. Es verrät viel über die oder den Erwachten, der am Fenster steht, die Morgenluft genießt und auf seine Art den Tag beginnt. Statt der Welt des Mädchens zeigt die Einrichtung die des gelehrten jungen Mannes: statt Spiegel, Kommode und Nähtisch den Schreibtisch mit Büchern, Tintenlöscher und Papierkorb; Schattenriß und Feldblumenstrauß deuten auf die romantische Grundstimmung des Bewohners hin.

Wegener war nicht der einzige Filmregisseur, der Schwinds *Morgenstunde* als Modell benutzt hat. Luciano Berriatúa, der das Werk Murnaus in seinen kunsthistorischen Bezügen untersucht hat, verweist mit einem Bildvergleich darauf, daß eine Szene aus *Nosferatu* nach dem Muster dieses Bildes eingerichtet wurde.[57] Wie bei Wegener ist das Prinzip der Bildaufteilung beibehalten (offener Alkoven rechts mit Licht vom hellen Fenster, links im Dunkeln ein sehr ähnliches Interieur) mit inhaltlich bedingten Änderungen (Mondlicht statt Sonnenlicht, denn das Mädchen aus dem Alkoven ist im Begriff nachtzuwandeln). Das enge Verhältnis vieler Regisseure zur bildenden Kunst, manchmal ihr Ausgangspunkt, wird nicht immer in seiner ganzen Bedeutung erfaßt. Murnau hatte Kunstgeschichte gehört; sein Werk steckt voller kunsthistorischer Anspielungen, wie Berriatúa beweist. Fritz Lang begann seine Laufbahn als bildender Künstler; er studierte Malerei an verschiedenen Kunsthochschulen.

Der Bildvergleich Berriatúas erweist zugleich das Problematische der Methode. Da die Kamera Bewegung zeigt und keine lebenden Bilder, sind zwei Filmphotos nötig, um die Abhängigkeit der Szene von Schwind zu demonstrieren, einmal die Gesamtaufnahme des Zimmers – das Mädchen liegt noch im Alkoven –, dann die Detailaufnahme mit der Gestalt des Mädchens vor dem hellen Fenster. Ein Photo kann im Vergleich mit der Filmsequenz nur begrenztes Hilfsmittel sein.

9. Exotismus und Regionalismus

Exotische und dämonische Rollen verkörperte der Schauspieler Paul Wegener, seinen physischen und psychischen Voraussetzungen entsprechend, mit besonderer Ausdruckskraft, Holofernes, Ödipus, Othello und den alten Scheich in *Sumurun*. Seine Interpretation lief auf eine Abkehr von bereits existierenden Klischees des Exotischen hinaus; Holofernes etwa trug »nicht mehr den pompösen Schmuck assyrisch gewickelter Haupt- und Bartlocken, sondern um ein pralles, nacktes Asiatengesicht den glattgestriegelten Halbkugelschopf, der viel abgebildet und viel nachgeahmt wurde«.[58] Damit stellt er eine Frühform der bekannten plastischen Golemfrisur dar. In seinen Filmen konnte Wegener der Neigung zum Exotismus mit anderen, reicheren und moderneren Mitteln nachgehen, und seine exotischen Filmfiguren, *Der Fremde Fürst*, *Der Yoghi*, der Großlama in *Lebende Buddhas* sind in noch stärkerem Maße eigene Schöpfungen als die Bühnenrollen. Fremde Kulturen hatten ihn immer interessiert; sein Ausbruch aus dem vom Vater vorgeschriebenen Jurastudium begann mit dem Wechsel zur Ethnologie. Eine der fremden Kulturen hat ihn besonders und lebenslang fasziniert, die chinesische. Die persönliche Beziehung zur fernöstlichen Welt, die weit über das Schauspielerische hinausging, erstreckte sich auf Wesen und Weltanschauung und machte ihn zu einem exzellenten Kenner und Sammler ostasiatischer Kunst, der im Kreise der wissenschaftlichen Experten mitreden konnte und mitgeredet hat mit sachkundigen Vorträgen zur chinesischen Philosophie, zu Buddhismus und Taoismus. Das war mehr als eine Liebhaberei, aber – wie er ausdrücklich betonte – auch nicht nur wissenschaftliches Interesse, sondern »Kenntnis aus Liebe«, der er »eine lebendig angeschaute, lebendig erfühlte Welt« verdanke.[59] Aus der Begegnung mit fernöstlichem Geist formte er seine eigene ganzheitliche Philosophie.

Mit dieser Neigung stand Wegener nicht so allein, wie es ihm damals schien: »Kein Mensch sammelte zu jener Zeit chinesische Plastik in Deutschland, und ich selber wurde mir dessen gar nicht bewußt.« Er nahm vielmehr teil an einer wesentlichen Zeitströmung, dem Exotismus, die aus dem Bild der Jahrhundertwende nicht wegzudenken ist, in Frankreich und anderen Kolonialländern früher, in Deutschland später, in jedem Fall fußend auf einer Tradition der Romantik. Das Problem der Fremdheit ist der Moderne immanent, sowohl das Gefühl des Fremdseins als auch die Hinwendung zum Fremden. Das hängt zusammen mit dem Zerbrechen des bis dahin gültigen Selbstverständnisses und einem großen, noch unbestimmten Gefühl des Aufbruchs. Man brauchte die Begegnung mit dem Fremden, um das eigene Bild neu zu bestimmen, suchte im Fremden Modelle zum Anderswerden. Beseelt von der Bereitschaft, alle Grenzen zu durchdringen, begab man sich auf die Suche nach der großen Einheit von innen und außen, Mensch und Kosmos, Körper, Geist und Seele, der mystischen Einheit eines allumfassenden Organismus. So lag es nahe, daß das Fernste das Nächste werden konnte und gerade Künstler der Moderne einen Hang zu Exotismus und Okkultismus entwickelten. Die Welle des Exotismus, die um die Jahrhundertwende über Europa ging, hatte enorme Bedeutung für die tiefgreifenden Umwälzungen in allen Künsten. Es erschienen unzählige Reisebücher, und eine fast schwärmerische Hinwendung zu fremden Kulturen erfaßte das gesamte geistige Leben. Besonders Asien wurde zum Objekt der Sehnsucht, aber auch Afrika, die Südsee und andere Traumländer. Schon in den achtziger Jahren des 19. Jahrhunderts begann die Erscheinung, die später »Japonismus« genannt wurde; japanische Graphik, japanisches Kunsthandwerk hatten große Bedeutung für den Jugendstil. Dann begeisterte man sich unter dem Schlagwort »ex oriente lux« für die Kunst verschiedener asiatischer Länder, in erster Linie für Indien, aber auch für China und den Vorderen Orient und das alte Ägypten – so Architekten wie Otto Bartning, Erich Mendelsohn, Bruno Taut und der ihnen nahestehende Kritiker Adolf Behne und Schriftsteller wie Hermann Hesse, Kasimir Edschmid und Alfred Döblin. Else Lasker-Schüler präsentierte sich als »Jussuf Prinz von Theben«. Auch Rußland konnte Gegenstand östlicher Sehnsüchte werden wie bei Rainer Maria Rilke und Ernst Barlach. In Barlachs und Hoetgers Werk sind Einflüsse des Exotismus unverkennbar. Reinhardts märchenhafte exotische Pantomimen – orientalisch in *Sumurun* (1910), chinesisch in *Die grüne Flöte* (1916) – waren außerordentlich erfolgreich.

Die Kunstrichtung, in der sich der Exotismus am nachhaltigsten ausgewirkt hat, ist ein Kind der gleichen Zeit, der Ausdruckstanz. Schon die Namen der Tänze (oder auch der Tänzerin wie Sent M'Ahesa, die sich altägyptisch präsentierte) legen Zeugnis ab: Rudolf von Labans *Derwischtänze* und *Von alten Tempeln*, Ruth St. Denis' *Yogi* und andere ostasiatische Tänze, Mary Wigmans *Tempeltanz*, Ellen Tels' *Persisches Ballett*, Raja Belensons *Persischer Tanz*, Heinrich Kröllers Ballett *Pagoden*. Es ist kein Zufall, daß ein dem Exotismus stark verpflichteter Künstler wie Wegener auch eine starke Affinität für den freien Tanz entwickelte; es gibt keinen Wegenerfilm ohne Tanzszenen.

Der Film, der Schaulust besonders reichlich befriedigen kann, nutzte die Welle mit Großproduktionen wie Joe Mays *Die Herrin der Welt* (1919/20) und *Das indische Grabmal* (1921) und Fritz Langs *Die Spinnen* (1919/20). Kostbarkeiten moderner Chinoiserie im Film sind die chinesischen Episoden in Langs *Der müde Tod* (1921) und in Lotte Reinigers Silhouettenfilm *Prinz Achmed* (1923–26); Rochus Glieses *Die schöne Prinzessin von China* gehört ebenfalls in diese Reihe. Paul Wegener wurde für den Film einer der führenden Repräsentanten des Exotismus; er hat diese Seite der frühen Moderne wesentlich mitgeprägt.

Schon im Ethnologieseminar bei Professor Ernst Grosse in Freiburg hatte Paul Wegener sich mit Geschichte und Wesen exotischer Völker befaßt, auch mit japanischem Kunsthandwerk, das im Zuge des Jugendstils gerade in Mode kam, mit größerer Liebe aber mit chinesischen Bronzen, »die Grosse damals ... erworben hatte und die ... den Hauptbesitz unseres Berliner Ostasiatischen Museums ausmachen. Von der gedrungenen Monumentalität dieser Kultgeräte, von ihrer naturhaften Kraft ging etwas Geheimnisvolles aus, das mich tief berührte, und ich glaube, hier liegt der Keim zu meiner gesamten späteren Beschäftigung mit China.« Damit lieferte er selbst den Schlüssel zum Verständnis seiner persönlichen Situation. Die instinktive Identifizierung mit einer ihm bis dahin völlig unbekannten Kultur prägte entscheidend seine künstlerische Entwicklung und programmierte gewissermaßen seine spätere Rolle.

Der Beginn seiner Sammelleidenschaft liegt in den Jahren seiner Theaterarbeit in Hamburg (1903–06), wo, wie in allen Hafenstädten, vielerlei exotisches Strandgut zu finden war. Er hatte den Charakter einer Initialzündung, die Gründe in tieferen Schichten der Persönlichkeit erahnen läßt. Paul Wegener selbst und seine damalige Frau Aenny Hindermann[60] schildern das als eine seltsame Laune: In einem Tabakladen kauft er eine chinesische Wurzelschnitzerei, Mitbringsel eines Matrosen, künstlerisch bedeutungslos, die ihn aber merkwürdig anspricht. Er nennt sie »Nutschi-Tutschi«. Die obskure Herkunft der Figur und seine damalige Unkenntnis der kulturhistorischen Zusammenhänge, die er so ironisiert, unterstreichen eher das Geheimnisvolle des Erlebnisses. Aus dieser intuitiven Identifizierung mit etwas ganz Unbekanntem ging eine bedeutende Sammlung hervor, die mit jeder Reise, jeder Tournee wuchs.

In den verschiedenen Phasen seiner Entwicklung wies die lebenslang anhaltende Leidenschaft unterschiedliche Akzente auf. War es anfangs die Neugier, im Fremden das eigene Bild zu entdecken, so führte sie ihn später bei intensiver Beschäftigung mit den Mythen, den Geheimnissen und Unergründlichkeiten der fremden Kultur zur Auseinandersetzung mit Fragen der Seelenwanderung, der Willensübertragung und Hypnose. Das war auf diffizile Art auch eine Auseinandersetzung mit der Frage der Macht, die ihn mehrfach beschäftigte und in der Gestaltung verschiedener Tyrannen und Magier mit geheimnisvoller Kraft über andere Menschen ihren Ausdruck fand. Der amerikanische Film nutzte Wegeners Eignung zu dieser Rolle in dem Film *The Magician* von Rex Ingram (1926). Die Beschäftigung mit dem Nächtigen und Unterbewußten war durch die Psychoanalyse auf die Tagesordnung gesetzt worden. Unter den Künstlern der frühen Moderne waren mystische und okkultistische Neigungen nicht selten. Das traf auch auf Wegener zu, was ihn nicht hinderte, sich gelegentlich darüber lustig zu machen.

Unter dem Einfluß des Friedensbedürfnisses während des Ersten Weltkriegs und Wegeners Wendung zum Pazifismus gewannen antikolonialistische und humanistische Ideen bei der Behandlung exotischer Themen stärker an Gewicht. Hatte schon der erste *Golem* von 1914 in der Faszination durch das jüdische Prag und der mit lebendigem Mitgefühl gestalteten Figur des armen, stummen Golem Wegeners Aufgeschlossenheit für fremde Kulturen dokumentiert, so wird es für den Film *Der fremde Fürst* zu einem Hauptanliegen, Verständnis für exotische, zu Kolonialzeiten als primitiv geltende Kulturen einzufordern. In späteren Jahren, als er sich in die geistige Welt des alten China hineingearbeitet hatte, wurde sie Zuflucht und Wertmaßstab, »eine Art geistige Heimat« nach gravierenden persönlichen Krisen und zunehmender politischer Desillusionierung. In der Auseinandersetzung mit dem Exotischen fand Wegener seinen eigenen Stil.

Der Yoghi, 1916

Der Yoghi ist einer aus der langen Reihe exotischer Unterdrücker, denen Paul Wegener seine markanten Züge gegeben hat. Hier taucht zum ersten Male der alte Mann mit dem magischen Buch auf, der in Wegeners Filmwerk mehrfach und in sehr unterschiedlicher Beleuchtung erscheint: als zwielichtige Figur in *Der Yoghi*, als finstere in *Lebende Buddhas* und als leuchtende in *Der Golem, wie er in die Welt kam*. Ikonographisch nimmt Wegener das Bild des fremden Weisen auf, das seit dem 18. Jahrhundert zum europäischen Chinabild gehört. Die Aufklärung prägte jene Vorstellung des exotischen Philosophen, des Hüters uralten geheimen Wissens. In der chinesischen Kunst ist der Typus vorgeprägt, wie der reitende Alte aus Wegeners Sammlung zeigt.

Im Bild des Yoghi sind noch Reste kolonialistischer Fremdenangst zu spüren. Er lebt zurückgezogen als geheimnisumwitterter Fremder in einer ländlichen deutschen Gemeinde und beschäftigt sich mit okkulten Wissenschaften und Praktiken, insbesondere mit einer Methode, sich unsichtbar zu machen. Dazu stellt er auch Tierversuche an. Bei ihm lebt ein indisches Mädchen, Myra, das er angenommen hat und sehr schlecht behandelt. Vor allem versucht er, ihr jeden Kontakt mit der Außenwelt abzuschneiden, wobei er sie mit einem Messer bedroht. Sein »lauernder Blick«, mit dem er jeden potentiellen Eindringling – wie den jungen Wissenschaftler Rasmus – verfolgt, seine Brutalität gegen das Mädchen, das er unterdrückt, und die Katze, an der er Versuche anstellt, kennzeichnen ihn als einen gefährlichen Zeitgenossen, gegen den am Ende die Bauern des Dorfes mobilisiert werden. Sie umstellen das Haus, das durch sein »Feuer des heiligen Drachen« in Flammen aufgeht.

Sowohl der Yoghi als auch sein Gegenspieler Rasmus werden von Paul Wegener gespielt, ein Gesicht und zwei Welten, wie sie gegensätzlicher nicht denkbar sind: der Alte, angetan mit »indischen Hosen und einer Art chinesischem Kimono ... in der geheimnisvollen Werkstatt«, wobei »die Bauernstube in eine Art indischen Tempels verwandelt« ist – so wie Wegener seine eigene Wohnung verwandelte –, darin »schwere Teppiche, Ampel, ein verschlossener Heiligenschrein mit Shiwa, worüber hell das Wunderzeichen des Yoghi leuchtet ... Schlangen, ausgestopfte Vögel«.[61] Sein Gegenspieler, der junge europäische Wissenschaftler Rasmus, im zeitgenössischen Freizeitlook mit Schlapphut, Schnürstiefeln, Gamaschen und offenem Kragen, sucht im Dorf Entspannung von seiner intensiven wissenschaftlichen Arbeit. Er sieht im Garten »die wunderbare Erscheinung« der Myra in Sari und fremdartigem Schmuck, wie sie im Mondlicht Mohnköpfe bricht und auf seine Anrede hin den Finger auf den Mund legt. Denn eine reine Jungfrau muß ihr magisches Werk »in heiligem Schweigen« verrichten, wie man aus der Folklore weiß. In dem Bild dieser Begegnung sind beide Seiten vereinigt, Exotisches und Heimatliches, der Bauerngarten und das stumme Mädchen aus der Fremde mit ihrem Geheimnis, das der handfeste Bursche entschlüsseln wird.

Denn die beiden, die sich bald in Liebe zusammenfinden, agieren in einem uralten Rollenspiel. Myra repräsentiert einen altbekannten mythologischen Typ, die bewachte Jungfrau, ob das nun Rapunzel ist oder Andromeda. Ihre Befreiung durch den jugendlichen Helden, den We-

143. *Der Yoghi*, Yoghi mit Buch.
144. Reiter aus Wegeners Sammlung.
145. *Der Yoghi*, Begrüßung im Garten.

gener auf seine Art betont unheroisch und fast augenzwinkernd alltäglich gibt, ist ein Kampf mit dem Drachen.

In der Fabel mischen sich zwei mythologische Elemente; die bewachte Jungfrau und die mit dem Messer bedrohte Frau. Einerseits ist der Yoghi, der die Position des Drachens einnimmt, ein Bewacher der Jungfräulichkeit, andererseits bedroht er Myra in seinem Zorn mit dem Messer. Das Messer ist ein eindeutig phallisches Symbol, aber der Yoghi ist nicht als erotischer Partner angelegt, nur als Besitzer und Unterdrücker. Er braucht das Mädchen nur als Helferin bei seinen okkulten Versuchen und gerade in ihrer Jungfräulichkeit. So stellt er eine moderne Form des uralten mädchenhütenden Drachens dar.

Das auf eine Frau gerichtete Messer ist ein feststehendes erotisches Bild. Drei Varianten des Motivs, in der Zeit ihrer Entstehung nicht allzuweit voneinander entfernt, offenbaren die stilistischen Umbrüche der zehner Jahre: Der *Schwertertanz* der Varietetänzerin Olga Desmond – genaugenommen sind es Lanzenspitzen – ist noch ganz wilhelminisch geprägt; die Filmszene in der Bauernstube aus *Der Yoghi* zeigt die ländlich-handfeste Auffassung, wie sie für Wegeners neuromantische Märchenfilme aus der Mitte der zehner Jahre charakteristisch ist; Arthur Robisons Film *Schatten* interpretiert das Motiv auf die artifizielle Weise der expressionistischen Helldunkelfilme. Hier hetzt der eifersüchtige Ehemann, der seine vermeintlich untreue Frau bestrafen will, seine Kumpane auf sie und gibt sie ihren Degenspitzen preis.

Wegener betont das Dörfliche und Gegenwärtige der Umgebung im Gegensatz zur Welt der mystischen Fremdartigkeit: der ländliche Badeort mit Bauernhäusern und blühenden Gärten hinter Zäunen, der alte Dorfplatz mit der bemoosten Kirche und dem Küsterhaus, das Wirtshaus, wo im Abendschein Bauern und Honoratioren über den Fremden sprechen, bis am Ende der Wirt die späten Gäste hinausbegleitet, dann viele romantische Mondscheinszenen – das erinnert an Bilder von Ludwig Richter und Hans Thoma, aber auch an das Wirtshaus in Fritz Langs *Der müde Tod*, wo ebenfalls poetisch beleuchtete und inszenierte Honoratioren einen geheimnisvollen Fremden bereden. Wenn der Yoghi sich europäisch gibt wie beim Arztbesuch, wirkt er »wie eine Figur von E. T. A. Hoffmann«. Dabei ist die Gegenwart durchaus nicht weggeblendet: Mit dem Taxi kommt Rasmus zum entlegenen Quartier, und er kommt aus einem hektischen Labor. Das Heimatliche ist als gleichgewichtige Gegenwelt zu der des Yoghi angelegt, aber vielfältig mit ihr verknüpft, allein schon durch die Doppelrolle Wegeners als Yoghi und Rasmus. Welche Bedeutung dem Ambiente dabei zukommt, zeigt der ursprüngliche Titel *Das Haus des Yoghi*. Es ist das Bauernhaus, das den Tempel umschließt. Auch im Inneren des Hauses ist die Einheit von Exotischem und Vertrautem gewahrt. Trotz indischer Gewänder und okkulter Utensilien ist die Bauernstube immer erkennbar, an den Blumentöpfen in den niedrigen Fenstern, durch die man auf ein dörfliches »Herzhäuschen« sieht, an dem altertümlichen

146. *Der Yoghi*, Paar im Zimmer.
147. *Der Yoghi*, Mädchen und Messer.
148. Arthur Robison, *Schatten*, Mädchen und Messer, 1923.
149. Olga Desmond, *Schwertertanz*, 1910.

Mobiliar, das nur dadurch bemerkenswert wird, daß es auf geheimnisvolle Weise in Bewegung gerät.

Das interessiert Wegener bei der Arbeit an diesem Film mehr als Figuren und Handlung: Bilder des Geheimnisvollen im Alltäglichen zu finden und mit Hilfe von Filmtricks das Wirken unsichtbarer Kräfte sichtbar zu machen, Kräfte, die nur an ihrer Wirkung auf Sichtbares überhaupt auszumachen sind. Der Yoghi kann sich unsichtbar machen, sein Gegenspieler listet ihm mit Myras Hilfe das Geheimnis ab. In der einzigen erhaltenen Szene dieses Films sieht man Myra, agierend mit beiden unsichtbaren Partnern. Anfangs in zärtlicher Umarmung – es muß sich um Rasmus handeln –, dann öffnet sich die Tür und, während sich ihr Ausdruck in Schrecken wandelt, werden die Möbel lebendig und reden, von Geisterhand bewegt, vom Zorn des Yoghi und von der Gegenwehr des jungen Konkurrenten. Ein Stuhl schwebt, ein Sessel kippt, der Tisch ebenso, Gefäße fallen vom Seitenbord, dazwischen hetzt Myra fliehend und jammernd hin und her. »Ein malaiischer Kris wandert durch den Raum«, so schreibt es das Drehbuch vor, und so wird es Bild. Der Dolch bewegt sich heftig, tanzt ausdrucksvoll, schimpft gewissermaßen. Tote Gegenstände beginnen zu leben, ein Unsichtbarer gibt ihnen Geist und Ausdruck. Damit ist ein Urthema Wegeners angeschlagen: »... und alles lebt im Tod, und tot ist es lebendig«, so zitiert er in seiner Autobiographie den Dichter Friedrich von Logau. Elf Jahre später ließ der Avantgardist Hans Richter in seinem Film *Vormittagsspuk* Hüte durch den Garten tanzen und inszenierte den Aufstand der Objekte in ihrem Eigenleben. Wegener baute eine Spielhandlung um dieses Phänomen, aber es geht ihm um dieselbe Erscheinung. Die Avantgarde beginnt früh, und es ist nicht nur Wegeners vielzitierte »kinetische Lyrik« aus seinem Vortrag von 1916, die ihn in die Nähe dieser Gruppe rückt. Avantgardistische Ideen beschäftigten ihn zu dieser Zeit auch in seiner Filmpraxis.

Der Film war voller ähnlicher Szenen, von denen uns nur diese sehr dramatische im Fragment vorliegt. Der Yoghi verschwindet beim Selbstversuch, nur Bart und Brille bleiben in der Luft stehen. Der Schwamm schwebt vor dem leeren Ärmel – der leere Anzug, manchmal auch in geisterhafter Bewegung, ist vom Symbolismus bis zum Surrealismus, von Christian Morgenstern bis Michail Bulgakow, ein wichtiges Motiv. »Der Rock, am Tage angehabt«, durch dessen hohle Ärmel »gespenstisch auf und ab die Maus« trabt, [62] kann noch als natürliches Phänomen interpretiert werden; aber in einem expressionistischen Einakter von Friedrich Wolf [63] agiert der leere Anzug wirklich so wie in Bulgakows *Der Meister und Margarita*, [64] wo des Bürochefs Anzug diktiert, als sei »Er« noch darin. Unsichtbares wird zum Thema. Das ist gewissermaßen die Umkehrung des alten Doppelgänger- und Schattenthemas. Doppelt-Dasein und Nicht-Dasein sind Negativentsprechungen. Wegener nutzt das für seinen Film: Durch die Doppelbesetzung als Yoghi und Rasmus sind manche Szenen nur zu filmen, wenn einer der beiden Gegenspieler »unsichtbar« ist. Was ihn interessierte, war die Visualisierung des Unsichtbaren. Damit ist *Der Yoghi* ein erster Schritt in die Richtung, die die dann zu *Lebende Buddhas* führte.

In dem Film wird viel mit Licht und Schatten gearbeitet. Wesentliche Szenen sind Nachtszenen; erleuchtete Fenster oder umgekehrt: Mondlicht durch Myras vergittertes Fensterchen, das Verschwinden von Figuren im Dunkel des Eingangs. Neben solchen bekannten (in Wegenerfilmen sehr früh ausprobierten) Effekten arbeiten Wegener und Gliese auch mit einer vom Schwarzen Theater herstammenden Methode: Was unsichtbar sein sollte, wurde schwarz verhüllt. Von besonderem Interesse war weniger die Unsichtbarkeit als die Teilsichtbarkeit. Schon die Treppe des Hauses wird durch starken Schatten halbiert – ebenfalls ein Jahre später von den Filmexpressionisten mit Vorliebe benutztes Ausdrucksmittel. Aber es sollten auch Teile des Körpers sichtbar agieren, während andere im Dunkel blieben, »unsichtbar« oder auch als unmittelbar entstehende Spuren: Plötzlich erscheinende Abdrücke des Fußes, der durch eben verschüttete Flüssigkeit getappt ist, sollten ein geisterhaftes Laufen suggerieren. Die Versuche des Yoghi, der Selbstversuch und der Tierversuch, waren eine Gelegenheit, das teilweise Verschwinden sichtbar zu machen. Besonders schwierig gestaltete sich die Dreharbeit naturgemäß bei dem Tierversuch. Gliese schildert launig (im Nachhinein), mit welchen Mühen die Katze, die laut Drehbuch dabei halb unsichtbar entwischen sollte, schwarz behost und zu den gewünschten Sprüngen veranlaßt wurde. Als es endlich gelang, konnte die Szene trotzdem nicht aufgenommen werden, weil Wegener vor Lachen auf dem Boden lag und seinen Part nicht spielen konnte.[65]

Diese Schilderung ist mehr als eine anekdotische Fußnote. Sie zeigt, daß sich bei Wegener Dämonie und Komik nicht ausschlossen. Denn ein Hauch von Heiterkeit bestimmte nicht nur die Dreharbeit, er ist auch im Drehbuch unverkennbar. Wenn ländliche Gerätschaften dem ahnungslosen Rasmus um die Ohren fliegen und der unsichtbare Yoghi ihn mit Gegenständen foppt, die sich geisterhaft wie von selbst bewegen, dann gerät die Szene zu einer Art Rüpelstück.

Wie bei Wegener liegen bei Christian Morgenstern Unheimliches und Komisches manchmal nahe beieinander. Die Teilunsichtbarkeit, die Wegener in seinem filmischen Experiment besonders interessierte, das Eigenleben von Körperteilen und Körperspuren finden sich auch in dessen Werk: Man vergleiche die springende Katzenhälfte mit Morgensterns »Ein Knie geht einsam durch die Welt«[66], das sogar sprachliche Assoziation mit Wegeners Drehbuchtext nahelegt (»Ein malaiischer Kris wandert durch den Raum«), obgleich die Sprache nicht Wegeners eigentliches Ausdrucksmittel war.

Der fremde Fürst, 1918

Als Paul Wegener in *Der Yoghi* den Reiz des Exotischen mit Fragen des Übergangs von Sinnlichem zu Übersinnlichem verband und damit an den Bestrebungen des modernen Exotismus teilnahm, bewegte er sich im Rahmen eines Weltbilds, das noch weitgehend vom kolonialen Denken des ausgehenden 19. Jahrhunderts geprägt war. Die fremde Kultur wird fasziniert, aber mit Furcht und Mißtrauen betrachtet, der Yoghi erscheint als tückischer und gefährlicher Außenseiter, gegen den man sich zur Wehr setzen muß. Das ändert sich grundlegend in dem nächsten Film Wegeners mit exotischer Thematik *Der fremde Fürst*. Das Ende des Kolonialismus, das für Deutschland schon mit dem Zusammenbruch des Kaiserreichs 1918 eintrat, und die Atmosphäre allgemeiner Menschheitsverbrüderung, wie sie für das Kriegsende und den Beginn der Republik charakteristisch war, mögen das ihre dazu beigetragen haben.

Auch dieser Film lebt von der Gegenüberstellung europäischer und überseeischer Lebens- und Denkweise, diesmal im Bereich des internationalen Handels. Ein hanseatisches Handelshaus und eine dunkelhäutige Fürstenfamilie sind Wirtschaftspartner, gegenseitige Besuche finden statt – reichlich Gelegenheit, die Unterschiedlichkeit zwischen europäischer Moderne und exotischem Traditionalismus in Kleidung, Ambiente und Verhalten auch optisch auszukosten, die Kühle und Nüchternheit europäischer Geschäftsleute mit dem phantastischen kulturellen Reichtum einer fremdartigen Oberschicht zu vergleichen.

Paul Wegener spielt beide, den alten wie den jungen Fürsten. Der Alte, würdevoll in einer Sänfte thronend in traditionellem Schmuck mit Kopfputz und Sonnenschirm, ist von seinen Dienern umgeben, von denen nur einer europäisch gekleidet ist. Die Europäer, zu denen Tropenhelm, Geschäftsbücher und Erfrischungsgetränk gehören, wirken neben ihm blaß und prosaisch.

Der junge Fürst dagegen trägt sich europäisch und durchaus modern. Als letztes äußeres Zeichen seiner Herkunft hat er ein Tuch um den Kopf gewunden. Die Figur ist angelegt als ein aufgeschlossener Typ, der auf der Höhe seiner Zeit den weltläufigen europäischen Handelsleuten ein gleichwertiger Partner sein will und kann, wie der Blick in das moderne Großraumbüro zeigt. Die Tiefenstaffelung, die immer neue Räume mit weiteren Mitarbeiterscharen sichtbar werden läßt, zeigt aber auch, daß er es mit einer Institution zu tun hat, gegen die individuelle Fähigkeiten wenig Chancen haben.

Der Konflikt kommt mit der Liebe. Denn der hanseatische Handelsherr Brodersen hat eine Tochter, Eva. Die Gespräche des dunkelhäutigen Gentleman mit der jungen Dame haben, nach Wegeners lebhafter Gestik auf den Photos zu urteilen, den Charakter heftiger Werbung.

Sie sind gewissermaßen seine ins Private ausgedehnte Fortsetzung des im Geschäftlichen bereits angemeldeten Anspruchs auf gleichberechtigte Partnerschaft und geraten manchmal ausdrücklich zur kulturpolitischen Auseinandersetzung. Symbol für den kulturellen Anspruch ist die Figur einer exotischen Göttin. An ihrem Beispiel erklärt er zu Anfang stolz der Geliebten die Eigentümlichkeiten seiner heimatlichen Kultur und Religion. Nach seinem Scheitern wird diese Plastik zusammen mit anderen Gegenständen des von ihm selbst verwüsteten Zimmers beziehungsvoll am Boden liegen. Exotische Plastiken auf Gemälden, Bühnen- und Filmbildern dieser Zeit sind nicht schlicht als dekoratives Detail zu verstehen; es sind Mitteilungen und Erkennungszeichen. Der Bahnbrecher des Exotismus Paul Gauguin, der in Übersee geboren war und dessen Mutter eine Sammlung exotischer Figuren besaß, verwendet das Symbol häufig. Das Gemälde *Die schöne Angèle* verknüpft Bretonisches und Exotisches in demonstrativer Beziehung.

Eva, nach Kostümierung und Mimik fast persiflierend als höhere Tochter charakterisiert, erliegt nach anfänglichem Widerstreben der starken Ausstrahlung und überzeugenden Mensch-

150. Paul Gauguin, *La belle Angèle*, 1889, Detail.
151. *Der fremde Fürst*, Gesellschaft im Garten.
152. *Der fremde Fürst*, Palmengarten.
153. *Der fremde Fürst*, Verzweiflung.
154. *Der fremde Fürst*, der alte Fürst.
155. *Der fremde Fürst*, Großraumbüro.

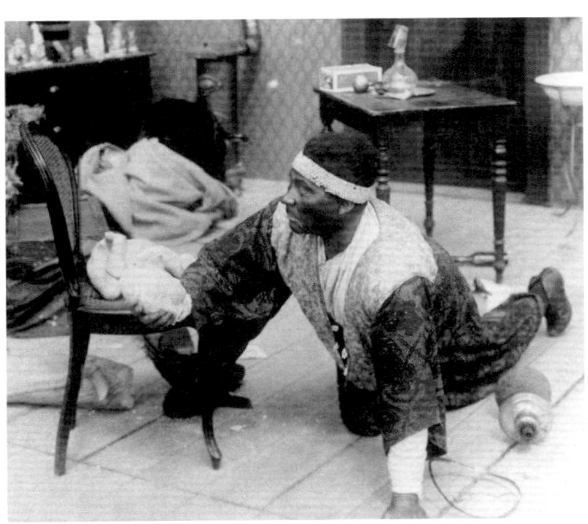

lichkeit des jungen Fürsten Yori. Im Wintergarten der väterlichen Villa erreicht der Konflikt der Gefühle seinen Höhepunkt. Eva steht zwischen dem stets korrekten Volontär ihres Vaters Düsing (gespielt von Rochus Gliese) und dem leidenschaftlichen Yori. Sie entscheidet sich für ihn und verläßt ihr Elternhaus, da der Vater die Zustimmung zu der Verbindung verweigert, um mit dem Fremden zusammenzuleben – ein unerhörter Tabubruch, der unweigerlich die Ausgrenzung aus der Gesellschaft zur Folge hat. Der Vater sperrt die Bezüge, sie müssen bald das Hotelzimmer verlassen und sinken sozial immer tiefer ab. Immerhin gibt es auch Sympathie mit der Kühnheit ihrer Entscheidung. Eva hat sich damit einen Namen gemacht und kann als exotische Tänzerin in einem Varieté ihren Unterhalt verdienen. Das kränkt Yori in seinem Stolz, er belauert sie eifersüchtig, es kommt zu dramatischen Auftritten mit dem Varietédirektor. Er beginnt, Opium zu nehmen, gleichzeitig schickt Brodersen seinen Volontär, um Eva zur Rückkehr zu bewegen. Der Untergang des schon stark angeschlagenen Yori – Irrsinn und Tod – ist vorgezeichnet. Mit seinem Plädoyer für fremde Kulturen, die zu dieser Zeit, von avantgardistischen Zirkeln einmal abgesehen, für primitiv gehalten und verachtet wurden, erwies sich Paul Wegener als ein Künstler, der in seinen Ansichten seiner Zeit weit voraus war. Er fordert Respekt vor dem Andersartigen, das seinen eigenen Wert hat, und plädiert für Fairneß im Umgang mit Angehörigen fremder Völker und Rassen. Für sie klagt er die Gleichheit und Brüderlichkeit ein, die seit der Französischen Revolution und seit der amerikanischen Erklärung der Menschenrechte als theoretisches Postulat existieren, was unter den Bedingungen des Kolonialismus wieder gründlich verdrängt worden war. Er fordert Gleichberechtigung bei Gleichwertigkeit bis zu der äußersten Konsequenz, wie sie eine Ehe darstellt. Und in dem Maße, wie die europäische Umgebung das mutige junge Paar, das ein solches Experiment wagt, scheitern läßt, stellt sich eine tatsächliche Ungleichwertigkeit heraus: Europa mag dem exotischen Partner technisch und wirtschaftlich überlegen sein, menschlich ist es ihm unterlegen. Damit greift Wegener eine zivilisationskritische Denktradition auf, die auf Rousseau zurückgeht.

In der Figur des jungen Fürsten demonstriert Wegener seine Idee mit der Wärme und Begeisterung einer Neuentdeckung; wenigstens war sie ihm bis dahin nicht bewußt gewesen, obgleich sie sich in der Faszination durch Exotisches schon lange vorbereitet hatte. Selbstverständlich ging in die Figur des Yori auch etwas von Wegeners berühmter Othello-Interpretation ein. Mit seinem Plädoyer für mehr Menschlichkeit fußte Wegener allerdings auf einer in die Zeit der Aufklärung, der Empfindsamkeit und der gleichzeitigen Entdeckungsreisen zurückreichenden Tradition, als die menschliche Überlegenheit des »edlen Wilden« über »Europens übertünchte Höflichkeit«[67] mehrfach ästhetisch konstatiert wurde.

Die Bildkraft solcher Vorstellungen ist an den Photos aus *Der fremde Fürst* deutlich abzulesen. Diese Tradition gewann während des deutschen Vormärz neues Leben und wurde von Dichtern und bildenden Künstlern der Spätromantik in der Sprache und den Bildern ihrer Zeit zum Ausdruck gebracht, etwa von Ferdinand Freiligrath in dem Gedicht *Der Mohrenfürst* (1833). Es läßt in seinem Titel schon sprachlich die Nähe zu *Der fremde Fürst* spüren und wurde durch eine frühere Exotismuswelle sehr populär. Der Ausdruck »Mohr« war gegen Ende des 19. Jahrhunderts völlig verschlissen. Dagegen weisen sowohl Grundidee als auch Ambiente und Details überraschende Beziehungen zu Wegeners Film auf. Es geht in Freiligraths Gedicht um einen afrikanischen Fürsten, eindringlich beschrieben in der Pracht seiner traditionellen Herrscherwürde, der mit seinem Heer gegen die weißen Eindringlinge zieht, besiegt und gefangen wird. In einem zweiten Teil tritt er als Trommler in einem europäischen Zirkus auf. Die Erniedrigung des Fremden, der in seiner Welt ein Fürst ist, zum letzten Ausgestoßenen und die würdelose Zurschaustellung in einer anderen, wo seine Werte nichts gelten, wird durch die für den Leser ungewohnte Perspektive aus dem Blickwinkel des Fürsten besonders deutlich und läßt ihn die fremde Welt ernstnehmen und die eigene relativieren.

Ganz ähnlich verfährt Wegener. Der ehemals privilegierte und seinen europäischen Partnern mindestens ebenbürtige Farbige erlebt den exotischen Tanz seiner Frau vor zahlendem weißen Publikum als Tiefpunkt seines sozialen Abstiegs und äußerste Demütigung. Es gibt ein scheinbar nebensächliches Detail, an dem sichtbar wird, daß die Figur des Freiligrathschen Mohrenfürsten zu Wegeners innerer Bildwelt gehörte: das um den Kopf gewundene Tuch (manchmal auch ein Perlenband), das Yori in manchen Szenen trägt. R. L. Leonard hat nicht zufällig für sein Filmplakat den Profilkopf Wegeners mit diesem charakteristischen Attribut gewählt. Es stammt von Freiligrath: »Sein Heer durchwogte das Palmental, / er wand um die Locken den Purpurschal ...«[68]

156. *Lebende Buddhas*, der Großlama und sein Opfer.
157. *Lebende Buddhas*, der Großlama auf dem Thron.

Lebende Buddhas, 1923–25

In dem Film *Lebende Buddhas* geht es wieder um die Begegnung zweier Kulturen und Denkweisen, der europäischen und der ostasiatischen. Eine Gruppe britischer Wissenschaftler, der Geograph Professor Campbel und der Sprachwissenschaftler Professor Smith, geraten, als sie gerade ihre Expedition in Tibet abschließen, in abgelegener Gegend in ein kultisches Fest. Daraus ergeben sich heftige Auseinandersetzungen, denn zu der Kulthandlung gehören Menschenopfer. Der noch jugendliche Sprachforscher greift unbefugt ein, da eines der Opfer, eine junge Frau, offenkundig um Hilfe bittet. Rationalismus und Wißbegier moderner Wissenschaft kollidiert mit der intuitiven und visionären Weltsicht einer Geheimlehre, vorzeitliche religiöse Tradition und ihre brutalen orgiastischen Bräuche mit der Menschenrechtsvorstellung, wie sie die Europäer vertreten, eine Auseinandersetzung vor dem Hintergrund kolonialer Verhältnisse, die auch nach Jahrzehnten ihre Brisanz nicht verloren hat. Ideengeschichtlicher Hintergrund ist der antike Dualismus von Apollo und Dionysos, Ratio und Rausch.

Paul Wegener nimmt nicht Partei für die eine oder die andere Daseinsweise. Beide erscheinen als in ihrem Wesen berechtigt, aber ergänzungsbedürftig. Er sieht sie als »zwei Arten des Seins. Was der einen fehlt, hat die andere ... Kosmisch eingeordnet, ergänzen, ja, bedingen sie sich gegenseitig.«[69] In der Zuspitzung der Spannung gegen Ende des Films gewinnt die asiatische Seite zunehmend an realem, weniger an moralischem Gewicht. Die dramatische Handlung – die Rettung der jungen Frau, der Diebstahl einer uralten heiligen Schriftrolle, eines »Sutra«, die Entlarvung und Festnahme des heimlich kundschaftenden Smith, die Gerichtsverhandlung vor dem Großlama – alles das ist nur ein Vorwand für Wegeners wesentlicheres Anliegen. Wenn der Film 1925 mit dem Untertitel *Erlebnisse einer Expedition* angekündigt wurde, so war das eine irreführende Konzession an den Zeitgeist. Viel mehr als um äußere geht es um innere Abenteuer, um Fragen der Gedanken- und Willensübertragung, des Gedächtnisses und der Seelenwanderung, um Fanatismus und Manipulierung von Massen und einzelnen Individuen, um Macht und heimliche Auflehnung. Was Wegener seit jeher beschäftigt hat – geistige Prozesse sinnlich erfahrbar zu machen –, läßt ihn hier ein Bildepos von seltener Üppigkeit entwickeln, in dem gewissermaßen als sein Vermächtnis das Ergebnis jahrzehntelanger Beschäftigung mit der Kultur des Fernen Ostens enthalten sein sollte.

Der Film gilt als verschollen. 1984 entdeckte Heinz Steike ein großes Fragment in Prag und zeigte Teile davon in einer Fernsehdokumentation über Paul Wegener (vgl. Anm. 6). Das Bruchstück vermittelt eine Ahnung von dem Reichtum und der Kraft der hochentwickelten Bildsprache Wegeners und seines Kameramanns Guido Seeber. Darüber hinaus befinden sich aufschlußreiche Filmphotos teils in der Technischen Universität Berlin, teils im Deutschen Filmmu-

seum Frankfurt. Ein größeres Konvolut fand sich im Nachlaß Wegeners; die Erben haben es inzwischen dem Filmmuseum Berlin überlassen. Mit einer erstmalig veröffentlichen Auswahl wird im Anhang der Versuch unternommen, die Handlung des Films zu rekonstruieren.

Die folgenden Visionen und Seelenwanderungen sind in dem von Heinz Steike publizierten Teil des Prager Fragmentes[70] enthalten. Er stellt eine Kombination von Einstellungen aus verschiedenen Teilen des Films mit einer zusammenhängenden Episode dar. Der Inhalt sei hier wiedergegeben:

Zu Anfang sieht man das Riesenhaupt des Großlama, das sich drohend über einem schnell fahrenden Schiff erhebt (vgl. Abb. 65), dann die schattenhafte Gestalt des jungen Lama, wandelnd über einen breiten, von einer Brücke überspannten Fluß, über die ein Zug fährt, und schließlich die Figur eines sechsarmigen, drachenköpfigen Dämons, die in die des thronenden, ebenfalls sechsarmigen Großlama übergeht und sich wieder zurückverwandelt. Die Figur schwenkt einen Wedel und ein Räuchergefäß, dessen Rauch immer stärker den Kopf verschwimmen läßt. Es scheint eine mystische Inkarnation der »Schrecklichen Göttin« zu sein, obwohl ihre Skulptur auf dem Altar nicht sechsarmig ist, aber auf die gleiche Weise gräßlich die Zähne fletscht und ihre Insignien schwenkt. Die folgende zusammenhängende Sequenz ist viragiert und zeigt das Geschehen und auch die psychischen Prozesse in geheimnisvollem Gelb. Zwei Männer schlagen rhythmisch die große Glocke und wecken die chaotisch auf der Treppe und dem Vorhof des Tempels herumliegenden Betäubten. Die Wächter entdecken, daß jemand geflüchtet ist. Während die Mönche in den Tempel einziehen, wird dem unbeweglich thronenden Großlama von zwei Boten eine weitere Flucht gemeldet: »Herr, die Fremden sind geflüchtet! Ihre Hütte ist leer!« Der Großlama sucht sie mit seinem dritten, dem »tantrischen Auge«, indem er sich konzentrierend den Kopf senkt. Auf seiner Stirn erscheinen, von seinem Kopfputz umrahmt, Campbel und die tibetische Frau, wie sie von den Pferden steigen und sich niedersetzen.

Die Seele des mit der Verfolgung beauftragten rJeb-sun erhebt sich aus dem in gesammelter meditativer Haltung sitzenden Körper, der daraufhin schlaff in sich zusammensinkt. Bei ihrer Rückkehr strafft dieser sich wieder. Gleichzeitig muß der Großlama als der eigentliche Träger der magischen Fähigkeiten dieselben Anstrengungen unternehmen. Mit der geistigen Rückkehr des Schülers richtet auch er sich auf und blickt um sich, als ob er von sehr fernen Welten käme. (Damit endet das Fragment.)

Starr wie ein Standbild sitzt der Großlama, Repräsentant einer uralten Kultur, für die er das Göttliche verkörpert, auf seinem Thron oder im Zelt, mit maskenhaftem Gesicht und stark reduzierter, wirkungsvoller Mimik und Gestik. Die Maskenhaftigkeit, die kein Zeichen von Ruhe, sondern von äußerster, wenn auch beherrschter Spannung ist, kann jedoch unvermittelt in Wildheit umschlagen. Das war ein Charakteristikum von Wegeners stilisiertem Darstellungsstil, der verschiedentlich als »bizzar«, »al fresco« oder »provokant« bezeichnet wurde. Wegener mußte weniger als andere Schauspieler »Maske machen«, seine Maskenhaftigkeit war darstellerisches Prinzip: »Schauspielkunst muß den Alltagsmenschen erschlagen, ihn wieder zum Kind machen, das vor der Maske erschrickt.«[71] In dem Sinne strebte der große englische Theaterreformer Edward Gordon Craig, der das gesamte europäische Theater, auch Reinhardt und Wegener beeinflußte, mit seiner Theorie der »Maske« und der »Übermarionette« eine überhöhte, verfremdete und stilisierte Spielweise an.[72]

Bildlichen Ausdruck findet die Wildheit in den wütenden Drachen, die als Kapitelle der Säulen des Tempels dienen. Er ist mit einem riesigen, grotesken Bild der Göttin geschmückt, der die Menschenopfer dargebracht werden, einer wilden, zähnefletschenden Gestalt. Das Schädelmotiv wird an dem Altar mehrfach variiert: als Dekor der Altarkante, an Kopfputz und Ketten der Göttin. Zudem waren seitlich an den Höhlenwänden tanzende Skelette aufgestellt. Die Zeichen sind deutlich: Es geht um Terror, Macht, Rausch und Tod. In Kurukulle ist eine hinduistische Gottheit zu erkennen: Kali, die Schwarze, die innerhalb des hinduistischen Weltmodells die notwendigen Kräfte der Zerstörung repräsentiert.[73] Ihr Kult, zu dem auch Menschenopfer gehörten, wurde besonders von der Sekte der Rotkappen zelebriert. Deren absonderliche, extrem hohe Kapuzenform wird in Wegeners Inszenierung zu einem ausdrucksstarken künstlerischen Mittel; es trägt viel zu der düsteren Feierlichkeit der Tempelszenen in *Lebende Buddhas* bei.

Typische Kennzeichen der finsteren Göttin – zähnefletschende Grimasse, Schädeldekor, geschwungene Waffe, Elefantengeister – finden sich bei vielen Figuren der indischen und ostasiatischen Sammlungen der Berliner Museen, wo sich Wegener und seine Mitarbeiter Anregungen holten. Die plastische Gestaltung des Altars mit dem Bildnis der Göttin war ebenso wie die des

158. *Lebende Buddhas*, Bildnis der »Schrecklichen Göttin«.
159. *Lebende Buddhas*, Maskentänzer.

Thrones im Tempel ein Werk von Christiane Naubereit. Sie dokumentieren den Einfluß der Berliner Ostasiatischen Sammlung , deren Grundstock von Wegeners Lehrer Ernst Grosse zusammengetragen wurde. Diese plastischen Arbeiten sind in ihrem grotesken Charakter typisch für *Lebende Buddhas*, weniger für ihr übriges Werk, das der eher der klassischen Berliner Bildhauerschule verpflichtet ist. Christiane Naubereit hatte für Rochus Gliese schon mehrfach plastische Theateraufträge ausgeführt und war trotz ihrer Jugend nicht ohne Berufserfahrung. Ihre eigene Note ist besonders im Vergleich mit der Plastizität der Ghettobauten in *Der Golem, wie er in die Welt kam* zu bemerken, die Marlene Moeschke modelliert hat. Für beide Filme hatte Hans Poelzig Architektur entworfen. Jede der jungen Bildhauerinnen brachte bei der Bearbeitung ihre eigene Handschrift ein.

Auch der Maskentanz orientiert sich an authentischen tibetischen Tanzritualen, insbesondere im Kostüm des Vortänzers mit dem breiten Hut und dem hohen Aufsatz. Bei dem orgiastischen nächtlichen Fest in *Lebende Buddhas* steigert sich durch Drogen, Musik und rasende rituelle Tänze die religiöse Begeisterung bis zur Trance. Psychische Ausnahmezustände – Rausch, Suggestion, Willens- und Gedächtnisübertragungen und -auslöschungen – sind in dem Film zentrale Punkte, um die die Handlung kreist. Tanz als ein Zustand der Entgrenzung ist in diesem Zusammenhang von großer Bedeutung. Wegener verpflichtete den namhaften Tänzer und Choreographen Max Terpis, Ballettmeister der Deutschen Staatsoper in Berlin, und seine Truppe für die religiösen Tänze. Max Terpis (eigentlich Pfister) war ein Schüler der Schweizer Ausdruckstänzerin Suzanne Perrottet, die Mitarbeiterin Emile Jacques-Dalcrozes in Hellerau und Rudolf von Labans in Ascona gewesen war.[74] Dann bildete ihn Mary Wigman in Dresden weiter aus. 1923 wurde er Ballettmeister am Theater in Hannover, ab 1924 in Berlin.

Maskentänze mit einer Tendenz zum Grotesken und Okkulten gab es im modernen Tanz von Anfang an, wobei sich wie in *Lebende Buddhas* exotische mit altdeutschen Einflüssen mischen. So lassen die großformigen Masken der Tänzer zugleich an die Reste mittelalterlicher Fastnachtstraditionen denken, wie sie sich in einigen Orten Süddeutschlands erhalten haben. Schon in den zehner Jahren zeigten die Hamburger Tänzerinnen Gertrud und Ursula Falke den Maskentanz *Weiße Frau*. Rudolf von Laban und Mary Wigman arbeiteten mehrfach mit Masken. Am berühmtesten wurde Mary Wigmans *Hexentanz* (1926).

Paul Wegener hatte lange vor *Lebende Buddhas* schon einmal intensiven Kontakt mit dem »freien Tanz«, als er für seinen Film *Rübezahls Hochzeit* mit der Hellerauer Kindergruppe arbeitete. Damals war die Bewegung im Entstehen gewesen. Jetzt war sie aus dem Stadium der Künstlersiedlung herausgewachsen und hatte die großen deutschen Theater erreicht. Die in der Abgeschiedenheit von Hellerau und Ascona entwickelten Impulse waren im Begriff, die konventionell erstarrten Ballettkompanien der offiziellen Theater zu erneuern, ein Prozeß, der noch Jahre dauern sollte. Mit dem Einsatz der Tanzgruppe von Max Terpis, einem Schüler zweier führender Exponentinnen von Hellerau, war Wegener – sieben Jahre und eine Epoche später – wieder am Puls der Zeit. Erst in den Jahren darauf wurde das Thema Gegenstand öffentlicher Diskussion: 1928 war *Tanztheater – Theatertanz* eines der Themen des Zweiten Deutschen Tänzerkongresses in Magdeburg.

Die Prozession der Mönche zum Gerichtstag, deren dekorative Wirkung durch Aufnahme aus der Vogelperspektive betont wird, bildet in ihrer Verschränkung ein bewegtes kreuzförmiges »Ornament der Masse«[75], das mit den von Poelzig entworfenen monumentalen Tempelanlagen korrespondiert, etwa dem vierstrahligen Dachfirst des Tempels entsprechend. Es ist eine Art Sternmarsch, wie er in den organisierten Massenbewegungen der zwanziger Jahre in Gebrauch kam. Eine andere filmische Reflexion dieser historischen Erscheinung findet sich z. B. in Fritz Langs *Metropolis* (1926), wo in der Fabel vom Turmbau zu Babel die rebellierenden Arbeiter in einem Sternmarsch zusammenströmen. Siegfried Kracauer hat später das »Ornament der Masse«, das seinen Höhepunkt tatsächlich in den Massenspektakeln der dreißiger Jahre fand, im Zusammenhang mit der »Ästhetisierung der Politik« interpretiert. Es ist bemerkenswert, daß Wegener dies sehr früh und in bezeichnendem Bedeutungskontext inszeniert: Die Mönchsprozessionen stellen in ihren strengen Formen eine Instrumentalisierung von Menschen dar, eine rituelle Einbindung in fremde, übergeordnete Zwecke. Im Gegensatz zu dem Standphoto erzielte die Szene ihre besondere Wirkung durch den geheimnisvollen Schimmer des viragierten Films, der das gemalte Hochgebirge des Hintergrundes im magischen Gelb verschwimmen läßt.

Magische Prozesse darzustellen, Unsichtbares sichtbar zu machen mit schauspielerischen und technischen Mitteln, hat Wegener immer beschäftigt: die Verdoppelung des Studenten, die Belebung der Golempuppe, die Traumerscheinungen in *Hans Trutz im Schlaraffenland* und in

Der verlorene Schatten. In *Lebende Buddhas* geht es auch um die zeitweilige Aufhebung des Identität, die gleichzeitige Anwesenheit an verschiedenen Orten, also um okkulte Vorgänge.

Das Zusammentreffen der technischen Möglichkeiten des Films mit den okkultistischen Neigungen der frühen Moderne provozierten geradezu die filmische Darstellung von Geistererscheinungen wie hier der Astralleib des fanatisierten Schülers. Namhafte Regisseure verwendeten dieses Ausdrucksmittel: Lubitsch in *Die Puppe* (1919), Lang in der Tarnkappensequenz des 1. Teils von *Die Nibelungen* (1924), zum tragenden Element wurde es in dem Klassiker der schwedischen Filmschule, Sjöströms *Fuhrmann des Todes* (1921): Die Seelen der Toten fahren auf dem schattenhaften Geisterkarren davon.

Willens- und Energieübertragungen gehören ebenfalls zu den okkulten Vorgängen, um die es in *Lebende Buddhas* geht. Willensübertragung von einem Gehirn auf eine anderes, vom Lehrer oder Herrn auf den Schüler oder Getreuen bedeutet Auslöschung der Identität. Der Abhängige wird zum Medium eines anderen, der eine hypnotische Macht ausübt, Wille, Kraft und Verhalten sind nicht mehr seine eigenen. In Murnaus zwei Jahre vorher entstandenen Film *Nosfer*atu gibt es eine ähnlich geheimnisvolle Verbindung zwischen Meister und Schüler (»Der Meister ruft!«). Auch Murnau war für seine okkultistischen Neigungen bekannt. Die Figur des rJeb-sun, dem Grigori Chmara, Asta Nielsens Ehemann, seine markanten Züge gibt, ist die Studie eines fanatischen Funktionärs, aufgeladen mit einer enormen Kraft, die nicht aus ihm selber kommt. Komplizierter ist die Willensübertragung auf eine Gruppe oder Masse. Die Masse gerät, ist sie von einer Ideologie erst ergriffen, in eine Bewegung von gewisser Eigendynamik, die nicht ohne weiteres verändert werden kann. Die Mönche in ihrem religiösen Enthusiasmus, gekränkt durch fremde Eingriffe, entwickeln einen Fanatismus, der außerordentliche und unter Umständen mörderische Kräfte freisetzt. Er kann nicht willkürlich gelenkt werden, nicht einmal von dem verehrten Führer, der selbst nicht fanatisiert ist, sondern taktischen Erwägungen folgt. Die Gewalt einer Massenhysterie zu stoppen oder umzulenken, erfordert von der Leitpersönlichkeit außerordentliche Manipulationen, wie hier die Erscheinung der Göttin in Feuer und Rauch.

Wegener findet für die manipulierte Masse in den verschiedenen Situationen, die durchgespielt werden, unterschiedliche, charakteristische Bilder: das Ritual, wie es die Mönchsprozession darstellt, und die Massenhysterie der aufgeputschten Mönche in der Gerichtsszene, beide in der ihm entsprechenden architektonischen Umgebung inszeniert. Das Ritual, das nach tradiertem Muster vor der imponierenden Kulisse des Tempels abläuft, bindet die Menschen in eine festgelegte Ordnung ein, repräsentiert durch das dekorative regelmäßige Ornament der aufgereihten Kutten mit ihren spitzen Kapuzen. Das wilde Toben der fanatisierten, blutgierigen Menge hingegen findet in dem engen Hof statt, dessen Mauer die Brüllenden wie eine Kesselwand umschließt. Die Kutten und Kapuzen bilden hier einen wildbewegten, verknäulten Haufen, aus dem die aufgerissenen Münder hervorstechen. Auch die Bewegung der Masse hat ihre Gesetze; es sind aber andere und nur ihrer chaotischen Natur eigene, wodurch die Bewegung leicht aus dem Ruder läuft.

Es gibt jedoch nicht nur Macht und Manipulierte, sondern auch Gegenkräfte, schwach, jedoch deutlich erkennbar. Schon in der kleinen Gruppe von Tibetern, die zu Anfang in das Blickfeld des Teleskops geraten, werden Wächter und Bewachte identifiziert. Und die Gruppe der Opfer umfaßt Wehrlose wie das Kind, stumpf ergebene Gefangene und still Widerstehende wie die junge Frau, die aufmerksam und hoffnungsvoll auf die Fremden sieht. An ihrer wachen Intelligenz prallen die Beschwörungsversuche der Priester ab, die mit Hoffnungen auf das Jenseits Todesbereitschaft erzeugen wollen. Ihr stummer Hilferuf spricht den Beschützerinstinkt der Fremden an und löst die Rettungsaktion aus. Asta Nielsens ausdrucksvolles Gesicht gewinnt der von der Dramaturgie her wenig ergiebigen Rolle des Opfers so viel wie möglich ab: Trotz und Unabhängigkeit im Denken, Mütterlichkeit für den kleinen Bruder, dem sie das Sterben erleichtern möchte, am Ende Ergebung.

Der Großlama gibt seinem Abgesandten rJeb-sun ein Gastgeschenk für die europäischen Partner mit: eine Landschaftsdarstellung. Die Figur eines Lamapriesters im Vordergrund wischt er lächelnd weg, nimmt seine Stelle ein und gelangt so in die Wohnung Campbels. Dort beginnt mit dem Entrollen des Gemäldes die entscheidende Phase in der Konfrontation zwischen den europäischen Wissenschaftlern und ihren asiatischen Gegnern. Auch zwischen den beiden Europäern ergeben sich unterschiedliche Positionen: Campbel blickt kühl und distanziert, Smith dagegen, obwohl ein engagierter Kontrahent des Asiaten, ist von der starken Ausstrahlung des jungen Lama nicht unberührt, der vor der Übersetzung der Schriftrolle warnt. Dafür ist er als der intimere Kenner auch stärker sensibilisiert: Er erkennt – wie auch die Tibeterin – in

160. Aus Wegeners Sammlung.
161. Wegener in seiner Sammlung.

der gemalten Figur das Bild des Großlama, ohne daraus bereits metaphysische Schlüsse zu ziehen.

In der unterschiedlichen Reaktion der beiden Wissenschaftler manifestieren sich Erfahrungen aus der Durchdringung verschiedener Kulturkreise, konkrete Erfahrungen aus der Kolonialzeit, die aber verallgemeinert werden können. Intensives Studium fremder Kultur verändert den Menschen, besonders wenn er in ihrem Einflußbereich lebt. Paul Wegener unterhielt Kontakt zu dem Chinaforscher Richard Wilhelm, dessen Schriften ihn nach eigener Aussage stark beeinflußt haben. Richard Wilhelm, zunächst als Missionar in Tsingtau, wurde zum Spezialisten für chinesische Philosophie und zum Übersetzer und Verfechter des mystischen alten China, gründete die Konfuzius-Gesellschaft und arbeitete bei seinen Studien eng mit den »Alten von Tsingtau« zusammen, einer Gruppe bedeutender chinesischer Gelehrter, die sich 1911 vor den revolutionären Unruhen nach Tsingtau geflüchtet hatten. Richard Wilhelms Begeisterung für die chinesische Kultur fand ein für exotische Impulse aufnahmebereites Publikum und veränderte das bis dahin negative, vom Kolonialismus bestimmte deutsche Chinabild. Die Kenntnis dieser Beziehungen ist in die Gestaltung der Wissenschaftler in *Lebende Buddhas* eingegangen, besonders in der Figur des innerlich zerrissenen, zugleich faszinierten und abgestoßenen Sprachkundigen Dr. Smith.

Die magische Identität des Großlama mit der Figur auf dem Bild läßt die Fabel ins Märchenhafte übergehen. Als Smith trotz der Warnung weiterübersetzt und auf den Namen der Göttin stößt, öffnet der Priester auf dem Bild die Augen, und es gibt einen Feuersturm wie bei der Geisterbeschwörung und der Erweckung im *Der Golem, wie er in die Welt kam*. Während die Blitze zucken und die Bücherwände zusammenstürzen, erhebt der Lama auf dem Bild seinen Stab, steigt heraus und verlöscht die Schriftzeichen. Smith ist zusammengebrochen und verfällt in wüste Fieberphantasien, wobei die Grenzen zwischen Traum, magischer Realität und Wirklichkeit verschwimmen. Der Großlama holt sich das ihm bestimmte Opfer zurück. Das gleiche Thema beschäftigte Murnau in *Tabu*: Der alte Priester, Wächter uralter Riten, läßt sich sein Opfer nicht nehmen. Nur die Gegenspieler sind andere – statt der modernen Wissenschaft ist es die junge Liebe, die dem Mythos den Kampf ansagt.

Der Großlama entschwindet, immer kleiner werdend, in das Bild. Er zieht eine ganze Gruppe mit sich: den Schüler, die Frau und Smith. Die geisterhafte Reise endet im Tempeldorf, wobei Landschaft, Bild, Zimmer und Tempel ineinander übergehen. Dort greift Smith in Todesnot und Verzweiflung den Großlama an, das bedeutet in der Realität: Er zerfetzt im Fieberwahn das Bild. Aber die Schriftrolle und die Tibeter sind wirklich verschwunden. Der in die Apotheke geschickte Diener meldet, daß er »den asiatischen Herrschaften auf der Straße soeben begegnet« sei.

Doppeldeutigkeit als Prinzip, Traum und Wirklichkeit unlösbar verknüpft – Wegener nutzt ästhetische Methoden, die besonders die Romantik kultiviert hat. Zwei romantische Märchenmotive, die auf dem Wechsel der Realitätsebenen beruhen, verwendet Wegener in *Lebende Buddhas*: einmal das Bild, das lebendig wird bzw. dreidimensional, in das man hinein- und herausgehen kann, und zum anderen die Bibliothek, durch die Blitze zucken und Feuerstürme rasen.

Das Bild, das die dritte Dimension erlangt und zur Landschaft wird, erinnert an Eduard Mörikes gespenstische Landkarte in der Erzählung *Der Schatz*, auf der die Zwerge in der Vertikalen wie auf wirklichen Bergen und Tälern ihr Wesen treiben.[76] Die Filmtechnik macht sichtbar, was romantische Phantasie vorgedacht hat. In Fritz Langs Film *M* wächst (durch Einblendung) aus dem Mittelpunkt eines Zirkelschlags auf einer Landkarte die dreidimensionale Landschaft hervor. Es ist eine Landkarte der Polizei, die ein Gelände »aufrollt«. *M* ist ein Film von knallhartem Realismus, aber Fritz Lang ist bei Symbolisten in die Schule gegangen.

Bildnisse, die lebendig werden wie die Priesterfigur auf dem Rollbild kommen ziemlich häufig vor; am bekanntesten ist wohl *Das Bildnis des Dorian Gray* von Oscar Wilde. In *Lebende Buddhas* gehen Menschen durch das Bild hindurch wie durch ein Tor – oder durch einen Spiegel. Eine ähnliche Idee hatte mit *Der Student von Prag* Wegeners Filmwerk eröffnet, hier gewinnt sie eine besonders artifizielle Form, zumal der Weg ja auch wieder zurückführt aus dem Bild heraus und, um das Prinzip auf die Spitze zu treiben, der Großlama sich sogar in dem Bild wie in einer Kiste transportieren und bei den Europäern einschleusen läßt. Den Kistentrick hat Wegener – als komisches Motiv – auch in einem seiner Filme durchgespielt, in *Der Golem und die Tänzerin*. Die Wegenerwelt hat vielfältige Querverbindungen, innere und äußere.

Das Hineintreten in und das Heraustreten aus dem Bild ist eine besonders filmgerechte Bildidee. Buster Keaton hat sie in dem Film *Sherlock jr.* auf die Spitze getrieben: Ein Filmvorführer geht geradezu in die Leinwand hinein und wird Teil der Filmhandlung. Auch da entwickelt sich eine geisterhafte Rundreise durch verschiedene Schauplätze und die Rückkehr zum Ausgangspunkt. Sie ist lebendig geblieben bis zu Woody Allens *The Purple Rose of Cairo*.

Seit E. T. A. Hoffmanns Bibliothek der Palmbäume in der Erzählung *Der goldene Topf* gibt es dieses Bild vom Zauber der Wissenschaft und der funkensprühenden Begegnung der europäischen mit fremden alten Kulturen. *Lebende Buddhas* nimmt diese Tradition auf. Auch bei Hoffmann schießen wie beim Erscheinen des Großlamas Blitze aus den fremden heiligen Schriftstücken, und aus den Bücherwänden brechen Flammenstürme und Geister über den Frevler herein.[77] Das ist der Student Anselmus, der exotische Manuskripte kopiert für den Archivarius Lindhorst, der in der anderen Dimension ein Salamander ist, ein Feuergeist.

Den Topos des in Bücherwänden gebannten Geistes, dessen Symbol das Feuer ist und der ungeahnte Kräfte entwickeln kann, zeigt Wegener in einer für die exotisch orientierte frühe Moderne charakteristischen Variante. Die Bibliothek des Expeditionsleiters Campbel, der hier mit Dr. Smith, dem Bruder des noch vermißten Kollegen konferiert, ist mit exotischen Götterbildern und Tiergestalten geschmückt. Zwar gehören Exotika zum Bild der wissenschaftlichen Bibliothek, wie sie sich aus den Raritätenkabinetten im Zeitalter der großen Entdeckungsreisen entwickelt hat. Nicht zufällig ist die Bibliothek des Archivarius Lindhorst mit Palmen geschmückt, zwischen denen tropische Insekten, Papageien und seltsame Blumen leben und wo fremde Geisterfürsten, manchmal in Tiergestalt, residieren. Aber die Bibliothek Campbels ist auf besondere Weise zeittypisch für den Exotismus der frühen Moderne. Sie weist eine frappierende Verwandtschaft mit dem großen, weihevollen Raum auf, den Wegener für seine ostasiatische Sammlung einrichtete, obgleich die Bücher hier gegenüber den Skulpturen ganz zurückgetreten sind. In einem großen Raum versammelte er Götterfiguren um sich, zweimal in seinem Leben: zuerst in seiner Wohnung Am Karlsbad im Berliner Tiergartenviertel, wo er durch das Herausnehmen einer Wand zwischen zwei großen Zimmern einen Saal herstellen ließ. Der sakral wirkende, riesige Raum war die ihm gemäße Umgebung, in der er sich wohlfühlte, eine Art zweite Haut, um in den Begriffen der damaligen Architekturtheorie zu sprechen. Dazu gehört auch die Neigung, den Raum um sich mit einem zusammenhängenden Bildprogramm auszustatten. Es ist die Zeit der großen Friese, wie sie etwa Edvard Munch in Berlin und Gustav Klimt in Wien geschaffen haben.

1938 ließ er von dem ihm befreundeten Schweizer Architekten Hans Hirth sein Haus in der Binger Straße in Berlin-Wilmersdorf um eine Kopie dieses Raumes herumbauen. 1945, als Berlin eine offene Stadt war und plündernde sowjetische Soldaten »truppweise durch unser Haus zogen«,[78] nahmen sie hier die Mütze ab in dem dunklen Gefühl, eine Kultstätte zu betreten.

Besonders charakteristisch ist der von einer Figur aus Wegeners Kollektion repräsentierte Typus der weiblichen Göttin oder Priesterin in der Haltung äußerster innerer Sammlung, mit aneinandergelehnten Handflächen (Abb. 105, in Abb. 103 hinter Wegener). Asta Nielsen als nun-

162. Wegeners Haus in der Binger Straße, Berlin.
163. Figur über der Eingangstür zu Wegeners Haus in der Binger Straße, Berlin.
164. Ruth St. Denis.
165. Heinrich Tessenow, Haus in Hellerau, 1912.

mehr in ihr Schicksal ergebenes Opfer (vgl. Abb. 156) reflektiert ihn ebenso wie die Tänzerin Ruth St. Denis, eine Exponentin des Exotismus der frühen Moderne auf dem Gebiet des Tanzes. Den spirituellen Hintergrund des Exotismus macht der Tanztheoretiker Hans Brandenburg deutlich bei der Interpretation dieser Tanzphase von Ruth St. Denis: »Vor dem ohne einen Kraftaufwand sich vollziehenden Aufstehen der Göttin aus sitzender Stellung, vor ihrem blumenhaften Wachsen und Schweben und der unendlichen Belebtheit ihres scheinbar regungslosen Antlitzes schwindet unser Begreifen oder es wandelt sich vielmehr in die mystische Erkenntnis um, daß sich der Sinn des Persönlichen, das wir zu schauen meinten, im Sinn der Gottheit verliert.«[79]

Innen üppig und düster, zeigt sich das Haus außen hell und karg. Niemand ahnt, welch reiche und fremdartige Welt sich hinter der bescheidenen Fassade verbirgt. Paul Wegener nannte es »sein Landhaus in der Stadt« und deutete damit schon die Ambivalenz des Hauses an. Außer einer kleinen Buddhafigur über der schlichten Haustür und einer unmerklichen Schwingung des Daches deutet nichts auf den ausschweifenden Exotismus im Inneren hin. Es ist breit gelagert, bequem und modern, dabei betont zurückhaltend, einfach und natürlich und paßt gut in die Landschaft (die der Architekt dazu geschaffen hat). Die Fensterläden und das sparsame Grün des Gartens geben ihm einen unaufdringlich ländlichen Charakter. Ein wenig Kunst, eine kleine Dachbewegung bringen den notwendigen Hauch Poesie in das sonst strenge und fast frugale Bild. Weder die Zeit noch der Ort der Entstehung sind verleugnet, es ist das kultivierte Haus der gemäßigten Moderne in Mitteldeutschland, auf noble Art schlicht, wie es die Gartenstadtbewegung hervorgebracht hat. So wurde auch in Hellerau gebaut. Man vergleiche damit das Wohnhaus, das Heinrich Tessenow 1912 für diese Künstlersiedlung (vgl. Kap. 5) entworfen hat. Vergleichbar der kleinen Buddhafigur über der Haustür von Wegeners »Landhaus« trägt Tessenows Festspielhaus in Hellerau, das Wolfgang Pehnt als »halb Landgut, halb Tempel« charakterisiert hat,[80] an seinem Portikus das Yin-Yang-Symbol als Zeichen.

Das sind die beiden Seiten einer Gesinnung, die sich hier deutlich manifestiert. Ambivalenz, Einheit der Gegensätze hat Wegener immer betont und in seinen Filmen gestaltet. Das Bauernhaus in *Der Yoghi* umschließt indische Mysterien – es ist erste Gestaltung des »Tempels im Haus« –, und der Großlama und sein Adept schlagen ihr geisterhaftes Lager mitten in der Großstadt auf. Leben und Tod, Heimat und Fremde, innen und außen, Rationalismus und Spiritualismus werden vereinigt in einer allumfassenden Geste, die typisch ist für eine Zeit, die alle Gegensätze in einer großen Utopie zu vereinigen bestrebt ist, deren Ausdruck das Gesamtkunstwerk Leben ist. Sein Wohnhaus dokumentiert die Bewahrung von Ideen des Jahrhundertanfangs in schlimmer Zeit.

Der außerordentliche Erfolg von *Der Golem, wie er in die Welt kam* hatte Wegener dazu verleitet, für *Lebende Buddhas* eine eigene Firma zu gründen, zumal sein langjähriger Produzent Paul Davidsohn 1921 aus der Ufa ausgeschieden war. Sie kam während der Inflation unter großen Schwierigkeiten mit Hilfe von Asta Nielsen und Hans Poelzig am 1. 8. 1923 zustande. Das Schicksal des Films, über dem ein seltsamer Fluch zu lasten schien, bleibt unklar. Wegeners Biograph Kai Möller umschreibt es so: »Durch unklare Machenschaften wurde das Negativ regelrecht verschoben, und die einzige Kopie ist nur wenige Male gelaufen, so im Frühjahr 1925 bei der Einweihung des Asta-Nielsen-Theaters in Düsseldorf.«[81] Nach der kaum beachteten Uraufführung Ende 1923/Anfang 1924 in Leipzig zurückgezogen, hatte der Film eine zweite Premiere am 12. 5. 1925 in Berlin. Das war nicht so ungewöhnlich; auch andere Hersteller reagierten mit Umschnitten und Titeländerungen auf den eklatanten Stimmungs- und Geschmackswandel dieser Jahre: Die Neue Sachlichkeit kündigte sich an. Vor ihrem nüchternen Blick erschien Mystisches und Okkultes wie *Lebende Buddhas* »unwahrscheinlich, nicht selten albern«,[82] wie die vorwiegend negativen Kritiken erkennen lassen. Man sah wohl den Reichtum der Bildsprache, blieb aber kalt. Charakteristisch ist das Mißverständnis, den kurz zuvor herausgekommenen Ufa-Kulturfilm *Zum Gipfel der Welt* und seine »echten Aufnahmen des Himalaya« gegen *Lebende Buddhas* auszuspielen. Es gab aber auch begeisterte Kritiken, etwa von dem namhaften Filmkenner Kurt Pinthus in der Zeitschrift *Das Tagebuch*. Dem Mißerfolg von *Lebende Buddhas*, der Wegener auch finanziell ruinierte, entsprach im persönlichen Bereich eine Krise, die schließlich zur Trennung von Lida Salmonova führte – in beidem drückt sich das Ende der neuromantischen Periode aus. Die Konsequenz Wegeners war die Beendigung seiner selbständigen Filmarbeit. Er hatte gesagt, was er zu sagen hatte. Die Zeit, auf diese Art Filme zu schaffen, war vorbei. Er blieb ein großer Theater- und Filmdarsteller und führte gelegentlich Regie. Sein *Nathan der Weise* war einer der kulturellen Höhepunkte Berlins nach dem Zweiten Weltkrieg.

10. Der Golem – Annäherung an einen Mythos

In drei Filmen über einen Zeitraum von sieben Jahren hat sich Paul Wegener mit dem Stoff des Golem auseinandergesetzt, der auf magische Weise zum Leben erweckten Lehmfigur: *Der Golem* (1914), *Der Golem und die Tänzerin* (1917) und *Der Golem, wie er in die Welt kam* (1920). Während sich der erste und der letzte der drei Filme stark aufeinander beziehen, nimmt *Der Golem und die Tänzerin* eine Sonderstellung ein: Es ist eine Komödie um die Golem-Puppe und einen falschen, gespielten Golem und lotet die komischen und erotischen Möglichkeiten des Stoffes in einer Film-im-Film-Geschichte aus.

Die Gestalt mit dem ausladenden Haarklotz, den ebenso abstehenden Kittelkanten, der riesigen Gürtelschnalle und den hohen, schweren Trampelfüßen, entstanden und zum Mythos geformt in Jahrhunderten jüdischer Geistesgeschichte, ist als Figur der frühen Filmgeschichte Paul Wegeners und Rudolf Bellings Schöpfung. Die markante Haarform, die dem Kopf seinen archaischen, urtümlichen Charakter gibt, ist altägyptischen Königsdarstellungen nachgebildet. Unmittelbare Vorläufer gehören in eine Reihe von Paul Gauguin (*Selbst*, 1889) und seinen Schülern (Georges Lacombe, *Christ*, 1898/99) über die Entwicklung des kubistischen Porträts im Umkreis von Pablo Picasso bis zur Plastik der frühen zwanziger Jahre (William Wauer, *Porträt Herwarth Walden*; Will Lammert, *Mutter Erde*, 1925–27). Bei Lacombes ägyptisierendem Kruzifixus liegen die Haarpartien in breiten, plastischen Wülsten um Hals und Gesicht. Kubische Haar- und Gesichtsformen geben in Wauers Porträtkopf dem zarten Intellektuellenantlitz Waldens elementare Wucht. Der Rahmen plastischen Haares um das Gesicht von Lammerts *Mutter Erde*, deren urtümliche Würde er betont, verselbständigt sich zu einer großen, klaren, sogar die Dachkante überschneidenden Rundform. Auch Paul Wegeners eigene Büste von Otto Maerker läßt sich so interpretieren. Ägyptisierende Tendenzen gibt es in der frühen Moderne mehrfach in Architektur und bildender Kunst. Monumentalität und elementare, charakteristische Formen ließen Zeitgenossen vom »Zyklopenstil« sprechen. Paul Wegener als Kunstfigur und historische Erscheinung, seine Maske und selbst sein Lebensstil wurzeln in dieser historischen Phase.

Die Frisur des Golem, aus phantastischer Stilisierung auf Normalmaß reduziert, entsprach in plastischer Fülle und natürlichem Fall der Haare dem Geschmack reformbewußter Gruppen – von der »Stilfrisur« und dem »Pagenkopf« über die »Bauhausfrisur« bis zum Äußeren des amerikanischen »flapper«.[83] Auch die Jungen aus dem Ghetto in *Der Golem, wie er in die Welt kam* tragen die Haare auf solche Weise. Bei der Vorbereitung zu diesem dritten Golemfilm veränderte Belling die Golem-Maske: Sie wird weicher, erdhafter, weniger streng – passend zu dem älter gewordenen Gesicht Wegeners. Sieben Jahre und das Kriegserlebnis lagen dazwischen.

Das Drehbuch von 1914 enthält schon eine Fülle von Bildideen, die in den späteren Golemfilmen variiert werden. Sie bilden eine Grundstruktur aus einprägsamen Visionen, die in Jahren reifte bis zu dem Höhepunkt von 1920. Anfangs ist die Handlung in die Gegenwart verlegt – ein Wunsch des Produzenten Davidsohn. Es gibt schon das skurrile alte jüdische Haus, später aufgefaßt als Turm, in dem oben die schöne Tochter ihre koketten Spiele treibt und aus dem Fenster nach dem Junker äugelt. Das Bild der Wendeltreppe ist da, die in der ersten Version hinunter in den Trödelladen des Vaters führt, und das Bild des langsam darin auf- oder absteigenden alten Juden (vgl. Abb. 196). Aber erst mit der Sternwarte auf dem Dach in *Der Golem, wie er in die Welt kam* gewinnt das Bild des Hauses die enorme Symbolkraft einer Verbindung von Himmel und Erde.

166. Kopf des Königs Ranofer, um 2450 v. Chr.
167. Georges Lacombe, *Christ*, 1898/99.
168. *Der Golem, wie er in die Welt kam*, Golem und Rose.
169. *Der Golem*, Golem und Rose.

Ein Trödler erwirbt die Lehmfigur, die jahrhundertelang in der Erde gelagert hat und bei Bauarbeiten gefunden wurde. Der jüdische Altwarenladen – zwischen verstaubten Kostbarkeiten und wertlosem Gerümpel – war schon im 19. Jahrhundert eine beliebte dämonisch-romantische Szenerie (Wilhelm Raabe, *Der Hungerpastor*), die in der frühen Moderne neu gesehen wurde. Hugo Steiner-Prag betont in seiner Illustration zu Meyrinks *Der Golem* das Unheimliche an der Gestalt des Aaron Wassertrum und an dem finsteren Winkel, in dem er haust. Schwarzes Grauen scheint in den unfaßbaren Tiefen des im Unbestimmten verschwimmenden Raumes zu lauern. Dagegen ist der Trödelladen in Wegeners *Golem*, obwohl der Jude jüdischer gesehen ist mit Kipa und Schläfenlocken, von beinahe handfestem Realismus. Es ist sogar ein guter Schuß Berliner Lokalkolorit darin, nicht nur durch den Arbeiter, der die Figur entdeckt und zum Altwarenhändler gebracht hat, sondern auch in dem spezifischen, teilweise wilhelminischen Warenangebot.

Der Händler erweckt die Figur eher zufällig zum Leben, als er in einem alten Buch, das ihm ein hungriger Gelehrter überlassen hat, die Kunde vom Golem findet. Obgleich die Umstände völlig andere sind, verläuft die Erweckung des Golem ganz ähnlich wie in dem Film von 1920 (nur ohne den Flammenzauber der Beschwörungsszene, für den es noch nicht die technischen Voraussetzungen gab): das Augenaufschlagen, das Nicken und schwere Schreiten auf Befehl, das übermäßige Blasebalgziehen. Die im Bundesarchiv/Filmarchiv erhaltene Sequenz aus dem frühen Film zeigt die Phase nach der Erweckung des Golem, als der noch ängstliche Trödler ihn in die Schmiede führt und zum Arbeiten auffordert. Der charakteristische Umriß des Golem erscheint schattenhaft in der hellen Tür der Schmiede – eine der für Wegener so typischen Gegenlichtaufnahmen. Dazu ist die Kameraeinstellung so raffiniert gewählt, daß der konische Türausschnitt von dem wuchtigen Umriß geprägt zu sein scheint; in Wirklichkeit schneidet ein Säulenrand den Türausschnitt an.

Wegeners Bildideen zur Golem-Geschichte, ein fester Bestand, sind von Anfang an vorhanden, werden nur mehrfach neu gemischt und manchmal in der Bedeutung verändert. Der achtlos an die Wand gelehnte Golem, im ersten Golemfilm ein Artikel aus dem Trödel des Altwarenhändlers, wird im zweiten (1917) zum Filmrequisit (vgl. Abb. 18), und das vor dem Spiegel tanzende Mädchen, das dem Golem einen provozierenden Nasenstüber gibt, zur allein übenden Tänzerin, die dabei mit der vom Produzenten ausgeliehenen Figur kokettiert. Der sorgenvolle Vater, der das leichtsinnige junge Ding streng ermahnt, bleibt derselbe im ersten und dritten Golemfilm, auch die Verliebte, die selig den Brief des Junkers liest. Im ersten ist der Golem »der Hüter des Hauses«, das heißt, der Tochter. Er wacht streng, als der Graf dem Mädchen durch einen Diener das Kostüm für den Maskenball zuschickt, zu dem er sie eingeladen hat.

Den Diener verjagt er, kann aber weder die Kostümanprobe verhindern noch sich den Verführungskünsten des Mädchens entziehen, die ihm den »Schem« nichtsahnend herausstößt. Er kann die Verfolgung erst später wieder aufnehmen, als er wieder erweckt wird, und zwar durch den Gelehrten, von dem die ganze Wissenschaft eigentlich stammt. Nachdem er den beiseitegestoßen hat, verläßt er die Schmiede und tritt den verhängnisvollen Gang zum Schloß an, während sein charakteristischer Umriß ebenso drohend und symbolisch überhöht im Türausschnitt über dem niedergestürzten Gelehrten erscheint wie nach seiner ersten Erweckung durch den Trödler, der in der Schmiede die Arbeitskraft des neuen Gehilfen prüfen will. Der Türauschnitt – durch leicht veränderte Kameraeinstellung an der anderen Säulenseite vorbei scheinbar spiegelverkehrt – markiert den Abgang des Golem und korrespondiert mit dem Eintritt in die Schmiede. Dieser Raum, finster und von zwei mächtigen, gedrungenen Säulen gestützt, liegt tief unten. In *Der Golem, wie er in die Welt kam* wird daraus die Werkstatt, wo aus Lehm der Golem geformt wird. Denn erst in dieser Version spielt die Geschichte in der historischen Zeit der Prager Golemsage, der Zeit Kaiser Rudolfs II. und des Rabbi Löw, dem die Erschaffung eines Golem nachgesagt wird.

In der Schmiede zieht der Golem den Blasebalg bis zur Brandgefahr (in beiden Filmen) und schwingt mit Macht den Hammer (nur im ersten). Der Hammer ist ein bedeutungsschweres Assessoir; er verweist auf die ungeheure Arbeitskraft des Golem als eine wesentliche Eigenschaft. Der Golem mit dem Hammer gehört in die Reihe der zeittypischen Robotergestalten. Im dritten Golemfilm wird aus der Figur des Trödlers ein Rabbi, in dessen Haushalt Holzhacken die schwerste anfallende Arbeit ist (vgl. Abb. 230). Hüter der Tochter, als den der Vater den Golem bestimmt, ist der dann nur nebenbei, denn er ist nun zu Größerem bestimmt, zum Schutz der jüdischen Gemeinschaft. Dieser hohe Aspekt gewinnt erst im letzten Golemfilm Bedeutung. Dazu darf der Erwecker des Golem kein armseliger Kleinhändler sein, sondern der große Rabbi Löw. Es ist aber bezeichnend, daß das Bild des Intellektuellen schon da war, auch als die Fabel es noch nicht erforderte; der Bewahrer des Wissens ist der Geschichte vom Golem immanent. Das Buch und die Hand des Gelehrten darauf – eine kurze, aber bedeutungsvolle und außerordentlich schöne Sequenz im letzten Golemfilm, die »krausen gotischen Buchstaben« und »das Bild jener Tonfigur« darin stammen schon aus dem Drehbuch von 1914. Aber da sind sie eher mitleiderregend der erbärmlichen Nebenfigur des verhungernden Gelehrten zugeordnet. Erst mit dem Rabbi Löw des letzten Golemfilms erhält die Gestalt des großen Wissenden die ihr gebührende Würde. Aber in beiden Filmen tanzt man bei Hofe, fiedeln die Musikanten auf hoher Estrade, bestaunt eine verängstigte Hofgesellschaft das Monstrum; doch nicht der Jude führt sein Geschöpf vor, sondern es kommt selbst, auf Befehl seines Meisters die entwichene Tochter heimzuholen. Der sinnlose Angriff des Junkers auf den gewaltig daherstampfenden Golem – Revolverschuß und steckenbleibender Dolch – ist nur leicht variiert. Es entsteht die Panik, die auch von außen gesehen als herausquellende Menge in beiden Fassungen ein effektvolles Bild ist. Und der Golem durchstößt mit den Fäusten eine Tür, im ersten Golem gleich zweimal: die Zimmertür des Mädchens und die Glastür des Ballsaales, im dritten Film st es die schwere Holztür, hinter der sich das Liebespaar verbirgt.

Nachdem der Golem (des ersten Films) die verschlossene Tür durchbrochen hat, trägt er die Erschrockene, die aber bald mit ihm zu kokettieren beginnt, hinunter. Die Szene gewinnt erst tragisches Gewicht durch die dramaturgischen Veränderungen in *Der Golem, wie er in die Welt kam*: Hier ist der Golem, aufgehetzt durch den eifersüchtigen Gehilfen, zu einer tödlichen Gefahr geworden. Die Ermordung des Liebhabers und die Hilflosigkeit des in dieser Version bewußtlosen Mädchens verwandeln den Charakter der Szene vom Burlesken zum Tragischen. Der Golem zeigt sich in beiden Filmen nicht unempfindlich gegen weibliche Reize, von Liebe allerdings kann kaum gesprochen werden, höchstens von Lüsternheit. An deren Darstellung läßt sich der Prozeß der psychologischen Verfeinerung zwischen erstem und letztem Golem genau verfolgen. Im ersten spielt das Mädchen, um freizukommen, seine weiblichen Künste aus und provoziert damit den plumpen Angriff des Golem. Im letzten bewirkt die erotische Ausstrahlung der Ohnmächtigen zwar lüsternes Schnuppern, Lippenlecken und Streicheln, am Ende läßt er sie aber kopfschüttelnd liegen und geht davon. Nach seiner Erfahrung mit dem Rosenmädchen vom Kaiserhof sind ihm die Frauen zu zart und kompliziert: Erst geben sie ihm eine Rose und wecken seine Gefühle, dann entziehen sie sich seiner täppischen Liebkosung. Der Golem ist trotz gewaltiger Kraft ein Kind, einfach und unreif. Im Golem von 1914 gibt es noch kein Rosenmädchen und kein Rosenfest, nur »Golems Nachtgang« im Park, wo er außer dem weiten Sternenhimmel, dem Wasser, in dem er sich spiegelt (eine Entsprechung zu der Selbsterforschung im Wasserspiegel in *Der verlorene Schatten* – vgl Abb. 16), einen Rosenstrauch entdeckt (vgl.

170. *Der Golem*, beim jüdischen Trödler.
171. Hugo Steiner-Prag, Illustration zu Gustav Meyrink, *Der Golem*, 1916.
172. *Der Golem*, Eintritt in die Schmiede.
173. *Der Golem*, Verlassen der Schmiede.
174. *Der Golem*, Hüter des Hauses.

169). Die Rose in der Hand des Golem ist noch nicht erotisch interpretiert, es geht nur um die Entdeckung der Natur und des Lebens in seiner Schönheit, mit der sich der Golem zeitweilig aus seiner Abhängigkeit löst. Die Umdeutung des Rosenmotivs und die Veränderung im Bild des das Mädchen tragenden Golem zeigen die zunehmende Differenzierung in der Gestaltung der Motive an.

Auch andere Bilder wie die Turmszene gleichen sich und weisen doch ganz charakteristische Unterschiede auf: »Golems Riesenhaupt taucht aus der Tiefe«, man kämpft, einer wird hinuntergeworfen – im ersten Film ist es der Golem, der unten zerschellt, im dritten sein Gegner, der Junker Florian. In dem Film von 1914 ist der Charakter des Golem harmloser und kindlicher angelegt, so wird im Drehbuch oft sein Lächeln oder Grinsen erwähnt. In *Der Golem, wie er in die Welt kam* ist er dämonischer und aggressiver aufgefaßt. Die stärkere Betonung der jüdischen Problematik in der Figur des Rabbi Löw und seiner Mission und die Ghettobrandkatastrophe lassen den Golem monumentaler und die Handlung tiefgründiger und von Tragik überschattet erscheinen.

Der Schluß der beiden Golemfilme ist wie andere Handlungsdetails als Bildmotiv von Anfang an gegeben – lebloser Golem und Kind –, nur ist es in beiden Filmen unterschiedlich interpretiert: In *Der Golem* ist es das Kind des jungen Paares – denn die schauerliche Turmszene endet glücklich mit Verlobung und Versöhnung. Das Kind des Paares findet nach Jahren die überwucherte Figur des herabgestürzten Golem und spielt mit ihr, so wie in dem späteren Film die Kinder sich voller Interesse an der leblosen Golemfigur niederhocken.

11. *Der Golem, wie er in die Welt kam* – Architektur der frühen Moderne

1920 drehte Paul Wegener den Film *Der Golem, wie er in die Welt kam*, Höhe- und Endpunkt seiner Beschäftigung mit diesem Stoff. Er wurde sein größter internationaler Erfolg, nicht zuletzt wegen des Zusammenspiels seiner außerordentlichen Schauspielkunst mit einer außerordentlichen Filmarchitektur. In dem Architekten Hans Poelzig hatte Wegener einen kongenialen Partner gefunden, der ihm im geistig verwandt war.

Poelzig hatte sich seit zwei Jahrzehnten mit Bauten in eigentümlichem Stil, vor allem in Schlesien, einen Namen gemacht und gerade für Reinhardt mit dem Großen Schauspielhaus in Berlin einen höchst imposanten Erlebnisraum geschaffen. Die Entstehung dieses von den Berlinern nicht nur wegen seiner stalaktitenartigen Beleuchtungskörper »Tropfsteinhöhle« genannten Raumes, der aus der Entwicklungsgeschichte der modernen Architektur nicht wegzudenken ist, steht in engem Zusammenhang mit Poelzigs Entwürfen für den Golemfilm.

Poelzig und Wegener verband seit ihrer Zusammenarbeit am Golemfilm eine lebenslange Freundschaft. Wegener hielt 1936 für Poelzig, der von den neuen Machthabern aus allen seinen Funktionen verdrängt worden war, die Grabrede. Darin nannte er ihn einen »gotischen Mystiker«, was für beide bezeichnend war.

Poelzig hatte für den *Golem* ein Phantasie-Prag entworfen, wie Wegener betonte.[84] Phantasien sind analysierbar. Ihre Beziehungen zu Vorbildern und Parallelerscheinungen enthüllen dem vergleichenden Blick den kunst- und filmhistorischen Charakter der Filmbilder.

Die Geschichte vom Golem ist bei Wegener von Anfang an mit einem wesentlichen architektonischen Motiv verbunden: dem Turm. Der erste Golemfilm von 1914 endet mit einer Auseinandersetzung auf der Plattform eines Turmes, von der der Golem in die Tiefe gestürzt wird. Im Golemfilm von 1920 ist der Hauptschauplatz der Handlung, die Wohnung des Rabbi Löw, selbst ein Turm. Von ihm schleudert der Golem den Ritter Floriano in den Tod.

Der Turm gehört wie sein Gegenpol, die Höhle, zu den zentralen Formen expressionistischer Architektur.[85] Er ist ein Macht- und Potenzsymbol von phallischer Grundbedeutung,[86] ein monumentales, im Wortsinne »erhabenes« Zeichen in der Landschaft, Ausdruck des vertikal betonten, pathetischen Raumempfindens der frühen Moderne, so die Wassertürme Bartnings und Poelzigs, Peter Behrens' Verwaltungsgebäude der Hoechst AG, die landschaftsbezogenen Türme Theodor Fischers und die zahlreichen Turmhäuser der »Hochhausdebatte« von 1921),[87] von denen nur wenige gebaut wurden, die aber die Phantasie der Architekten und der Öffentlichkeit stark beschäftigten. Sie waren als Steigerung der landschaftlichen oder architektonischen Umgebung gedacht, als ihr Zeichen und Ausdruck, wie es in dem Begriff der »Stadtkrone« enthalten ist. Im deutschen Film markieren Hans Poelzigs Ghettoturm aus *Der Golem, wie er in die Welt kam* einerseits und Erich Kettelhuts Turmhaus aus *Metropolis* (1926) andererseits den Stilwandel von der frühen zur klassischen Moderne.

Der Ghettoturm ist sowohl stilistisch wie auch dramaturgisch ein Exponent seiner Umgebung; hier befindet sich das geistige Zentrum der jüdischen Gemeinde. Sein Schaft ist leicht verdreht wie die Säulen in der Krypta von Antoni Gaudís Colonia Güell (vgl. Abb. 185), was eine geheime Bewegung ausdrückt und zugleich Alter anzeigt oder suggeriert. Den Eindruck von Alter rufen auch die verwitterten, unregelmäßigen Spitzen hervor. Der Turm hat mit der Sternwarte auf seiner Spitze und der Werkstatt in der Tiefe einen betont symbolischen Charakter; verwurzelt in der Erde, ist er ein Vorstoß in den Kosmos, eine Verbindung zu den Sternen. Eine solche Auffassung liegt auch Erich Mendelsohns Potsdamer Einsteinturm zugrunde mit seiner wuchtigen Basis, die das unterirdische Labor enthält, und dem in rhythmisch angeordneten Etagen aufstrebenden Schaft, auf dessen Spitze sich die Sternwarte erhebt: Mendelsohn sprach in dem Zusammenhang von »dem Tellurischen und dem Planetarischen«.[88]

Die Häuser, die den Turm umgeben, sind pittoresk: »kraus, ungerad, unakademisch«, wie Poelzig in einer zeitbedingt nationalen Akzentuierung die deutsche Kunst sah.[89] Ebenso pittoresk wirken die unregelmäßigen Zacken des Turms. Seine Plattform ist ein idealer Schauplatz für unheimliches oder magisches Geschehen wie die Erleuchtung des Rabbi und die Ermordung Florianos. In diesem Sinne interpretiert z. B. Gustav Meyrink in seinem Roman *Das grüne Gesicht* das unregelmäßig geformte Haus des jüdischen Trödlers als einen versunkenen Turm.[90]

Der Dresdener Maler Ludwig von Hofmann, der 1914 Fresken für das Werkbundtheater Köln geschaffen hatte und mehrfach, wenn auch glücklos, für das Theater arbeitete, entwarf für Maurice Maeterlincks symbolistisches Schauspiel *Aglavaine und Selysette* an Reinhardts Deutschem Theater einen ähnlichen Turm. Die Entwürfe Hofmanns sind in ihrer geheimnisvollen Märchenstimmung der phantastischen Welt Poelzigs und Wegenes nahe.

175. *Der Golem, wie er in die Welt kam*, Sturz vom Turm.
176. Ludwig von Hofmann, Bühnenbild zu Maurice Maeterlinck *Aglavaine und Selysette*, 1907.

Eine besondere Abart der Turmidee, die Turmgruppe, beschäftigte die Phantasie vieler Architekten der frühen Moderne. Besonders Erich Mendelsohn, dessen Schaffen in den zehner Jahren mit kühnen Skizzen einsetzte, gelangte durch die Staffelung ähnlicher Elemente zu eleganten Lösungen von einheitlicher großer Form.

In *Der Golem, wie er in die Welt kam* bildet der zerstörte Hradschin mit der schwungvollen Reihung von Spitzen eine imponierende Kulisse für die Szenen auf der Brücke zwischen Burg und Ghetto, die ein Handlungsort von besonderem Symbolwert ist. Sie kehren, die Story gliedernd, rhythmisch wieder, mit verschiedenen Personen belebt, hier der Rabbi Löw, der mit wehendem Mantel vom Kaiserhof zurückkehrt, hinter ihm der täppische Golem. Die expressive Madonna, Prager Barockfiguren frei nachempfunden, verweist schon auf den Ort der großen Schlußszene, in der die Kinder den Golem besiegen. Die Brücke, als Filmarchitektur der von Walter Reimann für *Das Kabinett des Dr. Caligari* (1920) entworfenen verwandt, verbindet und konfrontiert Ghetto und Burg, Ober- und Unterwelt. Das Original der berühmten Silhouette wird auf charakteristische Weise verändert: Aus der trockenen Gotik des 19. Jahrhunderts, in der der Veitsdom vollendet ist, wurde eine zugleich pathetische und zierlich nach oben zulaufende Gruppe feiner Spitzen, die den Vergleich mit einer anderen berühmten böhmischen Kirche suggerieren: St. Barbara in Kuttenberg (Kutna Hora), extreme, auf die Spitze getriebene Spätgotik, die im hussitischen Böhmen ihren Höhepunkt erreichte. Das ist eine Tradition, auf die sich Wegener und Poelzig nicht zufällig beziehen.

Das Golemthema regte Poelzig zu einer Fülle von Entwürfen an, die die Reihung von Spitzen oder langgezogenen Bögen mit Ausblühungen der verschiedensten Art zum Gegenstand haben: Aus Türmen und Häusern wachsen Zacken, Flammen oder Blätter, manchmal sogar in menschliche Formen übergehend. Poelzigs Skizzen zur Judenstadt verändern sich bis zur realisierten Filmarchitektur noch stark. Aus den fast hanseatisch wirkenden, streng aufragenden Giebelspitzen, seinen Bühnenbildentwürfen für *Faust* verwandt, werden die skurril gebogenen, anthropomorphen Ghettogiebel (vgl. Abb. 183, 193). Dem entspricht im Inneren eine Architektur, die spätgotische Formen auf charakteristische Weise verändert und dem Raumempfinden von 1920 anverwandelt.

Die Gotikrezeption der zehner und zwanziger Jahre entwickelte eine Neigung zum (oftmals schräg verformten) Spitzbogen. Wolfgang Pehnt kennzeichnete die gotische Tendenz des Bauens um 1920 als »Geist der Gotik« nach einem zum Schlagwort gewordenen Buchtitel aus der zeitgenössischen Gotikdiskussion, die vor allem von Wilhelm Worringer und von Karl Scheffler geführt wurde, von dem der Buchtitel stammt. Heinrich de Fries sprach im Zusammenhang mit der Architektur des Golemfilms von »einer Art jüdischer Gotik«.[91] Hans Sedlmayr prägte den Begriff der »taumelnden Arkaden«[92] und entwickelte eine Theorie, die den Raum als spitzbogig interpretierte, nach dem Prinzip des gotischen Baldachins zusammengefaßt. Eine expressionistische Gotik, erwachsen aus ekstatischem Dynamismus, übernahm von der Romantik deren Interpretation der Gotik und formte sie in ihrem Sinne um. Führend in diesem Prozeß war die Berliner Architektenvereinigung *Die gläserne Kette* um die Brüder Bruno und Max Taut und ihre Zeitschrift *Frühlicht* (1920–22). Otto Bartning, Wassili Luckhardt, Dominikus Böhm u. a. haben mit solchen Formen gearbeitet.

Otto Bartnings Entwurf der Sternkirche ist ein visionäres Gebilde, das den modernen Kirchenbau stark beeinflußt hat. Die expressive Sternform mit ihrer starken Symbolkraft wurde aus der rhythmischen Variation von Bögen entwickelt. Der Sternform kommt auch in der Beschwörungs- und Schöpfungsszene des Golemfilms eine wichtige Rolle zu (vgl. Kap. 12). Zu den verformten Bögen der frühen Moderne gehören auch die parabolischen Gewölbe Gaudís, dessen Architektur damals »neukatalanischer Stil« genannt wurde. Schon in den sechziger Jahren wies Frieda Grafe auf den Zusammenhang der Architektur Poelzigs im *Golem* mit der Gaudís hin.[93] Die gedrückten, unregelmäßigen Gewölbe der Grotte vor der Colonia Güell bei Barcelona wirken wie natürliche Höhlen. Die Krypta Colonia Güell ist eine merkwürdige Schöpfung zwischen Sakralarchitektur und Landschaftsgestaltung, eine Krypta ohne Kirche im Park Güell inmitten einer Arbeitersiedlung. Gaudí repräsentiert eine eigenwillige Spielart der frühen Moderne, deren manchmal grotesk wirkender Exotismus in Zusammenhang mit den Merkwürdigkeiten dieses Stils in anderen Ländern gesehen werden muß.

Wie bei den Turmspitzengruppen führt das Prinzip der rhythmischen Spitzbogenreihung zu einer vielfältigen Durchdringung der Formen. Das Filmbild aus der Wohnung des jüdischen Gemeindevorstehers zeigt ebenso wie Bartnings Sternkirchenentwurf und das variable Bühnenbild von Cicely Medlycott die Kombination von Bogengruppen, die Bildung von untergeordneten und angeschnittenen Bögen. Bei Medlycott haben sich die zeittypischen Formen zu Versatzstücken verfestigt, die innerhalb dieses Systems austauschbar sind.

Besonders aufschlußreich ist ein Vergleich der Architekturformen im *Golem* mit dem Grabmal der Familie Wissinger in Potsdam, weil er auch thematisch den Zusammenhang der Golemproblematik mit der Gotik der zwanziger Jahre augenfällig macht. Denn eine luftige, von Max Taut geschaffene Bogenarchitektur aus Betonstützen umschließt oder vielmehr schafft hier einen durchsichtigen Raum über sternartig anmutendem Grundriß, auf dem ein plastisch erhabenes Relief von Otto Freundlich den halb im Boden vergrabenen Golem mit drei stilisierten Beschwörern zeigt. Otto Freundlich, sowohl christlicher als auch jüdischer Tradition verpflichtet, glaubte an »ein neues Menschentum«, das in »verantwortungsvoller Mission für das Weltganze«[94] die verhängnisvolle Trennung der Religionen in einer freien Gesellschaft überwinden müsse. Die Wissingers, eine moderne, weltoffene und musische Unternehmerfamilie, zu deren Freundeskreis Juden und Nichtjuden gehörten, gaben solchen Ideen Raum, die damals viele Intellektuelle bewegten. Kabbalistische Symbole für Vergehen und Werden in einem christlichen Grabmal stießen auf erbitterten Widerstand. Aber nicht einmal die wohlhabenden Wissingers konnten ihr Grabmal vor dem Haß reaktionärer Kirchenkreise gegen die moderne Kunst schützen. Auf massiven Protest der Synode wurde die Grabplatte entfernt und verschwand dann spurlos. Freundlich war 1924 wieder nach Frankreich übergesiedelt. 1937 wurde seine ebenfalls vernichtete Plastik *Der neue Mensch* auf dem Titelblatt der berüchtigten Ausstellung *Entartete Kunst* abgebildet. Seine Ermordung im KZ erscheint als logische Konsequenz eines brutalen Feldzugs gegen moderne Kunst und moderne Ideen.

Der Vergleich mit zeitgenössischer Architektur in anderen europäischen Ländern zeigt, daß es sich um eine internationale Erscheinung handelt, vom »neukatalanischen Stil« über das britische Beispiel von Medlycott und den nordeuropäischen Nationalromantiken bis zu den expressiven Bauideen der *Gläsernen Kette*. Das Muster der einander durchdringenden oder ausfüllenden Spitzbogen erfaßt zu der Zeit sogar die Landschaftsauffassung, wie Paul Sérusiers ausdrücklich so bezeichnete *Paysage ogival* zeigt. Sérusier (vgl. Kap. 4) gehörte als Schüler Gauguins und Teilnehmer der bretonisch orientierten Künstlervereinigung der Nabis in denselben Entwicklungszusammenhang wie Wegener: Auf der Suche nach dem Ursprünglichen und Elementaren entstand eine märchenhaft poetisierende und naturbetonte Kunst, gelegentlich mit unterschwellig religiösen oder okkultistischen Zügen.

Die transzendentale Interpretation des Spitzbogens drückt sich in Poelzigs Skizze zum Golemfilm *Betender Jude* aus. Sie gehört zum allgemeinen neuromantischen Formenkanon auch in der Filmkunst, wenn etwa in Fritz Langs *Der müde Tod* das sterbende Mädchen durch einen wie auf Poelzigs Skizze überhöhten Spitzbogen ins Licht des Jenseits steigt. Das Licht fällt von oben ein, der Raum ist wie meist verunklärt durch Über- und Unterordnung von Bögen. Die konstruktive Bedeutung gotischer Gewölberippen, zu studieren an der Rippenführung des Wladislawsaals in Prag, einem Höhepunkt spätgotischer Gewölbebaukunst, wird von Poelzig und von Wegener uminterpretiert. Ihnen kommt es an auf die Einordnung der menschlichen Figur in eine phantasievolle Komposition gedrückter, sich verschiebender Bögen und Durchsteckungen, die dem Sedlmayrschen »Baldachinprinzip« oder der kristallin zersplitterten Raumauffassung der Zeit um 1920 näher ist.

Die Einordnung der Figuren in Bögen und Rippen, wie der Rabbi und der Gehilfe bzw. der Vorsteher und der Pförtner in der Szene beim Vorsteher – findet ihre Fortsetzung in der Behandlung der Erker, die als eine formale Umkehrung von Bögen gesehen werden können. Die architektonischen und filmischen Formen korrespondieren ebenso wie die handelnden Personen, die Blende in Form eines Eselsrückens, einer spätgotischen Variation des Spitzbogens, mit dem geschwungenen Erkerdach, der alte Jude mit den beschwörend ausgestreckten Hän-

177. *Der Golem, wie er in die Welt kam*, Brückenstraße.
178. *Der Golem, wie er in die Welt kam*, beim Vorsteher.
179. Erich Mendelsohn, *Domine te*, 1920er Jahre.
180. Cicely Medlycott, Bühnenbildentwurf, um 1927.
181. Max Taut und Otto Freundlich, Grabmal Wissinger, Potsdam, 1922.
182. Paul Sérusier, *Paysage ogival*, 1921.
183. Hans Poelzig, *Gotische Stadt*, Entwurf zu *Der Golem, wie er in die Welt kam*.
184. Otto Bartning, *Sternkirche*, Entwurf, 1921/22.
185. Antoni Gaudí, Krypta der Colonia Güell, Barcelona, 1913.

186. Hans Poelzig, *Betender Jude*.
187. Prag, Hradschin, Wladislawsaal, Gewölbeansatz.
188. Bruno Taut, *Wohnhaus der Weisen am großen Stern*, aus *Die Auflösung der Städte*, 1920.
189. Alfred Kubin, Illustration zu Achim von Arnim, *Die Majoratsherren*.
190. Bernhard Hoetger, zweites Wohnhaus in Worpswede, 1921.
191. *Der Golem, wie er in die Welt kam*, Rabbi und Gehilfe im Gewölbe.
192. *Der Golem, wie er in die Welt kam*, Diskussion im Erker.
193. *Der Golem, wie er in die Welt kam*, Giebel im Ghetto.

den und den aufgerissenen Augen mit dem jungen, der abwartend die Argumente anhört. Es wird aus den Fenstern und um die Ecke diskutiert: Expressivität der Form ist wichtiger als dramaturgische Wahrscheinlichkeit. Der Einsatz ausdrucksstarker Blenden ist charakteristisch für die Bildsprache dieses Films. Zwar sind geformte Blenden damals üblich, z. B. in Ernst Lubitschs Film *Die Puppe*, nirgends aber werden sie so exzessiv verwendet wie in *Der Golem, wie er in die Welt kam*. Der Erker hat anthropomorphen Charakter; die Fenster unter dem Dach erscheinen wie lebhaft bewegte Augen. Ebenso korrepondieren auf der vergleichbaren Tuschfederzeichnung von Alfred Kubin die gegensätzlich gerahmten Figuren des Mannes im Bogen mit der Frau im Erker. Die Fenster sind so gesetzt, daß das Haus den Mund aufzureißen scheint. Poelzig hatte seine anthropomorphe Absicht ausdrücklich formuliert: Die Häuser des Ghetto sollen »mauscheln«.

So stehen die gebogenen Giebel der Ghettohäuser um ihre aufgeregt aus den Fenstern gestikulierenden Bewohner mit den spitzen Judenhüten herum wie eine weitere Versammlung besorgt tuschelnder, »mauschelnder« Juden. Sie scheinen deren in eine andere Größe projizierte Kopie zu sein. Das Prinzip der Rahmung der Figuren wird als das der Allbeseelung deutlich. Architektur ist als Haut interpretiert und der Mensch als Teil der ihn umgebenden lebendigen Geisterwelt des beseelten Kosmos.

Die nickenden, gebrochenen oder gebogenen Giebel, wie sie Poelzig in seinen Entwurfsskizzen für den *Golem* in zahlreichen Variationen entwickelt hat, gehören zu einer solchen lebensphilosophischen Weltsicht. Bernhard Hoetger setzte die Idee in seinem zweiten Wohnhaus in Worpswede eigenwillig in reale Architektur um. Bruno Taut ließ in seiner Sammlung architektur- und gesellschaftsutopischer Ideen *Die Auflösung der Städte* sein *Wohnhaus der Weisen am großen Stern* in eine flammenartig gebogene Spitze auslaufen mit einem unbestimmt ins Luftige flirrenden Stern. Die Form des Hauses läßt eine Interpretation als Sternzacke zu. Ein anderes Sternhaus ist zu ahnen, *der große Stern*. Die Nähe zum Kosmischen, das geistig-moralisch aufgefaßt wird, ist deutlich: Lichtdurchflutet, soll es den Weisen dienen, die ohne Zwang regieren, richten und lehren.

Die vielfache Über- und Unterordnung von Bögen hat nicht nur architektonische, sondern auch dramaturgische und filmische Bedeutung, sie steht in Beziehung zum Spiel der Figuren und zum Gang der Handlung. Die weichen Bögen im gebrochenen Raum ermöglichen wechselnde Raumkombinationen, die den Gang der Handlung interpretieren. Der Gehilfe, der den passiven Golem zu Gewalttätigkeiten aufhetzt, ist so aufgenommen, daß er im Schnittpunkt der Gewölberippen erscheint und explosiv wirkt, während der starr stehende Golem von einem Spitzbogen gerahmt wird. Im Hintergrund sind neben beiden Figuren in jedem Teil des Gewölbepaares zwei weitere Spitzbogenpaare angeordnet. Mit der Bewegung der Figuren kommt auch der Raum in Bewegung und neue Kompositionen von bewegter Figur und Raum ergeben sich: Das vom Golem verfolgte, zu Tode erschrockene Liebespaar hat ein helles Fensterpaar genau hinter sich, so als wollten die Fenster die aufgerissenen Augen nachäffen. Das Zimmer Mirjams, der Tochter des Rabbi, ist nicht nur in der Bewegtheit des gekrümmten Raumes mit den Innenräumen in Hvitträsk zu vergleichen. Das gotisch gewölbte Speisezimmer in dem repräsentativen Haus Eliel Saarinens, des führenden Architekten der finnischen Neuromantik, weist noch eine andere Stilgemeinsamkeit auf: folkloristische florale Wandmalerei in ganz ähnlichen Formen, besonders entlang der Gewölberippen.

Die Stirnwand des Kaisersaals, wo der Rabbi der gespannten rosenkranzgeschmückten Hofgesellschaft die Beschwörung der jüdischen Vorväter ankündigt, ist mit einer inneren Fassade geschmückt, auf der gotische Spitzbögen vegetabilisch umgedeutet sind. Spätgotisches Astwerk wird zum Anlaß, eine Ornamentik zu entwickeln, die für die frühe Moderne charakteristisch ist.

Die vegetabilische Interpretation der Gotik ist eine Theorie der Romantik und der Empfindsamkeit. In Deutschland geht sie auf Georg Forster und Friedrich Schlegel zurück,[95] die eine weitgehend fiktive, allgemeine Vorstellung gotischer Dome mit dem Wald assoziierten, der damals ein Kultbegriff wurde. In England vollzieht sich dieser Prozeß etwas früher und steht mit der Entwicklung des englischen Gartens und seiner neugotischen Parkarchitektur in Zusammenhang. Der schottische Geologe James Hall schuf mit seiner 1786 aus lebendigen Stecklingen errichteten Weidenkirche eine Manifestation dieser Idee. Die in Blattwerk endenden gotischen Bögen der Kaisersaaldekoration in *Der Golem, wie er in die Welt kam* erinnern an diese Gotikinterpretation und dokumentieren ihre Wiederaufnahme Anfang des 20. Jahrhunderts. Die ausführliche Gotikdiskussion der zehner und zwanziger Jahre bezieht sich weniger auf die mittelalterliche Gotik als auf ihre Rezeption um 1800.[96] Ihr liegt die aus Klassik und Romantik be-

kannte Dualität von Stoff und Form zugrunde, die der Natur eine dem Geist entsprechenden Wert zubilligte.

Die vegetabilische Auffassung der Architektur kommt auch in der Behandlung der Türen zum Ausdruck. Die Tür in der Tiefe des Turms, wo der Rabbi Löw aus Lehm den Golem formt, hat ein Beschlagwerk, das sie wie Rankenwerk oder Wurzelgeflecht überzieht.

Auf Bernhard Hoetgers behauener Tür gibt es ebenfalls vegetabilisches Beschlagwerk, darüber hinaus sind selbst die Balken wie Wurzeln gebogen und im Dekor wie solche behandelt. Die Tür gehört zur Einrichtung des Cafés Winuwuk, eines der zwei Gebäude in dem kleinen Erholungsort Bad Harzburg, die Hoetger in dem für ihn charakteristischen urtümlichen Stil von der Architektur bis in die Möblierung ausstattete. Die gleiche Bau- und Formgesinnung bestimmt Hoetgers Café Worpswede und seine Wohnhäuser und Werkstätten in Worpswede, wo eine handwerklich betonte Gebrauchskultur entwickelt wurde. Die Häuser dieser Künstlersiedlung mit ihren gebogenen Fachwerkgiebeln fordern ebenso wie die skurrilen Formen der Inneneinrichtung zum Vergleich mit dem Golemfilm heraus.

Aus der gleichen Gesinnung heraus scheinen die Türen des Landsitzes Hvitträsk bei Helsinki mit reichem floralem Beschlagwerk wie überzogen. Es nimmt die Form von Kreisen und Pfeilen an, alten und allgemeingültigen Zeichen für Wachstum und Fruchtbarkeit. Saarinens Haus Hvitträsk, zugleich Atelier für ihn und seine Mitarbeiter Herman Gesellius und Armas Lindgren, war ein Musterbau der Architektengruppe, durchgestaltet bis ins einzelne als ein Gesamtkunstwerk wie Hoetgers Häuser und die vieler Künstler dieser Zeit. Die finnische Nationalromantik war Teil der großen Reformbewegung um die Jahrhundertwende, die starke Impulse aus den nordeuropäischen Ländern erhielt. Die Berufung auf nationale oder regionale volkstümliche Traditionen ist eine ihrer übernationalen Gemeinsamkeiten.

Biomorphe Weltsicht, die alles als wachsend und gewachsen sieht, drückt sich aus in dem Überziehen der Türen mit Wurzel- und Blattwerk; es suggeriert ein Überwuchern des Baus wie in Dornröschens Märchenschloß. So wuchern auch auf Poelzigs Entwurfsskizzen für den *Golem* die Formen in immer neuen Metamorphosen.

Eine andere Ausformung organischer Baugesinnung ist die riesige Treppenspindel, die das Haus in seinem Inneren zusammenhält. Aufgebrochen, wie das Filmbild sie zeigt, wirkt sie wie eine Naturform, erinnert an die zerbrochenen Häuser der Meerschnecken, wie man sie an manchen Küsten findet. Die Spirale als Form ist in ihrer schrägen Aufwärtsbewegung eine Kombination der bedeutungsvollen Zeichen von Kreis und Pfeil. Nach Goethes Naturanschauung prägte Vertikal- und Spiralsystem das Pflanzenleben. Die Spirale sollte in der avantgardistischen Kunst der zwanziger Jahre eine besondere Bedeutung und zugleich eine Umwertung erfahren: statt als Naturform erschien sie als abstrakte geometrische, aber bedeutungsvolle Form. Der Jugendstil mit seinem Sinn für Schwingungen und natürliche Bewegtheit bereitete diese Entwicklung vor.

Der Münchner Bildhauer und Graphiker Hermann Obrist, theosophisch und lebensphilosophisch orientiert, erlebte den Beginn dieser Veränderung im Formempfinden auf visionäre Art. In seine phantastischen Formen flossen sowohl Natureindrücke als auch das Erlebnis gotischer Städte (Rothenburg und Tauberbischofsheim) ein. Er gab ihnen in zahlreichen Variationen von Pflanzen- und Flammenformen hymnisch gesteigerten Ausdruck. Ein Kritiker sprach von seiner »Spiralenseligkeit«. Das Wuchern und Züngeln, die Rhythmisierung von Formen bei Obrist erinnert an Poelzigs Entwurfsserien für den Golemfilm. Oft haben diese Architekturphantasien einen diagonalen Zug. So scheint auch die Treppe im Golemfilm seitlich wegzustreben. Sie gewinnt ihre Ausdruckskraft und ihre spezielle Filmform nicht nur durch ihre plastische Gestalt, sondern

194. *Der Golem, wie er in die Welt kam*, hetzender Gehilfe.
195. *Der Golem, wie er in die Welt kam*, angstvolles Paar.
196. Eliel Saarinen, Hvitträsk bei Helsinki, Ofen im Speisezimmer, 1902.
197. *Der Golem, wie er in die Welt kam*, Labortür.
198. *Der Golem, wie er in die Welt kam*, Kaisersaal.
199. James Hall, *Weidenkirche*, 1796.
200. Bernhard Hoetger, Café Winuwuk, Bad Harzburg, 1923, behauene Tür.
201. Eliel Saarinen, Hvitträsk bei Helsinki, Tür, um 1903.

auch durch spezifisch filmische Mittel, differenzierte Ausleuchtung bzw. Weglassen des Lichts und die Bewegung der Figuren in der Wendeltreppe, wie das schwere Niedertasten des Rabbi, dessen charakteristischen Umriß das einfallende Licht betont, oder das geschwinde Durcheilen der Spindel durch den Gehilfen und den verfolgten Ritter. Mit der Formung der an sich schon ausdrucksvollen Architektur durch Licht und Bewegung werden außerordentliche dekorative und expressive Wirkungen erzielt. Der Raum in *Der Golem, wie er in die Welt kam* ist selten ganz ausgeleuchtet. So wird das viereckige Filmbild aufgelöst in ein vielfältig sich änderndes, bewegtes Ornament. Die verschlungenen, gebogenen Räume im Ghetto winden sich, bilden Schluchten, Höhlen und Labyrinthe, eine unterirdische Schattenwelt von bedrückender Wirkung.

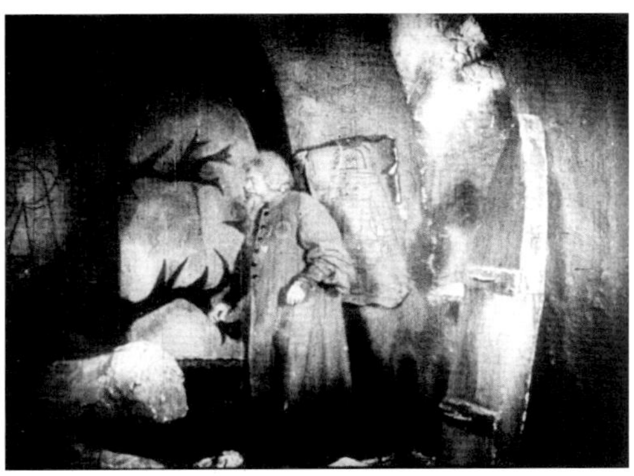

Paul Scheerbart, Dichter und Graphiker des »Kosmismus« aus dem Kreis um die Brüder Taut, der ihr Schaffen mit skurrilen literarischen Glasphantasien begleitete, formte in seiner lithographischen Mappe *Jenseitsgalerie* phantastische abstrakte Gebilde aus Naturformen; die spindelartige Drehung entwickelte er aus rotierenden Sternennebeln. Adäquate Theorie ist die damals vieldiskutierte monistische Naturphilosophie Theodor Fechners, die Lehre von der Allbeseelung, die Mensch und Natur als eine Einheit sieht.[97] Diese Theorien hatten auch Einfluß auf Wegener.

Poelzig hat mit der unregelmäßigen Spindeltreppe eine ältere konstruktive Idee ins Filmische umgesetzt und zugleich in ein völlig andersgeartetes Material. 1911 entwarf er für seinen Wasserturm in Posen eine gewaltige Treppe, die ihr Eisenfachwerk offen präsentiert. Ehe der Turm ein Wasserturm wurde, diente er der schlesischen Industrie als Ausstellungspavillon, ein symbolischer Bau, der, wie Wolfgang Pehnt schrieb, »seine monumentale Wirkung aus der Konstruktion bezog«.[98] Betont durch die geschlossenen Treppenwangen, hat sie die gleiche Wirkung wie die schweren, wangenlosen Stufenwindungen in *Der Golem, wie er in die Welt kam*, aus formbarem Material – Rabitz, was Lehm meint.

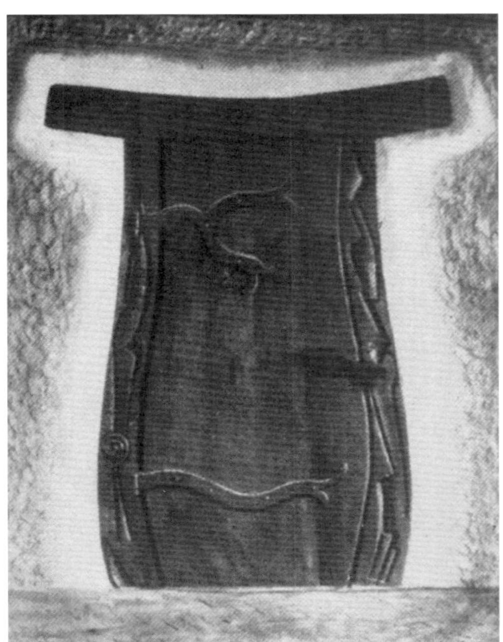

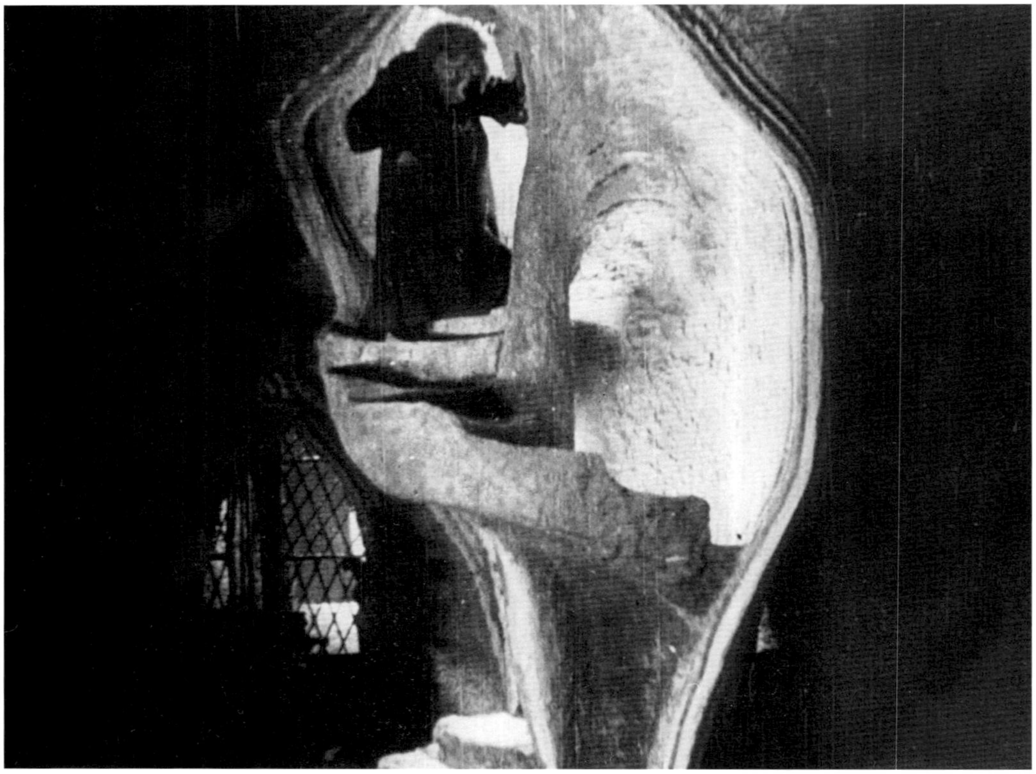

202. *Der Golem, wie er in die Welt kam*, Treppenspindel.
203. Paul Scheerbart, aus der Mappe *Jenseitsgalerie*, 1907.
204. Hermann Obrist, *Bewegung*, um 1895.
205. Hans Poelzig, Wasserturm in Posen, 1911, Treppe.

Die Neigung zu »lebendiger«, »beseelter« Architektur führte zu einer Verformung des Raumes, der Wände und Dächer, zu beobachten nicht nur bei Poelzig, sondern auch bei Erich Mendelsohn, Bruno Taut, Hermann Finsterlin, Henri van de Velde, Rudolf Steiner und vielen anderen. Auf den Innenraum bezogen, bedeutete das die Auflösung des rechteckigen Raumes, das Verschleifen von Wand und Decke, plastische Architektur, was im Falle des *Golem* wörtlich zu nehmen ist: Poelzigs Entwürfe wurden von der Bildhauerin Marlene Moeschke, seiner späteren Frau, plastisch ausgeformt.

Die Vergleichbarkeit von Formen und Ideen dieser Zeit aus ganz verschiedenen Kulturkreisen läßt den Schluß zu, daß nicht nur die klassische, sondern auch die frühe Moderne trotz ihrer Berufung auf spezifische Traditionen, nationale, regionale oder andere, ein internationaler Stil war.

12. Der Golem, wie er in die Welt kam – Schöpfungsmythos, Roboterstory oder jüdische Überlebensstrategie?

Schöpfungsmythos

Mit dem Golem des Rabbi Löw griff Paul Wegener eine sehr junge Form einer sehr alten, spezifisch jüdischen Vorstellung auf, die Sage von dem Lehmkloß, der zum Leben erweckt wird – ein Schöpfungsmythos. Die durch Jahrhunderte immer wieder neu erzählte und uminterpretierte Geschichte, ein kompliziertes Gebilde mit mehr oder weniger festen Bestandteilen, verband sich erst im 18. Jahrhundert mit der historischen Figur des Rabbi Löw, eines bedeutenden Theologen des 16. Jahrhunderts in Prag, dem eine Audienz bei Kaiser Rudolf II. gelungen war. Auf ihn übertrug die Volksüberlieferung Legenden des ostjüdischen Chassidismus um den Rabbi Elija von Chelm, dem die Schaffung eines Golem zugeschrieben wurde. 1808 publizierte Jakob Grimm in der Zeitschrift der Heidelberger Romantik *Zeitung für Einsiedler* die Chelmer Sage. Damit wurde der Golem, nachdem er mehr als tausend Jahre Gegenstand ausschließlich jüdischen Denkens gewesen war, eine feste Figur der deutschen Literatur,[99] vor allem in Romantik und Neuromantik. Wegener knüpfte an die Prager Sage an, verwendet aber auch ein Element aus der Chelmer Sage, das »emeth«-Motiv. Er benutzte eine tschechische Version von A. Jirásek,[100] die ihm Lida Salmonova empfahl und übersetzte.

Zu dieser Zeit hatte die Sage eine lange Geschichte mit mancherlei Bedeutungswandel hinter sich. Der Ursprung ist biblisch und geht auf eine Stelle der Psalmen zurück, die sich mit der Schöpfung des Menschen beschäftigt. »Deine Augen sahen meinen Golem«, heißt es im 139. Psalm, Vers 16, was Luther wiedergibt mit: »Deine Augen sahen mich, da ich noch unbereitet war.« Golem ist Adam im unfertigen Zustand, ehe er den göttlichen Anhauch erfahren hat, roh und seelenlos – reine Materie. Der Golem ist ein Erdmythos, was noch in dem jiddischen Schimpfwort »leimener Golem« (Lehmgolem) zum Ausdruck kommt; es bezeichnet einen tölpelhaften Menschen. Der Gegensatz zum Geist, dem noch ausstehenden göttlichen Impuls, macht die der Figur immanente Spannung aus, die sowohl in der rabbinischen Überlieferung[101] als auch in den späteren künstlerischen Bearbeitungen der Sage zum Tragen kommt. In alten Quellen ist die Rede von der Hochzeit zwischen Gott und Erde, deren Symbol Adam ist.[102]

Im Talmud wurde aus dem Golem, der ursprünglich nur auf Adam bezogen war, der durch Magie künstlich geschaffene Mensch. Der magische Schöpfungsakt gewann in der Kabbala des 12./13. Jahrhunderts um Eleasar von Worms zentrale Bedeutung. Die Kabbala, die jüdische Mystik, bewahrte das alte bildlich-symbolische, mythische Denken im Gegensatz zum begrifflich-diskursiven der offiziellen rabbinischen Theologie – eine Parallele zur christlichen Mystik, die zu dieser Zeit ebenfalls eine Blütezeit erlebte. Der Glaube an die schöpferische Kraft des Wortes, des Gottesnamens, ließ aus Buchstaben- und Zahlenkombinationen Beschwörungsrituale zur Golembelebung entstehen, bei denen das Wort »emeth« (»Wahrheit«) lebensspendend wirken, das Wort »meth« (»er ist tot«) durch Auslöschen des ersten Buchstabens dagegen Leben entziehen sollte. Der Golem stürzt zusammen und richtet (in vielen Fassungen der Legende) Schaden an. Der »Schem« mit dem Zauberwort wird dem Golem angeheftet oder in den Mund gesteckt, bei Wegener wird er in eine Höhlung der Brust gesteckt, die mit dem magischen Pentagramm verschlossen wird.

In dem »emeth«-Motiv, das Wegener in seinen Film übernahm, kommt die Ambivalenz des Schöpfertums zum Ausdruck. Schöpferische Kraft birgt immer auch die Gefahr des Zerstörerischen in sich. Zwar wird die Nachahmung der göttlichen Schöpfung in der jüdischen Überlieferung nicht unbedingt als blasphemisch empfunden, aber viele Formen der Legende enthalten eine Warnung vor Gotteslästerung, Beschwörungsfehlern oder Mißbrauch, der Gefahren heraufbeschwört. Daraus entwickelt sich später das Aufstandsmotiv, das den Golem zum aggressiven Dämon werden läßt. In Wegeners erstem *Golem* jagt er im Zorn die Hofgesellschaft auseinander, in *Der Golem, wie er in die Welt kam* steckt er das Ghetto in Brand.

Die menschliche Schöpfung ist nur ein Zitat der göttlichen. Ihre Unvollständigkeit findet Ausdruck in der Sprachlosigkeit des Golem, die eine Art von Seelenlosigkeit anzeigt. Der Golem als Parodie des Menschen, als ein dämonischer Doppelgänger, hatte schon seine Anziehungskraft auf die Romantiker ausgemacht, die Grimms Publikation der jüdischen Sage begierig aufgriffen. So läßt Achim von Arnim einen weiblichen Golem, der von einer wirklichen Frau kopiert ist wie die falsche Maria in *Metropolis*, gegen sein Urbild agieren.[103] Vor allem aber bemächtigte sich die Neuromantik zu Beginn unseres Jahrhunderts des Golemthemas und deutete es psychologisch. Von Interesse ist jetzt die niedrige Daseinsform des Geschöpfes, sein Ausgestoßensein aus der Menschheit, seine Sehnsucht nach Höherem, nach einer geistigen Existenz, nach Leben, Liebe oder Freiheit – so bei Arthur Holitscher[104], oder sie faßt den Golem als Gespenst auf und entwirft ein mystisches und phantastisches Stimmungsbild – so bei Gustav Meyrink[105].

Der Golem, wie er in die Welt kam ist beiden Tendenzen verpflichtet. Vor allem aber ist der Film mit der großartigen Figur des Rabbi Löw, der im Besitze des gesammelten Wissens die Sterne – das Schicksal – beobachtet und im richtigen Moment den Golem erschafft, um sein Volk zu retten, eine Apotheose menschlicher Schöpferkraft in ihrer jüdischen Ausprägung.

Mit einem programmatischen Bild beginnt der Film: der Rabbi über einem Folianten, von dem er den Blick zu den Sternen erhebt. Denn er treibt seine Studien auf der Plattform seines turmartigen Hauses, die eine Sternwarte ist, von der aus er den Lauf der Gestirne beobachtet. Aus beiden Quellen gewinnt er eine Erkenntnis, die ihn veranlaßt, die Wendeltreppe hinabzusteigen bis in die Tiefe der Erde, wo aus Lehm nach einer alten, geheimnisvollen Zeichnung der Golem entsteht – eine mystische Vereinigung von Idee und Materie.

Der Seher, Warner und Prophet ist eine Urgestalt der jüdischen Vorstellungswelt. Beate Rosenfeld sagt über den Rabbi Löw des Jüdel (Juda) Rosenberg, er sei »in diesen Legenden zu der Größe des chassidischen Zaddik emporgewachsen, der in Träumen, Visionen und Zeichen vom Himmel Botschaft über drohende Gefahren erhält«.[106]

Ephraim Mose Lilien hat in den Formen des Jugendstil eine ganze Galerie dieser großen biblischen Gestalten geschaffen, darunter *Abraham* in der charakteristischen monumentalen Haltung, mit der auch Wegener seinen Rabbi Löw einführt: als Empfänger der göttlichen Botschaft, für die die Sterne bildlicher Ausdruck sind.

Ephraim Mose Lilien, ein Graphiker galizischer Herkunft, der in München unter dem Einfluß der Sezession und der modernen englischen Buchkunst seinen eigenen Stil der Buchillustration entwickelte, war der erste bewußt zionistische Künstler und Kulturpolitiker. Er organisierte mit Martin Buber die Ausstellung jüdischer Künstler zum Ersten Zionistenkongreß 1897 in Basel, war Mitbegründer des Jüdischen Verlags und nahm am Aufbau der Kunstgewerbeschule Bezalel in Jerusalem teil. Er schuf eine groß angelegte Illustration der Bibel nach den neuen Gesichtspunkten, die seine Bewegung aufstellte (*Bücher der Bibel*). In diesen Zusammenhang gehört die Darstellung des Abraham. Paul Wegener, aufgeschlossen für den Zauber des Fremden, das altbekannt war aus der christlichen Tradition, aber jetzt neuartig gesehen wurde, ließ diese Vorstellungen Filmbild werden. In der meisterhaften Verkörperung durch Albert Steinrück ist sein Rabbi Löw eine Parallele zu den Prophetengestalten Jakob Steinhardts (vgl. Abb. 231), Ludwig Meidners und der etwas Älteren, Lilien und Lesser Ury.

Der Blick zu den Sternen ist nicht immer visionär, er kann auch wissenschaftlich sein. Ein Vergleich mit Murnaus *Faust* zeigt die typologische Verwandtschaft beider Kultfiguren der Wissenschaft zwischen Mittelalter und Neuzeit: der alte Weise im Talar mit dem Buch und dem Blick auf das Planetenmodell, wißbegierigen Studenten kosmische Weisheiten verkündend. Geheimnisvolles Licht von oben fällt auf ihn, auch das Planetenmodell strahlt in dem sonst düster verschwimmenden Raum. In historischer und märchenhafter Verfremdung, im Stil der frühen Moderne, geht es um das Bild des Wissenschaftlers, der Grundfragen stellt. Auch Beate Rosenfeld konstatiert Ähnlichkeiten zwischen der Prager Golem- und der Faustsage – wie etwa die Beschwörung der Patriarchen – und interpretiert den Rabbi Löw als einen »jüdischen Faust«.[107]

Für die Erschaffung des Golem in der Tiefe und seine Belebung im Labor durch Beschwörung des Dämons Astaroth, der, magische Dämpfe ausstoßend, das Zauberwort kundtut, zieht der Rabbi den Famulus hinzu. Wegener folgt hier der jüdischen Überlieferung, nach der für die gottähnliche Schöpfung immer mindestens zwei erforderlich sind, so wie Otto Freundlich sei-

206. *Der Golem, wie er in die Welt kam*, Rabbi mit Buch.
207. Friedrich Wilhelm Murnau, *Faust*, 1925/26.
208. Ephraim Mose Lilien, *Abraham*.
209. Rudolf Belling, Restaurant Scala, Berlin, 1920, Deckenlampe im Tanzkasino.
210. Rudolf Belling, Restaurant Scala, Berlin, Sternbrunnen im Weinrestaurant.
211. *Der Golem, wie er in die Welt kam*, Astaroth.
212. *Der Golem, wie er in die Welt kam*, Rabbi mit Pentagramm.
213. *Der Golem, wie er in die Welt kam*, Beschwörung.

nem Golem auf dem Wissingergrab auch zwei Adepten beigibt (vgl. Kap. 11). Im übrigen aber ist die Beschwörungsszene eher nach dem Muster der Faustsage angelegt: Der Rabbi zieht einen Feuerkreis um sich und den Gehilfen, und unter Funkengestöber kommt der Dämon geschwebt. Murnaus Teufelsbeschwörung in seinem Faustfilm folgt einem ähnlichen Muster.

Sterne spielen in Wegeners Golemfilm eine herausragende und vieldeutige Rolle. Von den Sternen am Firmament holt sich der Astrologe Löw seine Inspiration, ihre Konstellation bestimmt sein Handeln, sie repräsentieren zugleich das Geschick, in das man klug eingreifen kann, und das übergeordnete geistige Prinzip. Bei der Beschwörung hantiert er mit einem Pentagramm, dem fünfzackigen Stern, einem magischen Zeichen, mit dem er den Feuerzauber hervorruft aus leuchtendem Zirkel und stiebenden Funken, der dann in einem Feuerstoß endet, in dem Rabbi und Gehilfe zusammensinken. Auch auf der Brust des Golem ist das Pentagramm zu sehen, dahinter ist der »Schem« mit dem lebenspendenden Zauberwort verborgen. Aber vor der Erweckung, als der Rabbi den dafür günstigen Stand der Sterne feststellt, erscheint über dem reglosen Golemgesicht ein anderer Stern: der sechszackige Davidstern. Damit wird trotz der astrologischen Motivation unverkennbar auf die Bedeutung des Golem als Schutz und Helfer der jüdischen Gemeinde verwiesen. Im Schlußbild wird der Davidstern über das Ghettotor geblendet. Sternmetaphern waren in der Kunst des Jahrhundertbeginns vom Symbolismus bis zum Expressionismus häufig. Seitdem setzten sich bildende Künstler und Schriftsteller erneut mit der Mystik auseinander, suchend nach einer unbekannten Religion der Zukunft. Die Suche fand ihren Ausdruck u. a. in sternförmigen Kultbauten. Was bei Bruno Taut noch wirbelnde Utopie ist (*Die Auflösung der Städte*, besonders das Blatt *Heilig! Heilig! Heilig!*), bei Bartning, Behrens, Luckhardt und Belling ist es Architektur geworden.[108]

Der kosmische Blick drückte das Gefühl einer großen Einheit aller Dinge aus. Es stand im Zusammenhang mit den weltumarmenden Vorstellungen eines allgemein-religiösen Aufbruchs (etwa der Theosophie, der Anthroposophie und des Neubuddhismus), in denen eine »unio mystica von Stoff und Geist«[109] angestrebt wird. Der Schöpfungsakt im Golem stellt eine solche Vereinigung dar – das Überspringen des Impulses von den Sternen auf den Lehm, die Verbindung von Licht und Erde, oben und unten. Die Figur des Golem, uralt und scheinbar zeitlos, wurde für diese Aufbruchsgeneration ein Zeitmotiv wie der Stern, der nicht in seine Tradition gehört.

Einer der genannten Schöpfer expressionistischer Sternarchitektur, Rudolf Belling, holte sich Anregung aus dem Golemfilm, an dem er mitarbeitete – ein Beispiel für die lebendige Beziehung zwischen Film und bildender Kunst. Die den Rabbi bei der Beschwörung umtanzenden funkenartigen Sterne – im Film nur Lichtpünktchen – begeisterten den Bildhauer zu einer Weiterentwicklung als plastisch-dynamische Idee.

Belling, ein konstruktivistischer Bildhauer, hatte eine moderne Konzeption zur konsequenten Organisation des Raumes entwickelt, die er in avantgardistischen Plastiken und, soweit es ihm möglich war, im Zusammenhang mit Architektur zu realisieren versuchte. Er betrieb auch eine Werkstatt für angewandte Kunst und hatte verschiedentlich für Reinhardts Deutsches Theater gearbeitet. Daher kannte und schätzte ihn Wegener und beauftragte ihn mit allen plastischen Arbeiten, bevor er bei *Lebende Buddhas* seine Nichte Christiane Naubereit einbezog. Belling hatte schon für den ersten *Golem* 1914 Kostüm und Maske entworfen und geformt und für *Der Golem, wie er in die Welt kam* überarbeitet. Es ist anzunehmen, daß auch die übrigen für die Beschwörungsszene erforderlichen plastischen Gebilde auf ihn zurückgehen: das Gesicht Astaroths und das Pentagramm.

Zur gleichen Zeit baute er zusammen mit dem Architekten Walter Würzbach (und dem Maler Hans Brass) den ehemaligen Eispalast zum Restaurant Scala um, d. h. in zwei Räumen, dem

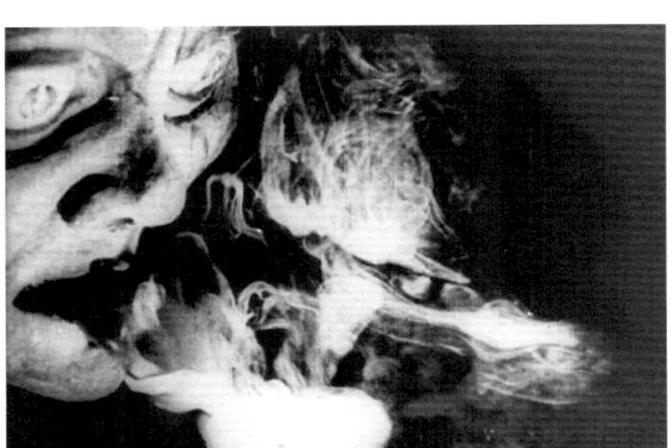

Tanzkasino und dem Weinrestaurant, hatte Belling Gelegenheit, zusammen mit Würzbach sein Raumverständnis in Architektur umzusetzen: »Darum verarbeite ich Luft ebenso wie festes Material.«[110] Diese plastische Auffassung war der Poelzigs sehr verwandt. Die beiden kannten sich gut; Belling hat von Poelzig eine Porträtplastik geschaffen.

Belling hat die Sternideen des Golemfilms zweifach in der Scala variiert, als Deckenbeleuchtung im Tanzkasino und als Brunnen im Weinrestaurant. Die leuchtenden Zacken der Lampe setzen ihre kristallinischen Formen nicht nur in der plastisch gefalteten Decke fort, sondern in dem ganzen konsequent durchgestalteten Raum. Der Brunnen besteht aus einer Reihe in aufsteigender Form gruppierter Sterne, kristallinisch, aber unregelmäßig aus kubischen Flächensegmenten gebildet, von einer schwingenden Rohrspirale umkreist, die sowohl Wasser transportiert (das auf dem Photo noch nicht zu sehen ist und dazugedacht werden muß) als auch Bewegung suggeriert. Damit unternahm Belling den Versuch, den Licht- und Bewegungseindruck der Beschwörungssequenz aus dem *Golem*, die um den Rabbi kreisenden Sterne, ins Plastische umzusetzen. Bezugnehmend auf die Funktion des Raumes, eines Weinlokals, übertrug er die Dämonie des Schöpferischen auf die Dämonie des Alkohols, die ja auch im Trivialen, z. B. in der Karikatur, durch um den Kopf kreisende Sterne wiederzugeben üblich ist.

Den Stern mit dem menschlichen Gesicht in Beziehung zu setzen, ist ein altes künstlerisches Mittel. Nicht immer war diese Beziehung so mit symbolischer Bedeutung aufgeladen wie zu Anfang unseres Jahrhunderts, im Zeichen von Neuromantik und Expressionismus. In dem mittelalterlichen Bauhüttenbuch des Meisters an der Kathedrale Vaucelles, Villard de Honnecourt, ist das Pentagramm über dem menschlichen Gesicht Maßeinheit in einer Proportionsstudie wie andere geometrische Figuren über menschlichen und tierischen Körperpartien. Es enthielt Anweisungen zur Baugeometrie, Steinmetz- und Zimmermannskunst, Plastik und Malerei und war als Lehrbuch des »gotischen Systems« der Proportionslehre für verschiedene Bauhütten gedacht.

Um die Jahrhundertwende wird der zeichenhafte Stern über dem Gesicht viel verwendet, wie etwa bei Hugo Höppener (»Fidus«) in seinem *Luzifer Morgenstern* (1894), dessen düstere Gestalt einen leuchtenden Stern auf der Stirn trägt. Das ist eine für den Symbolismus typische Auffassung, der das Pentagramm in Verbindung mit dem menschlichen Gesicht in seiner magischen oder auch satanischen Bedeutung wiederentdeckt (Valère Bernard, *Cauchemar / Alptraum*, Charles Selliers *Initiation*, Alexandre Séons Deckblatt zu *Pour le beau* von Alphonse Germain). Ernst Barlach, der sich zeichnerisch, plastisch und literarisch mit der charakteristischen Erscheinung des expressionistischen Dichters Theodor Däubler auseinandersetzte, gebrauchte die Sternmetapher als geheimes Zeichen einer bedeutendenen Persönlichkeit: »Das Merkwürdigste an ihm war aber der Stern, der ihm mitten im Gesicht stand, wie ein schwer erkennbarer Schlüssel zu dem Geheimnis dieser Natur.«[111]

214. *Der Golem, wie er in die Welt kam*, Golem mit Davidstern.
215. Villard de Honnecourt, Proportionsstudien, 1230–35.
216. *Der Golem, wie er in die Welt kam*, Holzhacken.
217. Bernhard Hoetger, Café Winuwuk, Bad Harzburg, 1923, Herdstelle.

Das Liniengerüst des Sterns auf das menschliche Gesicht zu projizieren, ist aber auch charakteristisch für die Moderne, die alle Dinge, auch den menschlichen Körper, neu vermaß. Die Bildidee ist demnach in Zusammenhang zu sehen mit dem Werk solcher moderner Künstler, die die Struktur des menschlichen Körpers und Gesichts durch Hilfslinien erkunden, wie Oskar Schlemmer, Rudolf Belling und Georges Vantongerloo.

Den Davidstern über das unerweckte Gesicht des Golem zu legen wie eine Schemazeichnung von Villard, wirkt so, als sollte mit der durch die plastische Haarkugel gewaltigen Breite die erdhafte, noch ruhende Kraft unter ein Maß gebracht werden; gleichzeitig spielt die stempelartige Besitzergreifung durch das Zeichen der zionistischen Bewegung auf eine historisch neue Bedeutung des Golem an: als Helfer im jüdischen Befreiungskampf.

Roboterstory

Zunächst aber ist der Golem ein Diener des Rabbi. So wird er von dem Gehilfen dem Kaufmann vorgestellt: »Das ist der neue Knecht«, was er mit ausgesprochen finsterem Blick quittiert. Er erledigt häusliche Arbeiten, plump und unwillig, aber prompt und mit gewaltiger Kraft. Er hackt Holz, er zieht übermäßig den Blasebalg, er trampelt zum Einkauf, einen Schwanz von Kindern mit sich ziehend – ein urtümlich-poetisches Bild. Wie er selbst, so ist die Arbeitswelt, in der er sich bewegt – die Formen erdhaft, die Kraft magisch.

Wenn Bernhard Hoetger, dessen Werk schon mehrfach zum Vergleich mit Bildideen aus Wegenerfilmen herausgefordert hatte (vgl. Abb. 7 und 200), einen Arbeitsplatz gestaltet, findet er ähnliche Formen wie die des Hofes, wo der Golem Holz hackt. Der gewaltige Rauchfang seines Herdes ist dem groben, unregelmäßigen Brunnendach so verwandt wie der umgebende Raum mit den klobigen Herdvorsprüngen – zugleich Küche und Gaststube – dem wirrformigen, engen Hof. Die gleichen baumartigen Stützen tragen den Rauchfang wie das Brunnendach.

Seine Funktion als Diener und Arbeiter verweist den Golem in die Tradition der Roboter- und Automatensagen, die im 20. Jahrhundert so stark an Umfang und Bedeutung gewonnen hat, daß ein eigenes Literatur- und Filmgenre entstanden ist.[112] Schon im Mittelalter verbreitet, beschäftigten Robotersagen in Zeiten technischer und industrieller Entwicklung immer mehr die Phantasie. Von La Mettries *L'Homme Machine* (1747) über die Romantiker – E. T. A. Hoffmann, *Der Sandmann*, oder Mary Shelley, *Der neue Prometheus* – und Neuromantiker – Villier de l'Isle-Adam, *L'Eve future* (1886) – reicht die literarische Entwicklung bis zur spektakulären Aufnahme der Tradition durch die Filmgeschichte.

In den zehner und zwanziger Jahren erschien eine Fülle künstlicher Wesen auf der Leinwand; nicht alle sind Roboter: Otto Ripperts *Homunculus-Serie* (1916), mehrere Verfilmungen (1918, 1927, 1930) des Romans *Alraune* (1911) von Hanns Heinz Ewers, dem Übersetzer der *L'Eve future*, der tschechische Film *Der Elektromensch* (1916), vor allem Paul Wegeners Golemfilme und Fritz Langs *Metropolis* (1926). Während der von Wegener geschaffene Golem die für die märchenhafte frühe Moderne charakteristische Form des Roboters darstellt, eine erdenschwere Figur mit historischer Patina und dunklem Zauber, ist die elektrizitätssprühende Maschinenmaria aus *Metropolis* ein Produkt der klassischen Moderne mit dem hämmernden Schwung der zwanziger Jahre.

Mit der Figur des Roboters setzt die Moderne in verschiedenen Phasen, in verschiedenen stilistischen Formen eine Frage der Zeit auf die Tagesordnung, die Frage der Arbeit und der Manipulation. Ob es sich um den finster schuftenden Golem oder die Arbeitsarmee an dem Maschinenmoloch handelt, in jedem Fall ist es der Fluch der fremdbestimmten Arbeit, der die Katastrophe heraufbeschwört – die Zerstörung von Metropolis, den Brand des Ghettos. Die Sterne, deren ungünstige Konstellation die Ausschaltung des Golem erfordert, sind nur ein Bild für die wachsende Spannung; der anmaßende Gehilfe, der wie Goethes Zauberlehrling seine Macht mißbraucht, schafft nur den äußeren Anlaß ihrer Entladung. Dahinter erscheint als tiefere Ursache die ungeheure Wut des Golem, der sich nicht mehr an- und abschalten lassen, sondern selbst leben will. Leben und Lebenswille sind die eigentlichen Motivationen im Golemfilm.

Dieses Phänomen erschließt sich weniger über die Fabel als über das ausdrucksvolle Spiel Wegeners. Mit dumpfem Groll nimmt der Golem Befehle entgegen, mit unzugänglicher Sturheit führt er sie aus, mit rasender Erbitterung wehrt er den Griff nach dem Schem ab, der ihm das Leben wieder nehmen soll. Wegener betont in seiner Auffassung der Figur des Golem den sozialen Aspekt. Er hat das auch formuliert, ohne im entferntesten das Vokabular der zeitgenössischen sozialen Bewegung zu berühren: »Das Stumme, Dienende« habe ihn gerührt,[113] dem er beredten gestischen und mimischen Ausdruck verschaffte. Als Künstler interessierte ihn besonders die mangelnde Ausdruckskraft. Er, der seinen Ideen im Wortsinne Gestalt geben, sich mitteilen konnte, fühlte mit denen, die stumm auf fremde Anweisung hin eine ihnen fremde Arbeit tun.

Mechanisch, wie der Golem arbeitet, tötet er auch; auf Anweisung des eifersüchtigen Gehilfen, dessen beispielgebende Bewegung er nachahmt, durchbricht er die Tür zu Mirjams Kammer und schleppt dessen Nebenbuhler auf den Turm. Er ist ein Werkzeug, eine Waffe.

Aber auch das mechanische und unwillige Tun ist nicht möglich ohne eine Art von Leben, das seine eigenen Gesetze entwickelt. Die allmähliche Entdeckung des Lebens in seinen verschiedenen Aspekten bis zur Grenze der Roboterexistenz ist Gegenstand einer ausgefeilten schauspielerischen Studie. Kabinettstücke differenzierter psychologischer Gestaltung zeigt Wegener besonders dort, wo der Golem außerhalb seiner Funktion sich mit dem Leben auseinandersetzt und selbst zum Leben erwacht wie in der Rosenmädchenepisode (vgl. Abb. 58) und beim Verlassen des Ghettos.

Zum Fest der Rosen wird der Golem der staunenden Hofgesellschaft vorgeführt. Die Mädchen fürchten sich, werden dann aber keck. Eines von ihnen hat Mitleid und schenkt ihm eine Rose. Die Skala der Empfindungen in dieser kurzen Sequenz reicht von der Verlassenheit und Demütigung des zur Schau gestellten Außenseiters über Staunen und Rührung beim Betrachten der Rose in seiner Hand bis zu erwachender Freude und Zuneigung, die sofort wieder in Enttäuschung und Bitterkeit umschlägt, als das Mädchen vor seiner täppischen Zärtlichkeit erschreckt flüchtet.[114] Frauen sind ihm zu kompliziert; weshalb er später die ohnmächtige Mirjam, die er vom Turm getragen hat und die für einen Augenblick seine Begehrlichkeit geweckt hatte, kopfschüttelnd liegenläßt und die Freiheit vor dem Tor vorzieht, wo ihn die Kinder bezaubern. Der Weg in die Freiheit beginnt mit dem »Aufstand« des Golem, der mit einer an der Esse des Labors entzündeten Fackel das Haus seiner Entstehung und Unterdrückung in Brand steckt. Dann stemmt er die schweren Torflügel auf und tritt aus dem engen, dunklen Ghetto, das gerade zu brennen beginnt, hinaus in die große Weite, wo im wehenden Gras die Kinder tanzen. Sein Gesichtsausdruck spiegelt die verschiedenen Stadien eines Erkenntnisprozesses, die komplizierte Entwicklung zu Sekunden komprimierend, in denen nur der Kopf gedreht wird: Verschlossenheit, mißtrauisches Fixieren, fassungsloses und angstvolles Erstaunen, reife, wache Aufmerksamkeit und mit dem Aufblicken zum Licht ein erstes kleines Lächeln. Das ist kein Golem mehr, das ist ein Mensch, der nicht mehr in den Golemkörper paßt.

Wegener folgt mit dem »Knechts-« und dem damit zusammenhängenden »Aufstandsmotiv« (Beate Rosenfeld) der alten Golemüberlieferung, nimmt aber mit der psychologischen Auffassung des Golem an einer Neuinterpretation des 20 Jahrhunderts teil. Während Schriftsteller des 19. Jahrhunderts in Anknüpfung an die romantische Doppelgängerproblematik die Golemfigur auf vielfältige Weise in die menschliche Gesellschaft verpflanzten, ihn als Synonym für seelenlose, konventionelle Mode- und Beamtentypen gebrauchten (Otto von Skepsgardh, Annette von Droste-Hülshoff, Theodor Storm), kam es um 1900 zu einer Beseelung des Seelenlosen. Man gab der Sehnsucht des dumpfen, stummen Arbeiters und Befehlsempfängers künstlerischen Ausdruck und stellte die Frage nach selbstbestimmtem Dasein und individuellem Glück.

Die Neuromantik brachte einerseits eine Psychologisierung – so bei Arthur Holitscher und in Wegeners Golemfilmen, andererseits eine Umdeutung ins Gespenstische, wie sie Gustav Meyrink in seinem Golemroman vornahm. Holitscher hatte sein Drama, das einen expressionistischen Golem zeigt, der leidenschaftlich Mensch sein will, beim Deutschen Theater eingereicht, war aber abgelehnt worden. Nach der Aufführung des ersten Golemfilms 1914 beschuldigte er Wegener des Plagiats, zu Unrecht, obwohl die Beschäftigung Wegeners mit dem Thema wahrscheinlich auf dieses Drama zurückzuführen ist, in dem ihm die Rolle des Golem zugedacht war.

Arnold Zweig, der Holitschers Drama und Wegeners ersten Golemfilm besprach,[115] urteilte: »Was diesen Film beredenswert macht, ist ... die Gestalt, die Wegener dem Golem gab – die erschütternde Gestalt eines Halbwesens, das danach ringt, aus dem dumpfen Sein in die lebendig fühlende Beziehung zur Welt zu kommen, Mensch zu werden, sich Rechenschaft zu geben, fallenden Regen, duftende Blume, Teich im Monde (sic!), geschmeidig schöne Frau aus grober Wahrnehmung zu erlösendem Gefühl zu reinigen. Hier, im Lyrischen, gab Wegener der Film die Möglichkeit, die keine Bühne gibt: in der Stimmung der traumatmenden Erde als Kreatur zu stehen und langsam in Staunen, in dumpfer Freude, in Erschütterung die Arme zu heben – ein unvergeßliches Bild«. Der Golem, der die Rose entdeckt (vgl. Abb. 169) ist ein charakteristischer Ausschnitt aus dieser Sequenz, aber noch vor dem Höhepunkt.

218. *Der Golem, wie er in die Welt kam*, Golem mit Fackel.
219. *Der Golem, wie er in die Welt kam*, der Golem öffnet das Tor.
220. *Der Golem, wie er in die Welt kam*, der befreite Golem.
221. *Der Golem, wie er in die Welt kam*, Mutter und Madonna.
222. *Der Golem, wie er in die Welt kam*, Golem und Kind.
223. *Der Golem, wie er in die Welt kam*, Kinder und lebloser Golem.

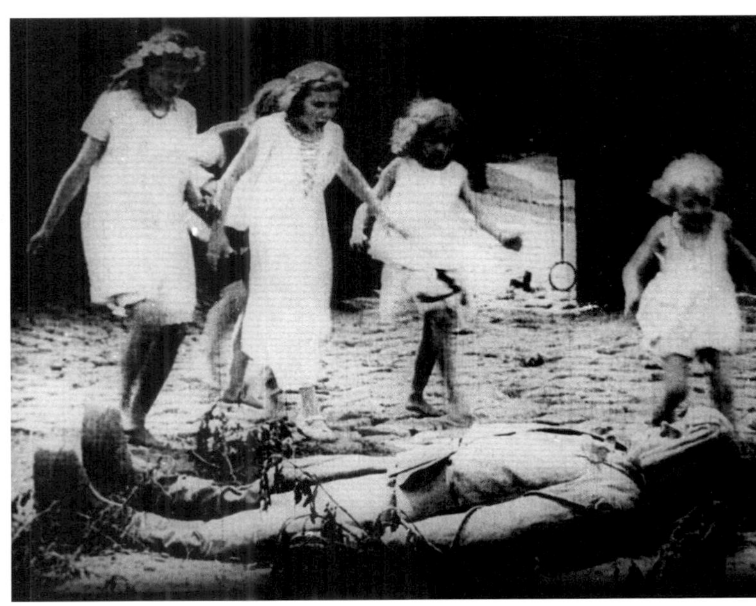

Zweig widmet beiden, Holitschers Drama und Wegeners erstem Golemfilm, sowohl Würdigung vom ästhetischen Standpunkt als auch Ablehnung vom jüdisch-religiösen her, dem der Golem »ein gefesselter und niederer Engel, ein Dämon, eine göttliche Kraft« ist und jede Vermenschlichung eine Entweihung. Das Beharren auf der altjüdischen Golemvorstellung wird Wegeners Golem nicht gerecht. Für Wegener ist die Menschwerdung des Golem eine Befreiung, keine Entweihung. Wie zu allen Zeiten wird der Mythos nach Bedarf umgeformt. Symbol dieses neu erwachten Lebens sind die fröhlichen Kinder mit ihren luftigen weißen Kleidern und Blumenkränzen, ihr Reigen in dem Freiraum zwischen Tor und Brücke, dem Schnittpunkt von unten und oben, Ghetto und Schloß, dem Ort der Entscheidung. Sinnstiftend überragt die Szene als Brückenfigur eine Madonna, eine im Sinne der frühen Moderne monumental stilisierende Interpretation einer Barockfigur. Ihr hebt eine Frau ihr Kind entgegen – zwei Mütter im Dialog. Auch der Golem hebt ein Kind hoch, das einzige, das furcht- und arglos im Gras sitzengeblieben ist, während die anderen geflüchtet sind, ein extremer Gegensatz, gerahmt von einer verzerrten Spitzbogenblende, die auch der dunkle Torbogen sein kann.

Das Kind hatte ihm einen Apfel entgegengestreckt. Das Apfel-Anbieten steht ikonographisch in der Tradition der biblischen Verführungsthematik, zumal nach vorangegangener Schöpfungsparodie. Es ist eine umgekehrt bewertete Verführung: zur Freundlichkeit oder auch zur Liebe, zum Genuß, zum Leben überhaupt, verkörpert von dem Kind in Blumen, einem Topos des Jahrhundertanfangs, das sich als ein Jahrhundert des Kindes definierte und einen Kult der Jugend, des Morgens, des Anfangs trieb. Auch bei Fritz Lang haben Kinder zentrale Bedeutung – in *Metropolis*, in *M*, in *Das Schloß im Schatten / Moonfleet* – als Zukunftshoffnung eines verantwortungsvollen humanistischen Denkens.

Mit der Selbstbefreiung und der Faszination durch die spielenden Kinder hat der Golem seine Grenzen als Roboter durchbrochen und menschliche Züge angenommen. Er möchte leben, entdecken, lieben, – aber das kann er nicht, ohne aufzuhören, ein Roboter zu sein. Es zeigt sich: Ein Roboter kann nicht mit Kindern spielen – sie machen ihn kaputt. Das Kind setzt spielerisch die Robotermechanik außer Kraft. Über den leblosen Roboter stürmen die zurückkehrenden Kinder her und nehmen ihn in Besitz, bis sie wieder flüchten vor den ernsten Gestalten der Juden, die aus dem Ghettotor treten, um ihr Geschöpf feierlich davonzutragen.

Der Golem, der Mensch werden will, war eine Zeitidee. Der Golem, der vom Kind bezaubert wird und am Kind scheitert, war Wegeners ganz eigene Interpretation. Es drückt sich darin aber auch eine Zeittendenz aus; sie hat sich in der Lebensphilosophie ihre Theorie geschaffen. In dem stark stilisierten Schluß des Films werden die Kinder zum Symbol des Lebens, dem der Golem sich genähert hat: Das Öffnen des Tores, das Aufblicken zum freien Himmelslicht, das Annehmen des Apfels, das Hochheben des Kindes sind Bilder des freien, nicht manipulierten, nicht funktionalisierten Lebens, eines Lebens, das keinen Zweck braucht, sondern seinen Wert in sich selbst findet.

Jüdische Überlebensstrategie

Der Golem ist in erster Linie ein Geschöpf, ein künstliches Wesen. Er ist zudem ein Geschöpf, das dem Willen seines Schöpfers folgt, es arbeitet und funktioniert; es ist ein Roboter. Seine Erschaffung im Golemfilm von 1920 dient einem speziellen Zweck: Vor allen anderen Funktionen bestimmte der Rabbi Löw den Golem zum Helfer und Retter der jüdischen Gemeinde, als er aus der Konstellation der Gestirne die drohende Gefahr erkannt hatte:

Im ersten *Golem* von 1914 war er noch »der Hüter des Hauses«. Er war nicht geschaffen, sondern gefunden, gekauft und wiederbelebt worden und sollte vor allem die kokette Tochter seines Besitzers bewachen. Arnold Zweig hatte denn auch in seiner Kritik des *Golem* von 1914 bei allem Lob für die ergreifende Gestaltung des Golems durch Wegener die Entwürdigung des biblischen Mythos in den Banalitäten eines zeitgenössischen jüdischen Trödlerladens beklagt. In *Der Golem, wie er in die Welt kam* erreicht er die ihm zukommende Größe und Würde; er wird durch Zuordnung zu den historischen Gestalten des Rabbi Löw und des Kaisers Rudolf II. in den Zusammenhang des jüdischen Emanzipationskampfes gestellt.

Diese Interpretation ist historisch relativ jung in der langen Geschichte des Golemmotivs. Friedrich Hebbel (*Ein Steinwurf oder Opfer um Opfer*, 1858) und Daniel Uffo Horn (*Der Rabbi von Prag*, 1842) sind ihre ersten literarischen Vorboten.[116] Zur »neuen Funktion des Golem« (Gershom Scholem) wird sie in den achtziger und neunziger Jahren des 19. Jahrhunderts, als nach den osteuropäischen Ritualmordprozessen eine Welle des Antisemitismus die Gegenbe-

224. *Der Golem, wie er in die Welt kam*, Bundeslade.
225. *Der Golem, wie er in die Welt kam*, siebenarmiger Leuchter.

wegung jüdischer Selbstbehauptung und die Entstehung des Zionismus auslöste. In diesen Zusammenhang gehören neben dem Gedicht von Leopold Kompert *Der Golem* (1882)[117] vor allem *Die Wunder des Rabbi Löw mit dem Golem*, herausgegeben von Jüdel (Juda) Rosenberg,[118] vermutlich von einem chassidischen Volksschriftsteller mit kabbalistischer Bildung als fingierte alte Quelle für die aktuelle Polemik geschrieben.

Paul Wegeners Interpretation des Golem als eines Werkzeugs zum Schutz der bedrohten jüdischen Gemeinde ist eine Parallelerscheinung in der nichtjüdischen Kunst, die die enge Verknüpfung der Traditionen beweist. Wegener steht nicht in der jüdischen Tradition, umgibt sie aber voller Faszination für das Fremdartige mit märchenhaftem Glanz.

Wegener und sein Kameramann Karl Freund fanden außerordentlich poetische und dekorative Bilder für die jüdischen Rituale wie den Lichterkranz des siebenarmigen Leuchters, von dem gerahmt die Ältesten der Gemeinde sich in regelmäßigen Verneigungen bewegen, oder den Blick aus der Höhe des Hauses auf den feierlichen Zug, der die Bundeslade begleitet, wobei die mächtigen, gebogenen Schofarhörner die lange, rechteckige Bundeslade wie ein Ornament umgeben. Diese Szenen sind das letzte Fragment des »Sabbath-Motivs« (Rosenberg) aus der alten Golemsage: Die Gemeinde gibt sich am Sabbath leidenschaftlich dem Lobpreis Gottes hin, während der unbeaufsichtigte Golem zu toben beginnt.

Zu den Grundvorstellungen jüdischer Überlieferung gehört neben der großen Wanderung die Figur des Propheten. Im Golemfilm verbinden sich beide Motive in der Beschwörung der Erzväter, die der Rabbi der zauberbegierigen Hofgesellschaft vorführt, um ein besseres Verständnis für die Besonderheiten jüdischer Geschichte zu wecken. Er warnt davor, die Vorführung zu kommentieren oder zu lachen. Aus dem endlosen Zug der Kinder Israel durch die Wüste ist die Gruppe der Erzväter herausgehoben. Dann erscheint Ahasver, der »ewige Jude«. Sein Bild reizt den Narren des Kaisers zu einem Witz. Da stürmt Ahasver zornig auf den Vordergrund zu, den gedachten Punkt, wo die Beleidiger sitzen – die kichernde Hofgesellschaft. Der ist zugleich der Ort des Filmpublikums, das so mit dem höfischen Publikum der Filmszene in Verbindung gebracht wird. Ahasver sprengt die Bildebene und löst die Katastrophe aus, den Zusammensturz des Palastes. Es war eine glänzende filmische Idee, die Katastrophe auf der Leinwand mit einer Interaktion zwischen Bild- und Zuschauerebene zu begründen. Sie gehört zu den zahlreichen Versuchen, das Publikum in die Handlung einzubeziehen, von Reinhardts und Piscators Theaterexperimenten bis zu Woody Allens *The Purple Rose of Cairo*.

Der Prophet, weise, langbärtig, würdevoll oder zornig, leidend an seiner Zeit, manchmal in heftiger Diskussion begriffen, mit dem Gewicht eines Repräsentanten und dem wissenden Blick in die Zukunft, ist als Verwalter des alttestamentarischen Erbes eine feststehende Figur sowohl der jüdischen als auch der christlichen Tradition. Durch Jahrhunderte hat es viele glänzende Darstellungen dieses Grundtypus gegeben, oft in den Nischen repräsentativer Kirchen-

portale. Geheimes Wissen und göttlicher Auftrag gaben der Figur eine magische Leuchtkraft, für die die Zeit vor und nach dem Ersten Weltkrieg eine besondere Neigung entwickelte. In der kryptoreligiösen Grundstimmung der Zeit mit ihrem ausgeprägten Krisenbewußtsein wurde der Prophet zu einer zentralen Gestalt. In den ekstatisch gestimmten Zirkeln der Expressionisten beschäftigte die Figur des Propheten die Phantasie jüdischer und nichtjüdischer Künstler. Alfred Kubin, der Zeichner des Untergründig-Phantastischen, Verfasser des visionären Abgesangs auf das alte Österreich, des Romans *Die andere Seite*, griff 1913 begierig den Vorschlag Franz Marcs zu einer modernen, von mehreren Künstlern zu gestaltenden Bibelausgabe auf. Er entschied sich sofort für den finsteren Propheten Daniel und zeichnete eine Folge von Blättern. Die Deckelzeichnung mit der flammenden Titelschrift, auch von Kubin, zeigt einen Daniel von grotesker Monumentalität mit gewaltiger Nase und stilisiertem Bart und Schläfenlocken. Die bewegte Schrift drückt die enorme innere Spannung der scheinbar statuarischen Gestalt aus.

Die Figur des Propheten, wie sie der zionistische Künstler Jakob Steinhardt auffaßt, ist noch stärker vom Expressionismus geprägt: leidenschaftlich bewegt, mit seinen eckigen Gewandfalten und den schiefen, vielfach gebrochenen Häusern im Hintergrund, die einen fiebrig bewegten Wirbel um ihn bilden. Es ist eine der für den Expressionismus typischen apokalyptischen Landschaften, wie sie auch Steinhardts Freund Ludwig Meidner malte, dem er in einer Künstlergruppe mit dem bezeichnenden Titel *Die Pathetiker* verbunden war. Das Zentrum des Wirbels, von dem blitzartige Strahlen ausgehen, liegt aber nicht im Propheten, sondern außerhalb der Bildfläche, oben, im Geistigen bzw. im Göttlichen. Steinhardts Prophet, riesig über eine dunkle Menge emporragend, mit ekstatisch erhobenen Armen, durch die die Blitze hindurchzugehen scheinen, bildet die Verbindung dieses geistigen Zentrums zu der grauen Masse von Elendsgesichtern mit aufgerissenen Mündern, ebenfalls ekstatisch, aber nicht flammend, sondern dumpf wogend.

Steinhardts *Der Prophet* war 1913 im Ersten Deutschen Herbstsalon von Herwarth Waldens Galerie *Der Sturm* in Berlin zu sehen, wo schon 1912 eine Pathetiker-Ausstellung stattgefunden hatte. In den zwanziger Jahren wurde das Gemälde von der Kunstsammlung der Jüdischen Gemeinde angekauft und hing dann repräsentativ neben Lesser Urys *Jeremias* in der Eingangshalle des 1933 eröffneten Jüdischen Museums. Daran war in aller Deutlichkeit zu erkennen, daß das expressionistische Thema des Propheten eine aktuelle politische Bedeutung besonders für die jüdische Kunst erlangt hatte. Sie reagierte damit auch auf zeitgenössische Debatten über biblische Prophetie, die mit der jüdischen Emanzipation in Zusammenhang standen.[119] Für sie wurde der Prophet zur zentralen Figur ihres Selbstfindungsprozesses.

Paul Wegener interpretiert die Gestalt des Ahasver zwar als Repräsentant des heimatlosen Judentums wie die Anführer des jüdischen Volkes, aber Ahasver ist kein Prophet. Die Legende

stammt aus dem christlichen Antisemitismus des Mittelalters, wie die triumphierende Ecclesia und die weinende Synagoge. Als Strafe für eine Jesus auf seinem Leidensweg verweigerte Hilfeleistung soll Ahasver zur Unsterblichkeit verurteilt worden sein und nun als ewiger Wanderer durch die Geschichte der sterblichen Menschheit geistern – eine christlich-tendenziöse Legende. Im Verlauf der Geistesgeschichte hat aber der Typus des Wanderers – im Gegensatz zum Seßhaften – eine starke Aufwertung erfahren, besonders in der Romantik, als der Wanderer geradezu eine Kultfigur wurde – von Goethes *Faust* bis zu Eichendorffs *Aus dem Leben eines Taugenichts*. Diese Tendenz setzt sich in der Gegenwart fort: Mobilität ist zu einer geforderten Tugend geworden. Als der Golemfilm entstand, war die negative Bedeutung der Ahasverfigur bereits verblaßt. Wegener deutete die schwindende Figur radikal im Sinne der Toleranz um. Ahasver ist bei ihm ein zorniger Mahner, der von einem leichtfertigen Publikum Respekt für die schwierige und ergreifende Geschichte eines benachteiligten Volkes fordert. Damit ist er der mythischen Figur des Propheten angenähert. Nur schüttet er nicht den Zorn über sein Volk aus, wie es die traditionelle Rolle des Propheten vorsieht, sondern er richtet seine Forderungen an die außerjüdische Welt.

Zur ikonographischen Vorstellung des Propheten gehört sein Gegenüber: die Gruppe oder Menge. Im Golemfilm, in dem der Rabbi Löw als »Herz und Hirn der Gemeinde« die Stelle des Propheten einnimmt, strömt sie hin und her durch die engen Gassen des Ghettos, leidenschaftlich jede Wendung in dem Ringen des Rabbi um das Schicksal der Gemeinde kommentierend. Mit Besorgnis wird jede neue Nachricht erwartet, mit Jubel und Dankbarkeit das Signal des Schofarhorns, das den Freibrief verkündet, mit Entsetzen das Rasen des wütenden Golems.

Eine dieser Filmszene entsprechende Situation beschäftigt auch den Berliner jüdischen Künstler Fritz Ascher: In der Begegnung der Juden mit dem Golem mischen sich Grauen vor dem Dämon mit spiritueller Begeisterung. Aschers mit Kipa und langen Gewändern sehr ostjüdisch wirkende Gestalten sind vor einen Hintergrund großstädtischer Hinterhäuser gruppiert, wie sie für den Berliner Osten typisch sind.

Die hektische Aufgeregtheit der Juden im Golemfilm, die auch die wogende Menge um Steinhardts *Prophet* beherrscht, ist einerseits Ausdruck expressionistischer Emotionalität, andererseits gibt sie die wirklich existierende Spannung einer traditionell bedrohten Gruppe wieder. Die jüdische Angst findet vielfachen Ausdruck in dem Film: Als der Wächter vom Torhaus aus mit dem Schofarhorn die schlimme Nachricht von dem Edikt des Kaisers und der drohenden Vertreibung signalisiert, fahren erschrockene Köpfe aus vielen kleinen Fenstern. Die Erfahrung jahrhundertelanger Bedrohung spricht aus Mimik und Gestik. So ist der Film auch eine Studie jüdischer Mentalität in der Diaspora.

Der Rabbi begibt sich mit seinem Gehilfen im Fackelschein zum Gemeindevorsteher, um mit ihm zu beratschlagen, wie drohenden Gefahren zu begegnen sei, worauf die Ältesten der

226. Der Golem, wie er in die *Welt kam*, Ahasver.
227. Alfred Kubin, *Der Prophet Daniel*, 1918.
228. *Der Golem, wie er in die Welt kam*, erschrockene Juden.
229. *Der Golem, wie er in die Welt kam*, Jude am Fenster.
230. *Der Golem, wie er in die Welt kam*, zwei besorgte Juden.
231. Jakob Steinhardt, *Der Prophet*, 1913.
232. Fritz Ascher, *Der Golem*, 1916.

233. *Der Golem, wie er in die Welt kam*, lebloser Golem.
234. Hans Böhme und Hermann Rosenberg, Photo aus Max Reinhardts *Hamlet*-Inszenierung, 1909.

Gemeinde zusammengerufen werden. Das ist der Ausgangspunkt der Handlung, das Motiv für die Schaffung des Golem. So interpretiert Wegener in dieser dritten Bearbeitung des Themas den Golem als Beschützer der gefährdeten Juden. Wenn am Ende des Films die ernsten schwarzen Gestalten der Juden, vor denen die weiße Kinderschar über dem Golem flüchtet, aus dem Ghettotor treten, um die leblose Gestalt wie einen toten Helden feierlich einzuholen, dann wird aus dem ehemaligen Werkzeug und tobenden Dämon fast so etwas wie ein Mitkämpfer. Die dunklen Träger mit ihren einheitlichen langen Mänteln und den spitzen Hüten – im Mittelalter ein den Juden vorgeschriebenes Erkennungszeichen – umgeben die helle Golemfigur, die sie hoch emporheben, wie ein Ornament. Die feierliche Gruppe wird flankiert von den ernsten Gestalten des Rabbi und des Gemeindevorstehers. So tragen sie ihn durch das Tor, das sich hinter ihnen wieder schließt. Er hat in seiner Wut das Ghetto zerstört, aber er ist zum Symbol ihres Kampfes geworden. Auf dem geschlossenen Tor erscheint riesig der Davidstern.

Eine berühmte Klassikeraufführung des Deutschen Theaters enthält eine in ihrer feierlichen Monumentalität vergleichbare Schlußszene. In Reinhardts *Hamlet*-Inszenierung von 1909, bei der Paul Wegener den König Claudius spielte, wird der tote Hamlet, verkörpert von Alexander Moissi, von seinen Kameraden hoch über ihre Köpfe erhoben hinausgetragen. Der Körper Moissis ist dabei – für einen Toten völlig untypisch – gespannt wie ein Bogen. Der vom Schauspieler künstlich erzeugten Spannung entspricht in der Filmszene die Starre der leblosen Golemfigur. Beide Inszenierungen lassen die Gruppe in überhöhender Stilisierung die klassische Geste der Aufbahrung zelebrieren.

Die von Sympathie und Respekt getragene Gestaltung der Golemfigur und der jüdischen Kultur insgesamt läßt zwei bemerkenswerte Besonderheiten Paul Wegeners erkennen: einmal die Faszination durch das Andersartige und Geheimnisvolle, eine Neigung, die ihm auch exotische Kulturen anziehend machte. Da aber Juden mit ihrer besonderen Religion und Kultur seit Jahrhunderten neben und in der eigenen leben, hat ihre Fremdartigkeit zugleich etwas Altvertrautes, gehört zur eigenen Geschichte; und so ist Wegeners jüdische Vorliebe, die ihn zu jahrelanger Auseinandersetzung veranlaßte, eine Faszination durch das Fremde im Heimatlichen. Im Bild Prags, das für ihn zentrale Bedeutung hatte, mischen sich Sympathien für deutsche, tschechische und jüdische Geschichte.

Die andere Besonderheit ist seine humanistische Grundeinstellung. Sie ließ ihn die verschiedenen Völker und Kulturen gerade in ihrer Eigenart lieben, Gegensätze in ihrer Spannung erfassen, ohne ihren Charakter zu verwischen, jede Erscheinung auch von der anderen Seite her sehen. Das gleiche Bestreben machte ihm jeden Fanatismus verdächtig und ließ ihn in den politischen Wechselfällen der Zeit eine noble Unabhängigkeit wahren und zugleich Engagement für Vernunft und Gerechtigkeit entwickeln.

Lebende Buddhas – eine Bilderserie

Lebende Buddhas ist der letzte aus der Reihe der Filme, die Paul Wegener als Autor, Hauptdarsteller und Regisseur verantwortet hat. Die rasante Handlung, »die so spannend ist, daß mir, dem reichlich Abgebrühten, der Schweiß ausbrach«, wie der Filmkenner und Herausgeber des *Kinobuches*, Kurt Pinthus, bekannte (*Das Tagebuch*, 1924), sollte die Quintessenz von Wegeners langjähriger Beschäftigung mit ostasiatischer Kultur vermitteln, sein philosopisches Vermächtnis, erwachsen aus der Spannung zwischen europäischem Rationalismus und uralter, von Mythen und Geheimnissen bestimmter fernöstlicher Tradition.

In Bilder umgesetzt wurden diese Vorstellungen von drei bedeutenden Filmbildgestaltern der zwanziger Jahre, den Kameraleuten Guido Seeber, Reimar Kuntze – neben dem weniger namhaften Josef Rona – und dem Filmavantgardisten Walter Ruttmann, der für die »Formenspiele« verantwortlich zeichnet, die Tricks, soweit sie ins Abstrakte übergehen. Für den Ort der Handlung hatte Hans Poelzig chinoise Bauten und bizarre Felsenbilder ins Endlose gestellt – im Kontrast zu europäischen Verkehrsmitteln, Straßen und Interieurs.

Der Film hatte ein merkwürdiges Schicksal. Fertiggestellt schon 1923 unter den schwierigen Bedingungen der Inflation, wurde er nach der Uraufführung zurückgezogen und kam erst 1925 kurz ins Kino, um bald darauf auf mysteriöse Weise zu verschwinden. Da von dem Film nur ein größeres Fragment im Prager Filmmuseum und geringe Filmreste aus dem Nachlaß Guido Seebers im Filmmuseum Berlin erhalten sind, haben Photoserien von *Lebende Buddhas* besondere Bedeutung, um eine Vorstellung von dem Werk zu gewinnen: in der Plansammlung der TU Berlin, im Deutschen Filminstitut, Frankfurt am Main, und im Filmmuseum Berlin. Mit einer Auswahl von vorwiegend erst vor kurzem von den Erben Wegeners der Öffentlichkeit zugänglich gemachten und bisher unveröffentlichten Photos wird hier der Versuch gemacht, in einer dem Gang der Handlung folgenden Reihe von Bildern den optischen Reiz dieses verlorenen Kleinods zu beschwören.

1. Eine europäische Expedition in Tibet kreuzt den Weg vcn asiatischen Reisenden. Der Charakter der tibetischen Gruppe enthüllt sich den britischen Forschern mit ihren Trägern nicht auf den ersten Blick.
2. Bei der Begegnung stellen die Europäer fest: Es sinc Wächter und Bewachte. Bogenschützen führen festlich geschmückte Menschen mit sich, unter ihnen eine junge Frau, die ihren wachen Blick voller Hoffnung auf die Fremden richtet. Diese halten mit kolonialer Geste die asiatische Gruppe auf, deren geduckte Erscheinung in der Landschaft zu verschwimmen scheint.

3. Die Eskortierten sind als Menschenopfer für das Fest »der schrecklichen Göttin« Kurukulle bestimmt. Im Tempel werden sie von den Priestern mit höchster Verehrung empfangen. Ihre Eskorte bringt zugleich die Nachricht vom Herannahen der Fremden.
4. Die Priester betreten das Zelt des Großlamas, der aus Anlaß des Opferfestes in das Tempeldorf gekommen ist.

5. Der Geograph Campbel und der Sprachwissenschaftler Smith wollen die seltene Gelegenheit wahrnehmen, das religiöse Fest zu beobachten. Doch die Tibeter fühlen sich gestört und setzen die Beobachter fest. Nach der Entscheidung des Großlamas dürfen sie aber am Ort bleiben, wenn sie das zugewiesene Quartier nicht verlassen.
6. Wissenschaftliche Neugier und menschliches Mitgefühl veranlassen Smith, entgegen seinem Versprechen an dem Fest teilzunehmen. In tibetischer Kleidung schleicht er sich hinter dem Rücken des Wächters in den Tempelbezirk.

7. Von weither kommen die Gläubigen, um an der religiösen Zeremonie teilzunehmen. Erste Gruppen sammeln sich auf dem Tempelvorplatz.
8. Im ummauerten Hof hinter dem Tempel finden die Opferungen statt, wie sie in der heiligen Schriftrolle, dem Sutra, gefordert werden. Zum Zeremoniell gehört auch das Gebet der Mönche.

9. Mit suggestiver Gewalt versuchen die Priester, bei den Opfern die Bereitschaft zum Tode zu erzeugen. rJeb-sun, der erste Schüler und Adept des Großlamas, hat aber mit seiner beschwörenden Geste keinen Erfolg bei der jungen Frau. Sie nimmt Kontakt zu dem eingedrungenen Smith auf, der ihr zur Flucht verhilft.
10. Auch der grimmige Wächter wird sie nicht hindern können.

11. Im Hintergrund einer Höhle umgeben Priester in hierarchischen Reihen den Großlama, wie er vor dem Altar der Kurukulle das Opferritual zelebriert.
12. Das letzte Opfer soll die junge Frau sein.

13. Im Rausch von Drogen, Musik und rasenden rituellen Tänzen erreicht das Fest seinen Höhepunkt.
14. Der Vortänzer benutzt seinen totenkopfgeschmückten Hut manchmal wie eine Maske.

15. Während im ekstatischen Taumel alle von dem aufputschenden, mit Blut vermischten Opfertrank zu sich nehmen, wird Smith an seinem Ekel als Fremder erkannt. Die in ihren religiösen Gefühlen gekränkte Menge reißt ihm die tibetischen Kleider vom Leibe und will ihn töten.
16. Smith wird von den Priestern verhört.
17. Das orgiastische Fest des Blutrauschs und der Raserei endet in allgemeiner Bewußtlosigkeit. So können Campbel und die befreite Tibeterin mit der heiligen Schriftrolle entfliehen.

18. Am nächsten Morgen meldet rJeb-sun, der junge Lama, dem Großlama den Diebstahl des Sutra und die Flucht des Fremden mit dem letzten Opfer.
19. Die Prozession der Mönche eröffnet den Gerichtstag.
20. Im mauerumschlossenen Hof führen Wächter den gefangenen Smith durch die Reihen der geduckt hockenden Mönche zur Verhandlung.

21. rJeb-sun klagt den Fremden vor dem Gericht des Großlamas an, die heilige Schriftrolle gestohlen zu haben. Smith kontert mit den von den Tibetern bestrittenen Menschenopfern. Der Großlama, der Konflikte mit der Kolonialmacht fürchtet, schenkt ihm das Leben.
22. Daraufhin rebellieren die in ihrem religiösen Selbstwertgefühl schwer gekränkten Mönche. Ihr Fanatismus verlangt ein Opfer.
23. Nur mit Mühe kann der Großlama die Gewalt der Massenhysterie stoppen und eine Revolte der fanatisierten Mönche verhindern. Er setzt seine magischen Kräfte ein, und die Göttin scheint in Feuer und Rauch sich in ihm zu manifestieren.

24. Doch der Großlama sorgt sich um den Schutz der religiösen Geheimnisse, die die Schriftrolle enthält. Er schickt den Astralleib seines Schülers rJeb-suns aus, um die nach Europa reisenden Flüchtigen zu verfolgen, und überträgt ihm die magische Kraft der Seelenwanderung und die Fähigkeit, Erinnerungen schwinden zu lassen. rJeb-sun konzentriert sich darauf, die junge Frau zu finden und das geheime Wissen aus ihrem Gedächtnis zu löschen.
25. In seiner Bibliothek betrauert Campbel zusammen mit Smiths Bruder den für tot gehaltenen Kollegen.
26. Bald danach ist der freigelassene Smith in seine Heimat zurückgekehrt und wird von Campbel freudig begrüßt. Aber mit ihm kommt rJeb-sun, der vom Großlama beauftragt ist, die Schriftrolle wiederzuerlangen. An Smith ist der Aufenthalt bei den Tibetern nicht spurlos vorübergegangen; er bittet seinen Kollegen, das Heiligtum zurückzugeben.

27. Seelenwanderung.
28. Londoner Fremdenviertel.
29. Durch Smiths beginnende Arbeit an der Übersetzung des Sutra sieht der Großlama seine Geheimnisse in Gefahr. Er verlegt deshalb auch seinen eigenen Aufenthalt in das Londoner Fremdenviertel. Wieder erhebt sich der Astralleib des jungen Lama und wandert durch das nächtliche London zum Meister, der ihn ruft.

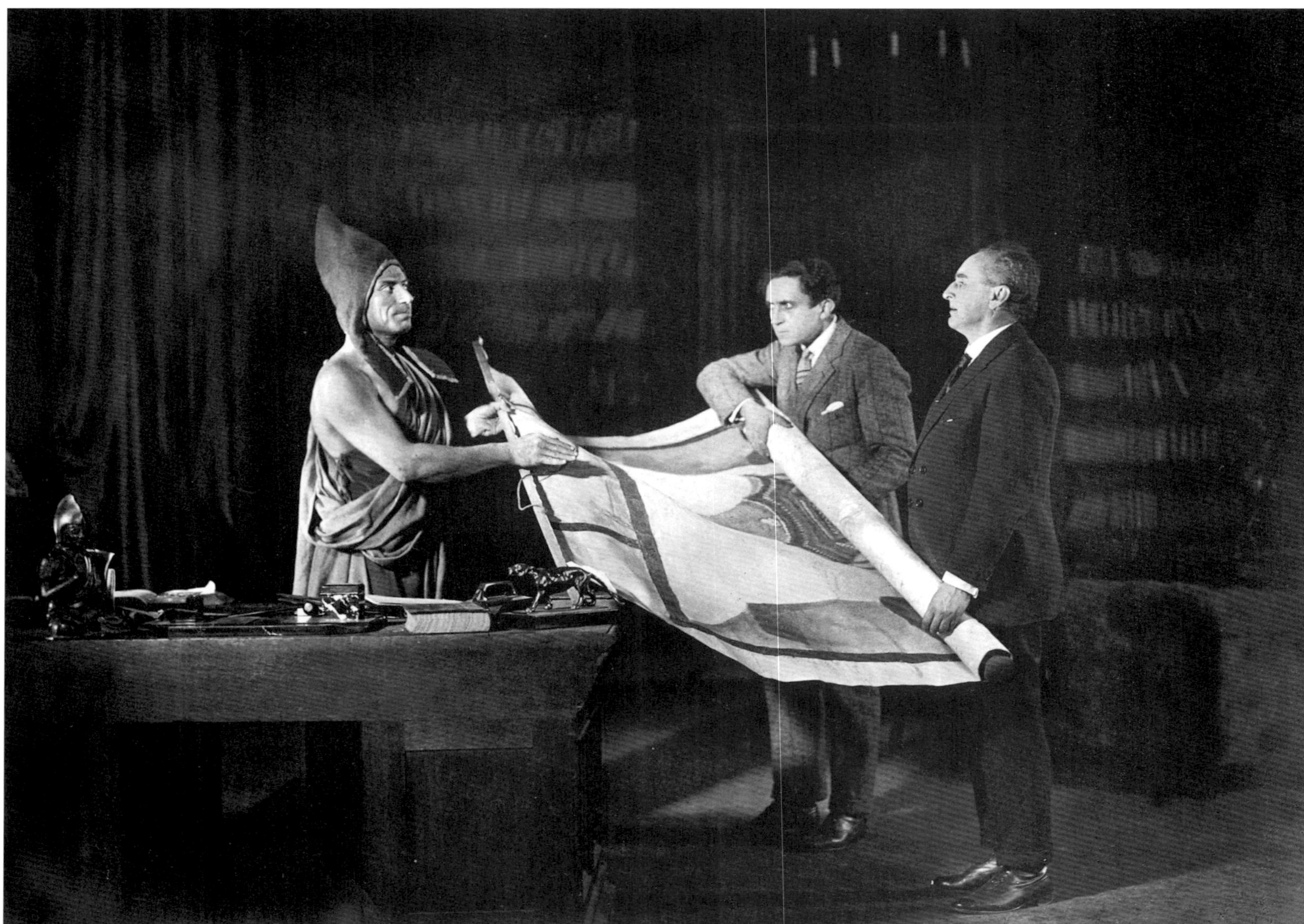

30. Der Großlama schickt seinen Schüler zu den europäischen Partnern mit einem Gemälde als Gastgeschenk. Es stellt eine Landschaft mit kleinem Tempel dar, in den der Großlama auf geheimnisvolle Weise selbst eingegangen ist und sich verborgen hält. In Blickkontakten manifestieren sich die unterschiedlichen Positionen, auch zwischen den Europäern.
31. Noch dauert der Kampf um die Schriftrolle an, noch befindet sich die Tibeterin im Schutz des europäischen Hauses. Aber schon ist Smith der magischen Gewalt erlegen. Der Großlama kann sich seinen Besitz zurückholen und verschwindet mit dem Sutra, der Frau und seinem Schüler durch das gemalte Tempeltor.

Anmerkungen

[1] Gerhard Lamprecht, Interview mit Rochus Gliese, 11. 8. 1956, Filmmuseum Berlin – Deutsche Kinemathek, Schriftgutarchiv, Tonträgersammlung, Kassette 200.
[2] Paul Wegener, »Warum ich für den Film spiele«, in: *Wissen, Können, Wollen. Mitteilungen und Beiträge aus dem Archiv für Bibliographie*, 1914. Berlin, Märkisches Museum, Teilnachlaß Paul Wegener.
[3] Paul Wegener, »Die künstlerischen Möglichkeiten des Films«, in: Kai Möller, *Paul Wegener. Sein Leben und seine Rollen*, Hamburg 1954, S. 110/111.
[4] Möller, a. a. O. (Anm. 3), S. 112.
[5] Möller, a. a. O. (Anm. 3), S. 111.
[6] Heinz Steike, *Paul Wegener – der Mann, der Golem war*, Fernsehsendung, Bayerischer Rundfunk, 19. 2. 1984.
[7] Wolfgang Pehnt, *Die Architektur des Expressionismus*, Stuttgart 1973, S. 164.
[8] Etwa die Autoren von *Das Kinobuch*, 1914 von Kurt Pinthus herausgegeben.
[9] Filme von Stellan Rye: *Det blaa Blod*, 1912; *Denn alle Schuld rächt sich auf Erden*, 1913; *Der Student von Prag*, 1913; *Evinrude, die Geschichte eines Abenteurers*, 1913; *Gensdarm Möbius*, 1914; *Ein Sommernachtstraum in unserer Zeit*, 1914; *Die Eisbraut*, 1914; *Kadra Safa*, 1914; *Die Augen des Ole Brandis*, 1914; *Der Prinzenraub*, 1914; *Der Flug in die Sonne*, 1914; *Der Ring des schwedischen Reiters*, 1914; *Erlkönigs Tochter*, 1914; *Das Haus ohne Tür*, 1914; *Bedingung – kein Anhang oder Serenissimus lernt Tango*, 1914.
[10] Paul Schurek, *Begegnung mit Ernst Barlach*, Hamburg 1936, S. 36.
[11] Paul Wegener, »Mein Werdegang«, in: Möller, a. a. O. (Anm. 3), S. 13.
[12] Möller, a. a. O. (Anm. 3), S. 41.
[13] *Golem! Danger, Deliverance and Art*, Ausstellungskatalog, New York (The Jewish Museum) 1988.
[14] Fritz Kortner, *Aller Tage Abend*, München 1959, S. 104.
[15] Ursel Berger, *Das Kronprinzensilber*, Ausstellungskatalog, Berlin (Georg-Kolbe-Museum) 1982.
[16] Otto Rank, »Der Doppelgänger«, 1914, in: Jens Malte Fischer (Hrsg.), *Psychoanalytische Literaturinterpretation, Aufsätze aus Imago*, Tübingen 1980.
[17] Wolfgang Pehnt, a. a. O. (Anm. 7), S. 37 ff. und S. 75 ff.
[18] Paul Wegener, »Die künstlerischen Möglichkeiten des Films«, Möller, a. a. O. (Anm. 3), S. 110.
[19] Jetzt im Prinzenhof des Schlosses Cecilienhof in Potsdam.
[20] Paul Wegener, *Herzog Ferrantes Ende*, Filmmuseum Berlin – Deutsche Kinemathek, Schriftgutarchiv.
[21] Lotte-Reiniger-Bibliographie (Auswahl): *Lotte Reiniger. Eine Dokumentation*, hrsg. von der Stiftung Deutsche Kinemathek, H. 14, Berlin 1969; *Lotte Reiniger – Silhouettenfilm und Schattentheater*, Ausstellungskatalog, München (Puppentheatermuseum im Münchner Stadtmuseum) 1979; Lotte Reiniger, *Schattentheater Schattenpuppen Schattenfilm*, Tübingen 1981; Walter Schobert, »Die Kunst der Lotte Reiniger, Interview 1969«, in: *Lotte Reiniger, David W. Griffith, Harry Langdon*, hrsg. vom Kommunalen Kino Frankfurt am Main, Oberhausen 1972; *Lotte Reiniger. Schauspielersilhouetten, Mozart-Opern, Andersenmärchen. Aspekte eines Lebenswerks*, Ausstellungskatalog, Tübingen (Kulturamt der Stadt Tübingen) 1982 (*Tübinger Katalog*, Nr. 17); Alfred Happ, »Als die Schatten laufen lernten«, *Die Waage* (Stolberg/Rhld.), Nr. 2, Bd. 29, 1990; Christel und Hans Strobel, *Lotte Reiniger. Materialien zu ihren Märchen- und Musikfilmen*, Duisburg 1988.
[22] Steike, a. a. O., (Anm. 6).
[23] Viele von ihnen sind veröffentlicht: außer in dem Tübinger Katalog, vgl. Anm. 21, in der Sammlung von Theateranekdoten – Hellmuth Krüger, *Das Loch im Vorhang*, Berlin 1920.
[24] Wegener erreichte seinen Durchbruch als Theaterschauspieler mit der Rolle des alten Bauern in Gimmerthals *Die Aschenbachs* bei einem Gastspiel in Berlin am 22. November 1905.
[25] Die Originale der genannten Silhouetten befinden sich im Lotte-Reiniger-Nachlaß, der von dem Pfarrer Alfred Happ in Dettenhausen, wo Lotte Reiniger zuletzt gelebt hat, in die Obhut der Stadt Tübingen übergegangen ist. In dem Tübinger Katalog Nr. 17 (Anm. 21) sind sie veröffentlicht.
[26] Die Originale von fünf der sieben Silhouetten (*Die Mäuseplag*, *Der Zauber*, *Das Hochgericht*, *Die Rache und Ende*) befinden sich in der Bibliothèque de l'Image Filmothèque, Paris.
[27] Lotte Reinigers Mozartfilme: *Zehn Minuten Mozart*, 1930, zu *Eine kleine Nachtmusik* und Motiven aus *Cosi fan tutte*; *Papageno*, 1935, nach Motiven aus *Die Zauberflöte* und *The Seraglio* nach Motiven aus *Die Entführung aus dem Serail*, 1958.
[28] Luciano Berriatúa, *Los proverbios chinos di F. W. Murnau*, Madrid 1995, Bd. I, S. 171.
[29] *Der Kunstwart* (Berlin), Jg. 26 (1913), H. 4.
[30] H. E. Schomburg und G. Koetschau (Hrsg.), *Das Wandervogelbuch*, Oranienburg 1917, S. 107.
[31] Lotte Reiniger, *Schattentheater Schattenpuppen Schattenfilm*, Tübingen 1981.
[32] Lamprecht, a. a. O. (Anm. 1).
[33] Jean-David Jumeau-Lafond, *Die Maler der Seele. Der idealistische Symbolismus in Frankreich*, Ausstellungskatalog, Chemnitz (Kunstsammlungen Chemnitz) 2001, S. 9–17.
[34] Leonhard M. Fiedler (Hrsg.), *Grete Wiesenthal, Die Schönheit der Sprache des Körpers im Tanz*, Salzburg und Wien 1985, S. 130.
[35] Lamprecht, a. a. O. (Anm. 1).
[36] Wolfgang Pehnt, »Verführung durch Hellerau«, *Frankfurter Allgemeine Zeitung*, 1995, Nr. 133.
[37] Zitiert nach: Detlef Schneider, »Orpheus tanzt rhythmisch. Kunst und Leben in Hellerau«, *Museumsjournal* (Museumspädagogischer Dienst Berlin), Jg. 8 (1994), Heft 2, S. 13.
[38] Der später so genannte »Ausdruckstanz« wurde anfangs auch als »Freier Tanz«, »Künstlerischer Tanz«, auch als »German Dance« bezeichnet, obwohl er eine internationale Erscheinung war. Ausgelöst wurde sie von den Tourneen der Amerikanerinnen Loïe Fuller und Isidora Duncan; auch aus Rußland kamen Impulse (Nijinski, Diaghilew mit dem Ballet Russe). Ausgehend von einzelnen Zentren (Emile Jaques-Dalcroze, Hellerau; Rudolf von Laban, Ascona, München, Zürich; Mary Wigman und Gret Palucca, Dresden) mündete der Ausdruckstanz in den zwanziger Jahren in eine breite Tanzbewegung. Das »Dritte Reich« vernichtete sie fast, auch durch Pervertierung. Vgl.: Gunhild Oberzaucher-Schüller (Hrsg.), *Ausdruckstanz. Eine mitteleuropäische Bewegung der ersten Jahrhunderthälfte*, Wilhelmshaven 1993.
[39] Diese Szene ist nur in der Fassung des Bundesarchivs, Berlin, Filmarchiv, enthalten.
[40] Zitiert nach: Lothar Brieger, *E. M. Lilien*, Berlin und Wien 1922.
[41] *Vom deutschen Jugendwandern*, Berlin 1930, S. 61.
[42] Paul Wegener, *Rübezahls Hochzeit*, Drehbuch, Filmmuseum Berlin – Deutsche Kinemathek, Schriftgutarchiv.
[43] Zum Verständnis trägt auch Rochus Glieses Schilderung der Vorstandssitzungen der PAGU bei, deren Vorsitzender zu Wegener absolutes Vertrauen hatte: Davidsohn »schlief nach zwanzig Minuten fest ein, wachte am Ende auf, erklärte es für großartig, und es war angenommen.« Vgl. Anm. 1.
[44] Paul Wegener, *Flandrisches Tagebuch*, Berlin 1933.
[45] Jan Pieper, »Semilassos letzter Weltgang. Der Totenhain des Fürsten Pückler-Muskau in Branitz«, *Daidalos* (Berlin), Heft 38, 15. Dezember 1990, S. 60–79.
[46] Edward Gordon Craig, *Towards a New Theatre*, New York 1969 (zuerst publiziert New York und Toronto 1913), S. 40, 43, 44, 46.
[47] Denis Bablet, *Edward Gordon Craig*, Köln und Berlin 1965, S. 107 ff.
[48] Craig, a. a. O. (Anm. 46), S. 27.
[49] Paul Wegener, »Mein Werdegang«, in: Möller, a. a. O. (Anm. 3), S. 23.
[50] Zitiert nach einer Vorbemerkung von Kai Möller zu: Paul Wegener, *Herzog Ferrantes Ende*, Drehbuch, Filmmuseum Berlin – Deutsche Kinemathek, Schriftgutarchiv.
[51] Möller, a. a. O. (Anm. 3), S. 182.
[52] Paul Wegener, *Der Galeerensträfling*, Drehbuch, Filmmuseum Berlin – Deutsche Kinemathek, Schriftgutarchiv.
[53] Paul Wegener, *Hans Trutz im Schlaraffenland*, Drehbuch, Filmmuseum Berlin – Deutsche Kinemathek, Schriftgutarchiv, und Bundesarchiv, Berlin, Filmarchiv.
[54] Heide Schönemann, »Verschlüsselte historische Porträts im deutschen Stummfilm«, in: Britta Hartmann, Eggo Müller, *Dokumentation des 7. film- und fernsehwissenschaftlichen Kolloquiums Potsdam-Babelsberg 1994*, Berlin 1995, S. 61 ff.
[55] Als Beispiel sei genannt: Karl Bauer, *Martin Luther*, Farbholzschnitt, *Die Jugend* (München), 1903.
[56] *Neues vom Weisskunig. Geschichte und Selbstdarstellung Kaiser Maximilians I. in Holzschnitten*, Ausstellungskatalog, Stuttgart (Staatsgalerie Stuttgart) 1994.
[57] Berriatúa, a. a. O. (Anm. 28), Bd. 1, S. 169.
[58] Möller, a. a. O. (Anm. 3), S. 182.
[59] Paul Wegener, »Meine chinesische Sammlung«, in: Möller, a. a O. (Anm. 3), S. 132–134.
[60] Aenny Hindermann-Wegener, *Lied eines Lebens. Wegstrecken mit Paul Wegener*, Minden 1950, S. 120.
[61] Paul Wegener, *Der Yoghi / Das Haus des Yoghi*, Drehbuch, Filmmuseum Berlin – Deutsche Kinemathek, Schriftgutarchiv.

62 Christian Morgenstern, *Der Rock*, in: ders., *Alle Galgenlieder*, Wiesbaden 1947, S. 144.
63 Friedrich Wolf, *Elemente*, Ludwigsburg 1922.
64 Michail Bulgakow, *Der Meister und Margarita*, Berlin 1968.
65 Lamprecht, a. a. O. (Anm. 1).
66 Christian Morgenstern, *Das Knie*, a. a. O. (Anm. 62), S. 38.
67 Johann Gottfried Seume, *Der Wilde*, in: ders., *Prosaische und poetische Werke*, Berlin o. J., Bd. 5, S. 59.
68 Ferdinand Freiligrath, *Werke in einem Band*, Berlin 1967, S. 7.
69 Paul Wegener, »Meine chinesische Sammlung«, a. a. O. (Anm. 59), S. 134.
70 Mir war nur der Ausschnitt zugänglich, den H. Steike im Bayerischen Rundfunk gesendet hat, vgl. Anm. 6.
71 Zitiert nach Peter Warthmüller, »Paul Wegener – dämonischer Koloß«, in: Knut Hickethier (Hrsg.), *Grenzgänger zwischen Theater und Kino. Schauspielerporträts aus dem Berlin der zwanziger Jahre*, Berlin 1986, S. 80.
72 Edward Gordon Craig, *A Note on Masks*, 1907; ders., *Der Schauspieler und die Über-Marionette*, 1907.
73 Anneliese Keilhauer, *Hinduismus*, Stuttgart 1979, S. 124; Heinrich Zimmer,. *Indische Mythen und Symbole*, Düsseldorf und Köln 1972, S. 236.
74 Suzanne Perrottet, *Ein bewegtes Leben*, bearbeitet und ausgewählt von J. Wolfensberger, Bern 1990, S. 168.
75 Siegfried Kracauer, »Das Ornament der Masse«, *Frankfurter Zeitung*, 9. / 10. 6. 1927, zitiert nach: *Sport Körper Bewegung,* Berlin 1963.
76 Eduard Mörike, *Sämtliche Werke in 6 Bänden*, hrsg. von R. Krauß, Leipzig o. J. , Bd. 6, S. 67 ff.
77 *Hoffmanns Werke*, hrsg. von Viktor Schweizer und Paul Zaunert, Leipzig und Wien 1896, Bd. 1, S. 83.
78 Paul Wegener an Karl With, 16. 9. 1946, Akademie der Künste, Berlin, Sammlung Kai Möller.
79 Hans Brandenburg, *Der moderne Tanz*, München o. J., S. 37.
80 Wolfgang Pehnt, »Verführung durch Hellerau«, a. a. O. (Anm. 36).
81 Möller, a. a. O. (Anm. 3), S. 122.
82 Zitiert nach: Claudia Dillmann, »Die Wirkung der Architektur ist eine magische. Hans Poelzig und der Film«, in: *Hans Poelzig, Bauten für den Film*, Ausstellungskatalog, Frankfurt am Main (Deutsches Filminstitut) 1997, S. 62.
83 *Schock und Schöpfung. Jugendästhetik im 20. Jahrhundert*, Stuttgart 1986, S. 388.
84 Kai Möller, »Paul Wegeners ›Films‹«, in: Möller, a. a. O. (Anm. 3), S. 120.
85 Wolfgang Pehnt, a. a. O. (Anm.7), S. 17 ff. und S. 155.
86 Günther Feuerstein, *Androgynos. Das Mann-Weibliche in Kunst und Architektur*, Stuttgart und London 1997, S. 120 ff. und S. 168 ff.
87 Florian Zimmermann (Hrsg.), *Der Schrei nach dem Turmhaus. Der Ideenwettbewerb Hochhaus am Bahnhof Friedrichstraße Berlin 1921/22*, Berlin 1988.
88 Pehnt, a. a. O. (Anm. 7), S. 121.
89 Hans Poelzig, »Festspielhaus in Salzburg. Ein Vorprojekt und eine Ansprache von Hans Poelzig«, in: Julius Posener (Hrsg.), *Hans Poelzig. Sein Leben, sein Werk*, Braunschweig und Wiesbaden 1994.
90 Gustav Meyrink, *Das grüne Gesicht. Ein okkulter Schlüsselroman*, München 1983, S. 11.
91 Pehnt, a. a. O. (Anm. 7), S. 50–52; Heinrich de Fries, »Raumgestaltung im Film, *Wasmuths Monatshefte* (Berlin), Jg. 5, 1920, H. 1/2, S. 81.
92 Hans Sedlmayr, *Die Entstehung der Kathedrale*, zitiert nach: Hans-Joachim Kunst, Anm. 96.
93 Ilona Brennicke und Joe Hembus, *Klassiker des deutschen Stummfilms 1910–1930*, München 1983, S. 68.
94 Zitiert nach: *Frühlicht in Beton. Das Erbbegräbnis Wissinger von Max Taut und Otto Freundlich in Stahnsdorf*, Berlin 1989, S. 52.
95 Georg Forsters Beschreibung des Kölner Domchors in: *Ansichten vom Niederrhein*, 1790; Friedrich Schlegel, *Grundzüge der gotischen Baukunst*, 1804/05.
96 Hans-Joachim Kunst, »Die Vollendung der romantischen Gotik im Expressionismus – die Vollendung des Klassizismus im Funktionalismus«, in: *Kritische Berichte. Mitteilungen des Ulmer Vereins*, Jg. 7 (1979), H. 1.
97 Matthias Schirren, »Allbeseelung, Phantastik und Anthropomorphisierung«, in: *Kristallisationen, Splitterungen. Bruno Tauts Glashaus*, Ausstellungskatalog, Berlin (Werkbund-Archiv) 1993, S. 76.
98 Pehnt, a. a. O. (Anm. 7), S. 70.
99 Beate Rosenfeld, *Die Golemsage und ihre Verwertung in der deutschen Literatur*, Dissertation, Breslau 1934.
100 Nach einer Bemerkung in der Jan-Moeller-Sammlung des Märkischen Museums, Berlin.
101 Gershom Scholem, *Zur Kabbala und ihrer Symbolik*, Zürich 1963.
102 Gershom Scholem, ebd., S. 217.
103 Achim von Arnim, *Isabella von Ägypten. Karls V. erste Jugendliebe*, 1812.
104 Arthur Holitscher, *Der Golem*, Berlin 1908.
105 Gustav Meyrink, *Der Golem*, 1915.
106 Jüdel Rosenberg (nach anderen Angaben Juda R.), *Die Wunder des Rabbi Löw*, nach 1888; Beate Rosenfeld, a. a. O. (Anm. 99), S. 28.
107 Rosenfeld, a. a. O. (Anm. 99), S. 34.
108 Otto Bartning, Sternkirche, 1921/22; Peter Behrens, Verwaltungsgebäude der IG Farben, Höchst, 1920–24; Wassili Luckhardt und Rudolf Belling, Reklamebau an der Avus, 1922/23; Walter Würzbach und Rudolf Belling, Weinrestaurant Scala, Berlin 1921. Vgl. Pehnt, a. a. O. (Anm. 7), S. 39.
109 Pehnt, a. a. O. (Anm. 7), S. 44.
110 *Das Kunstblatt* (Dresden), 9. Jg. (1912), S. 374.
111 Ernst Barlach, *Seespeck*, Rostock 1962, S. 146.
112 Rolf Aurich, Wolfgang Jacobsen und Gabriele Jatho (Hrsg.), *Künstliche Menschen*, Ausstellungskatalog, Berlin (Filmmuseum Berlin – Deutsche Kinemathek) 2000.
113 »Die Geschichte vom Golem kenne ich seit Kindstagen ... Es war das Stumme, Dienende, was mich damals zuerst ergriffen hat«, zitiert nach einer Vorbemerkung zu *Der Golem, wie er in die Welt kam* von Kai Möller, Filmmuseum Berlin – Deutsche Kinemathek, Schriftgutarchiv.
114 Greta Schröder, die Darstellerin des Rosenmädchens, Paul Wegeners spätere Ehefrau, gab über die Entstehung dieser Episode in einem Interview mit Gerhard Lamprecht Auskunft: Filmmuseum Berlin – Deutsche Kinemathek, Schriftgutabteilung, Tonträgersammlung, Kassette 115.
115 Arnold Zweig, »Der Golem«, *Die Schaubühne* (Berlin), Jg. XI (1915), Bd. 1, S. 224–228.
116 Rosenfeld, a. a. O. (Anm. 99), S. 92 und 97.
117 Ebd., S. 80.
118 Gershom Scholem, a. a. O. (Anm. 101), S. 286.
119 Zur Debatte um Werner Sombarts *Die Juden im Wirtschaftsleben*, 1911, und die von dem Zionisten Moritz Goldstein ausgelöste »Kunstwartdebatte«, 1912, vgl.: Inka Bertz, »Propheten und Ostjuden«, in: Jakob Steinhardt, *Der Prophet*, Ausstellungskatalog, Berlin (Jüdisches Museum im Berlin Museum) 1995, S. 65 ff.

Bibliographie

Aurich, Rolf, Wolfgang Jacobsen und Gabriele Jatho (Hrsg.), *Künstliche Menschen. Manische Menschen, kontrollierte Körper*, Berlin (Filmmuseum Berlin – Deutsche Kinemathek) 2000.

Berriatúa, Luciano, *Los Proverbios chinos di F. W. Murnau*, Madrid (Filmoteca Espagnola) 1995.

Bilsky, Emily D., u. a. (Hrsg.), *Golem! Danger, Deliverance and Art*, Ausstellungskatalog, New York (The Jewish Museum) 1988.

Boese, Carl, »Erinnerungen an die Entstehung und an die Aufnahmen eines der berühmtesten Stummfilme: Der Golem«, Typoskript, Deutsches Filminstitut, veröffentlicht in: *Künstliche Menschen*, a. a. O.

Brennicke, I., und J. Hembus, *Klassiker des deutschen Stummfilms 1910–1930*, Hamburg 1984.

Diederichs, Helmut H., *Der Student von Prag. Einführung und Protokoll*, Stuttgart 1985 (*Focus Filmtext*, 2)

Der dramatische Raum. Hans Poelzig – Theater, Malerei, Film, Ausstellungskatalog, Krefeld (Krefelder Kunstmuseen) 1986.

Der Regisseur und Schauspieler Paul Wegener, Ausstellungskatalog, München (Filmmuseum im Münchner Stadtmuseum), o. J.

Drexler, Peter, »Geheimnisvolle Welten: *Der Student von Prag*«, in: Werner Faulstich und Helmut Korte, *Fischer Filmgeschichte*, Bd. 1, Frankfurt am Main 1994.

Fiedler, Leonhard M., *Max Reinhardt*, Reinbek bei Hamburg 1975.

Fries, Heinrich de, »Raumgestaltung im Film«, in: *Wasmuths Monatshefte für Baukunst*, 5. Jg., (1920/21), H. 3–4.

Goldstein, Ludwig, *Paul Wegener, Bilderhefte des deutschen Ostens*. Königsberg o. J.

Hans Poelzig, Bauten für den Film, Ausstellungskatalog, Frankfurt am Main (Deutsches Filminstitut) 1997.

Jhering, Herbert, *Von Josef Kainz bis Paula Wessely,* Heidelberg, Berlin und Leipzig 1942.

In Berlin produziert: Vierundzwanzig Firmengeschichten, Materialien im Rahmen der Ausstellung *Berlin – Berlin*, Berlin (Stiftung Deutsche Kinemathek) 1987.

Jacobs, Monty, *Paul Wegener*, Berlin o. J. (*Der Schauspieler*, Bd. 6).

Jörg, Holger, *Sagenhafte und märchenhafte Leinwand*, Dissertation, Freiburg 1994.

Kreimeier, Klaus, *Die Ufa-Story. Geschichte eines Filmkonzerns*, München und Wien 1992.

Lamprecht, Gerhard, *Deutsche Stummfilme*, Berlin 1969.

Ledig, Elfriede, *Paul Wegeners Golemfilme im Kontext fantastischer Literatur*, München 1989 (*diskurs film bibliothek*, Bd. 1).

Licht und Schatten. Scherenschnitt und Schattentheater im 20. Jahrhundert, Ausstellungskatalog, München (Puppentheatermuseum im Münchner Stadtmuseum) 1979.

Lotte Reiniger. Silhouettenfilm und Schattentheater, Ausstellungskatalog, München (Puppentheatermuseum im Münchner Stadtmuseum) 1979.

Möller, Kai, *Paul Wegener. Sein Leben und seine Rollen*, Hamburg 1954.

Müller, Hedwig, und Patricia Stöckemann (Hrsg.), *»... jeder Mensch ist ein Tänzer«. Ausdruckstanz in Deutschland zwischen 1900 und 1945*, Ausstellungskatalog, Berlin 1993 (Akademie der Künste), Köln (Deutsches Tanzarchiv, Theater wissenschaftliche Sammlung), 1993.

Noa, Wolfgang, *Paul Wegener*, Berlin 1964.

Oberzaucher-Schüller, Gunhild (Hrsg.), *Ausdruckstanz. Eine mitteleuropäischen Bewegung der ersten Hälfte des 20. Jahrhunderts*, Wilhelmshaven 1993.

Okkultismus und Avantgarde. Von Munch bis Mondrian 1900–1915, Ausstellungskatalog, Frankfurt / Main (Kunsthalle Schirn) 1995.

Paul Wegener, München 1928 (*Das Filmgesicht*, hrsg. von Wolfgang Martini).

Pehnt, Wolfgang, *Die Architektur des Expressionismus*, Stuttgart 1973; dritte Auflage: Ostfildern 1998.

Pehnt, Wolfgang, »La porta sul prodigioso. Le architetture di Hans Poelzig per il film Der Golem«, *Domus* (Mailand), 688, November 1987, S. 80 ff.

Pfeiffer, Herbert, *Paul Wegener*, Berlin 1957.

Rosenfeld, Beate, *Die Golemsage und ihre Verwertung in der deutschen Literatur*, Dissertation, Breslau 1934.

Scholem, Gershom, *Zur Kabbala und ihrer Symbolik*, Zürich 1960.

Steike, Heinz, *Paul Wegener – der Mann, der Golem war*, Fernsehdokumentation, Bayerischer Rundfunk, 19. 2. 1984.

Steinhardt, Jakob, *Der Prophet*, Ausstellungs- und Bestandskatalog, Berlin (Jüdisches Museum im Berlin Museum) 1995.

Treuner, Hermann (Hrsg.), *Filmkünstler. Wir über uns selbst*, Berlin 1928.

Wegener, Paul, *Der Golem, wie er in die Welt kam, erdacht und ins Werk gesetzt von Paul Wegener*, Berlin 1921.

Warthmüller, Peter, »Paul Wegener – dämonischer Koloß«, in: Knut Hickethier (Hrsg.), *Grenzgänger zwischen Theater und Kino. Schauspielerporträts aus dem Berlin der zwanziger Jahre*, Berlin 1986.

Weinschenk, H. E., *Schauspieler erzählen*, Berlin 1941.

Westheim, Paul, »Eine Filmstadt von Poelzig«, *Das Kunstblatt* (Dresden), 4/11. Jg., 1920, S. 325 ff.

Filmographie

Der Student von Prag
1913
Regie: Stellan Rye
Buch: Hanns Heinz Ewers
Kamera: Guido Seeber
Ausstattung: Robert A. Dietrich nach Entwürfen von Klaus Richter
Musik: Josef Weiß
Darsteller: Paul Wegener, Lida Salmonova, Grete Berger, John Gottowt, Fritz Weidemann, Lothar Körner
Produktion: Deutsche Bioskop GmbH, Berlin
Uraufführung: 22. 8. 1913 in Berlin
1988 Rekonstruktion durch das Filmmuseum Düsseldorf. Kopien im Bundesarchiv, Berlin, Filmarchiv, und im Filmmuseum Düsseldorf
Hanns Heinz Ewers, *Der Student von Prag*, Exposé, Berlin 1913, Heine-Archiv Düsseldorf

Der Student Balduin, ein bewunderter Fechter, hat keine Freude mehr, weder am studentischen Treiben noch an den Tänzen und Zärtlichkeiten der Zigeunerin Lida. Er braucht Geld. Ein geheimnisvoller Fremder, Skapinelli, läßt eine Menge Geld vor ihm springen. Er verspricht, ihn reich zu machen und verlangt als Gegenleistung, etwas aus Balduins dürftiger Studentenbude mitnehmen zu dürfen. Balduin stimmt freudig zu und sieht entsetzt, wie Skapinelli sein Spiegelbild aus dem Spiegel treten läßt und mitnimmt.

Zunächst geht alles gut. Sein Reichtum öffnet ihm die Türen zu höheren Gesellschaftskreisen. Skapinelli verschafft ihm Gelegenheit, die Komtesse Schwarzenberg, der bei der Jagd das Pferd durchgegangen ist, aus dem Wasser zu retten. Er bemüht sich erfolgreich um ihre Sympathie; ihr Verlöbnis mit ihrem Vetter, dem Baron von Waldis-Schwarzenberg, war ohnehin am Zerbrechen. Im Lusthaus der Königin Anna kommt es zu einem Rendezvous, das von der eifersüchtigen Lida belauscht wird. Zu seinem Schrecken begegnet Balduin immer wieder dem Doppelgänger, beim Kartenspiel, beim Rendezvous, und im Spiegel der Komtesse vermißt man sein Spiegelbild. Lida meldet seinen Treubruch dem Baron, der Balduin zum Duell fordert. Der Vater des Barons, ein sehr einflußreicher Herr, macht sich Sorgen, denn Balduin gilt als glänzender Fechter

Er bittet Balduin, seinen Sohn zu schonen – ein Verfahren, das allgemein üblich war. Balduin sagt es zu, aber als er zum Duellplatz kommt, hat sein Doppelgänger den Baron bereits getötet. Damit ist Balduin gesellschaftlich erledigt. Er wird nirgendwo mehr vorgelassen, auch die Komtesse lehnt ihn ab. Gehetzt von seinem Doppelgänger, entschließt sich Balduin, ein Ende zu machen und schießt auf diesen. Der Schuß tötet ihn selbst. Lächelnd zerreißt Skapinelli den Vertrag. Auf Balduins Grab hockt der gespenstische Andere.

Der Golem
1914
Regie: Heinrich (später Henrik) Galeen
Buch: Paul Wegener und Heinrich Galeen
Kamera: Guido Seeber
Ausstattung: Rochus Gliese
Darsteller: Paul Wegener, Lida Salmonova, Albert Steinrück, Heinrich Galeen, Rudolf Blümner, Carl Ebert, Jacob Tiedtge
Produktion: Deutsche Bioskop GmbH, Berlin
Uraufführung: 15. 1. 1914 in Berlin
Verschollen. Fragment in Bundesarchiv, Berlin, Filmarchiv. Nicht vorführbar.
Drehbuch im Filmmuseum Berlin – Deutsche Kinemathek, Schriftgutarchiv, und im Märkischen Museum, Berlin

Bei Tiefbauarbeiten entdecken Bauarbeiter eine alte Lehmfigur. Ein jüdischer Trödler, der alte Aaron, erwirbt sie und stellt sie in seinem Antiquitätenladen aus, ohne ihr Geheimnis zu kennen. Ein armer Gelehrter, der seine Bücher verkaufen muß, um sein Leben zu fristen, verschafft es ihm unwissentlich – in einem der Folianten findet der Trödler die Anleitung, wie die Figur, der Golem des Rabbi Löw, mit Hilfe des »Schem«, der Kapsel mit dem Zauberwort, zum Leben erweckt werden kann. Es gelingt, und in der Schmiede Aarons verrichtet der Golem anschließend die schwersten Arbeiten.

Die leichtfertige Tochter Aarons hat mit einem jungen Grafen eine Liaison angefangen, die der Vater mißbilligt. Er bestellt den Golem zum Hüter der Tochter.

Während der Alte in Geschäften unterwegs ist, erhält die Tochter die Einladung zu einem Maskenball im Schloß. Der Graf schickt ihr das Kostüm durch einen Diener zu. Der Golem erliegt ihren Verführungskünsten; sie reißt ihm den Schem heraus und entflieht. Durch den Gelehrten, der sein letztes Buch verkaufen will, wird der Golem ein zweites Mal erweckt. Der Befehl des Trödlers wirkt noch, er wirft den Gelehrten beiseite und geht hinaus, das Mädchen zu suchen. Der heimkehrende Aaron findet das Haus leer und eilt ebenfalls zum Schloß.

Der Golem findet bei seinem »Nachtgang« mit Überraschung Spaß am Leben, im Park erlebt er viel Neues: Wasser, Rosen, Sterne, Spiegelbilder. Dann sieht er das Mädchen, der Befehl funktioniert wieder, er treibt die entsetzte Hofgesellschaft auseinander. Revolverschüsse und Dolchstiche bleiben wirkungslos. Er verfolgt das Mädchen und den Grafen auf einen Turm, wo es zum Kampf kommt. Dem Mädchen gelingt es, den Schem herauszuziehen, und der Golem zerschellt am Fuße des Turmes.

Inzwischen ist der alte Aaron dazugekommen. Er gibt dem jungen Paar seinen Segen. Einige Jahre später spielt ihr Kind mit den Resten des Golem.

Rübezahls Hochzeit
1916
Buch und Regie: Paul Wegener
Kamera: M. A. Madsen
Ausstattung: Rochus Gliese
Darsteller: Paul Wegener, Lida Salmonova, Marianne Niemeyer (Hedwig Gutzeit), Ernst Waldow, Artur Ehrens, Georg Jacoby, Rochus Gliese, Kinder der Tanzschule Hellerau
Titelsilhouette: Lotte Reiniger
Produktion: Produktions AG Union (PAGU), Berlin
Uraufführung: 1. 10. 1916 in Berlin
Kopien im Deutschen Institut für Filmkunde, Frankfurt / Main und im Bundesarchiv, Berlin, Filmarchiv
Drehbuch im Bundesarchiv, Berlin, Filmarchiv, und im Filmmuseum Berlin – Deutsche Kinemathek, Schriftgutarchiv

Rübezahl, der Geist des Riesengebirges, sitzt schlecht gelaunt auf dem höchsten Gipfel. Er vermißt sein geliebtes »Elfchen«, das sich wieder einmal mit seinen Gespielinnen herumtreibt und sich nicht finden läßt. Mit dem Fernrohr sucht er Wasser, Wald und Luft ab. Schließlich entdeckt er die leichtfüßig über den Waldboden tanzende Schar und verfolgt sie, die ihn foppt, durch Wasser patschen läßt und sich doch immer wieder entzieht. Bei der hexenartigen »Buschgroßmutter« holt er sich Trost; sie verspricht ihm Glück in der Liebe und zeigt ihm im Zauberspiegel das verschwundene Elfchen, das den Hauslehrer des Gutes entzückt im Schoße hält. Vom gewaltigen Schnauben Rübezahls ist er in Ohnmacht gefallen und herumgewirbelt worden wie die ganze gutsherrliche Ausflugsgesellschaft mit Kindern, Gouvernante, Dienerschaft und Picknickkorb. Die Gouvernante zetert über ihr zerrissenes Kleid und kann sich nicht beruhigen, bis der Gutsherr sie hinauswirft. Nun sucht man im Gutshaus eine andere Gouvernante, und weil das Elfchen sich in den Hauslehrer verliebt hat, bewirbt es sich und wird genommen.

Die Kinder lieben die neue Gouvernante – sie kann sogar auf dem Teich tanzen, aber bei Tisch leidet sie mit den Tieren, die auf die Tafel kommen und gegessen werden. Inzwischen ist Rübezahl nicht untätig geblieben. Mit seiner Riesenfaust greift er den Inspektor und läßt ihn verschwinden, damit er selbst sich als Inspektor bewerben kann. Jetzt kann er mit seinen Künsten das Elfchen bezaubern: Den zum Mittagessen aufgetragenen Hecht macht er lebendig und läßt ihn durch das Zimmer zum Fenster hinausschwimmen, und den kümmerlichen Hauslehrer braucht er nur kurz anzuhauchen, dann kommt er nicht mehr in Frage. Schließlich entschweben die beiden Naturgeister durch das Fenster und über die Berggipfel davon: Der Hochzeit steht nun nichts mehr im Wege. In einem großen Zug, voran die Flötenbläser und Kranzträger, dann Rübezahl mit dem Einhorn, auf dem das Elfchen reitet, geleitet die Schar der Zwerge und Elfen das Paar zum Hochzeitsbett auf der Waldwiese, wo musizierende Putten sie erwarten.

Der Yoghi
1916
Buch und Regie: Paul Wegener
Kamera: M. A. Madsen
Ausstattung: Rochus Gliese
Darsteller: Paul Wegener, Lida Salmonova
Produktion: Projektions AG Union (PAGU), Berlin
Uraufführung: 5. 10. 1916 in Berlin
Verschollen. Drehbuch im Filmmuseum Berlin – Deutsche Kinemathek, Schriftgutarchiv

Rasmus, ein junger Naturwissenschaftler, hat sich in seiner Arbeit verrannt und muß einen Erholungsurlaub einlegen. Aus seinem modernen Labor begibt er sich in einen dörflichen Ferienort und sucht

Quartier. Da alles besetzt ist, wird er zu dem Haus des Yoghi gewiesen, der, zurückgezogen, seinen geheimnisvollen Studien nachgeht. Dort mietet er sich ein. Bei dem alten Yoghi lebt ein angenommenes indisches Mädchen, Myra, das er schlecht behandelt, ausbeutet und dem er jeden Kontakt mit der Außenwelt, auf die er keinen Wert legt, verbietet. Rasmus ist von der wundersamen Erscheinung des schweigenden Mädchens fasziniert und versucht, die Geheimnisse der beiden zu entschlüsseln. Es entwickelt sich eine immer wieder von dem Yoghi durch Zaubereien gestörte Liebesgeschichte, in deren Verlauf Rasmus und das Mädchen sich zur Flucht entschließen. Der Yoghi hat mit Hilfe von Tierversuchen ein Mittel entwickelt, das unsichtbar macht, und besitzt daher die merkwürdigsten Möglichkeiten, Rasmus und Myra zu erschrecken. Bei einem dieser Auftritte schießt Rasmus mit dem Revolver auf den Unsichtbaren und verwundet ihn. Er muß zum Arzt gehen, der das Zeichen einer geheimen verbotenen Sekte an ihm entdeckt. Rasmus hat mit Myras Hilfe das Mittel auch gefunden. Als der Yoghi, vom Arztbesuch zurückgekehrt, die Reisevorbereitungen bemerkt und Myra mit dem Messer bedroht, wobei nur dieses zu sehen ist, kommt ihr Rasmus zu Hilfe – zwei Unsichtbare kämpfen miteinander, was außer an Myras erschreckten Reaktionen nur an den dabei bewegten Gegenständen zu verfolgen ist. Inzwischen hat der Arzt die Bauern mobilisiert, die das Haus umstellen. Der in die Enge getriebene Yoghi steckt es in Brand, kommt als Feuersäule heraus und sinkt zusammen.

Der Golem und die Tänzerin

1917
Buch und Regie: Paul Wegener
Kamera: M. A. Madsen
Ausstattung: Rochus Gliese
Darsteller: Paul Wegener, Lida Salmonova, Erich Schönfelder, Emilie Kurz, Wilhelm Diegelmann, Rochus Gliese
Produktion: Projektions AG Union (PAGU), Berlin
Uraufführung: 25. 8. 1917 in Berlin
Verschollen. Einzelne Szenen des Drehbuchs im Filmmuseum Berlin – Deutsche Kinemathek, Schriftgutarchiv

Der Inhalt der Komödie ist nicht mehr im einzelnen zu ermitteln. Es handelt sich um ein Rollenspiel der verdoppelten Identitäten im Filmmilieu: Paul Wegener spielt Paul Wegener und den Golem, Lida Salmonova spielt Lida Salmonova und die Tänzerin Orsevska, Rochus Gliese spielt Rochus Gliese und den Golem. Die zentrale Szene behandelt die erotische Affäre der Tänzerin mit der allmählich lebendig werdenden Golempuppe. Die Tänzerin hatte sie im Filmatelier gesehen und vom Produzenten für sich erbeten. Wegener nutzt die Gelegenheit. Er läßt sich von Gliese als Golem zurechtmachen, einpacken und in ihr Boudoir schicken.

Hans Trutz im Schlaraffenland

1917
Buch und Regie: Paul Wegener
Kamera: Frederik Fuglsang
Ausstattung: Rochus Gliese
Darsteller: Paul Wegener, Lida Salmonova, Ernst Lubitsch, Wilhelm Diegelmann, Rochus Gliese, Gertrud Welcker, Fritz Rasp
Uraufführung: 18. 11. 1917 in Berlin
Produktion: Produktions AG Union (PAGU), Berlin
Fragment im Bundesarchiv, Berlin, Filmarchiv; in Teilen identisches, umfangreicheres Fragment im Filmmuseum Berlin – Deutsche Kinemathek
Drehbuch im Filmmuseum Berlin – Deutsche Kinemathek, Schriftgutarchiv

Der Bauer Hans Trutz hat genug von seinem mühseligen Leben. Die schwere Arbeit bringt nichts ein; er haust in einer elenden Hütte mit Frau und Kind in Armut und hat kaum das Nötigste, um sein Dasein zu fristen. Seine Unzufriedenheit vergällt auch der Frau Märte und dem kleinen Sohn Klaus das Leben.

Eines Tages begegnet er auf dem Heimweg von seinem schweren Tagewerk einem schwarzen Reiter. Der verspricht ihm für seine Seele ein Leben in Saus und Braus im Schlaraffenland, wo die Leckerbissen den Menschen nachliefen, ohne daß sie sich darum mühen müßten. Hans schlägt zögernd ein und erlebt nun das Schlaraffenland, das von einem hohen Grießberg umgeben ist, wo die Schlaraffen fressen, saufen und faulenzen, so daß sie fett und träge werden. Neben den Fetten gibt es noch die seltsame vegetarische Abart der Schlaraffen.

Hans Trutz hat bald auch von diesem Leben genug und sehnt sich nach der Familie und einer handfesten Arbeit. Dem Teufel mißfällt es sehr, daß er ihn einen Spaten verfertigen sieht. Er schickt ihm eine kleine Frau, nur mit einem Schleier und langem Haar bekleidet, die seiner Märte ähnlich sieht. Aber als Hans sich ihr handgreiflich nähert, bemerkt er die Teufelskrallen und läßt von ihr ab. Mit dem Spaten sucht er sich durch die Mauer zu graben, die jetzt gar nicht mehr aus Grieß zu bestehen scheint, sondern sich als wüstes Chaos darstellt, bewohnt von scheußlichen Dämonen, die über ihn herfallen und ihn bedrängen.

Inzwischen ist der Teufel auch bei Märte aktiv gewesen. Nachdem er auf altdeutsche Teufelsart um die Hütte herumgeschnüffelt hat und durch den Schornstein eingedrungen ist, nähert er sich der Frau als vornehmer Kavalier und sucht sie zu umgarnen. Während sie ihn bewirtet, entdeckt der kleine Klaus unter dem Tisch den Pferdefuß und warnt seine Mutter. Sie wirft den Kavalier hinaus.

In der Nacht wird sie von Alpträumen geplagt, daß Hans in Not sei und ihre Hilfe erflehe. Ein Engel erscheint und legt ihr eine Lilie aufs Bett. Am Morgen bricht sie mit Klaus auf, den Vater zu retten. Die Lilie hilft ihnen, nach langer Reise durch wildes Bergland, wo nachts kindliche Engel ihren Schlaf bewachen, das Schlaraffenland zu finden, die Grießmauer zu durchbrechen und die höllischen Geister zu vertreiben. Am Ende geht Hans wieder hinter dem Pflug her und ist glücklich mit Märte und Klaus, die ihm sein einfaches Mittagessen auf das Feld bringen.

Der fremde Fürst

1918
Buch und Regie: Paul Wegener
Kamera: Frederik Fuglsang
Ausstattung: Rochus Gliese
Darsteller: Paul Wegener, Lida Salmonova, Elsa Wagner, Rochus Gliese
Produktion: Produktions AG Union (PAGU), Berlin
Uraufführung: 23.11.1918 in Berlin
Verschollen

Der hanseatische Großkaufmann Brodersen steht in Handelsbeziehungen zu Fürst Assuan, dem Herrn eines exotischen (nicht näher bestimmten) Inselreichs. Der schickt seinen Sohn Hidde Yori als seinen Vertreter nach Europa zum Vertragsabschluß. Dabei lernt der junge Mann Brodersens Tochter Eva kennen, verliebt sich und wirbt heftig um sie. Eva gibt ihre anfangs abwehrende Haltung bald auf; sie ist von den menschlichen Qualitäten Hidde Yoris hingerissen und erwidert seine Liebe.

Brodersen verweigert seine Zustimmung zu der Verbindung, was den jungen Fremden in seinem Selbstbewußtsein schwer trifft. Eva verläßt das Elternhaus, der Vater sperrt die Bezüge, dann beginnt der stufenweise soziale Abstieg des jungen Paares. Endlich gelingt es Eva, begünstigt durch das Aufsehen, das ihre spektakuläre Liebesgeschichte erregt hat, ein Engagement als exotische Tänzerin in einem Varieté zu finden. Yori verfolgt sie, von Eifersucht und gekränktem Stolz gequält, es kommt zu dramatischen Auftritten mit dem Varietédirektor, man wirft ihn hinaus.

In seinem Unglück nimmt er Zuflucht zu Drogen, während Brodersen durch Vermittlung seines Volontärs Düsing versucht, Eva zur Rückkehr zu bewegen. Darüber wird Yori irrsinnig und stirbt.

Apokalypse

1918
Regie: Rochus Gliese
Buch: Paul Wegener
Kamera: Frederik Fuglsang
Ausstattung: Rochus Gliese, Kurt Richter
Künstlerischer Beirat: Hans Cürlis
Darsteller: Paul Wegener, Lida Salmonova, Ernst Deutsch, Paul Hartmann, Maria Fein
Produktion: Produktions AG Union (PAGU), Berlin
Verschollen

»Ein einaktiger Antikriegs-Propagandafilm, 1918 kurz nach Kriegsende hergestellt im Auftrag des Auswärtigen Amtes« (G. Lamprecht, *Der deutsche Stummfilm*), dessen Filmreferent Hans Cürlis war. Über den Inhalt ist nichts bekannt, auch nicht, ob er in Beziehung steht zu dem Kurzfilm *Gegen den Bruderkrieg* von Paul Wegener (zitiert nach Herbert Birett, *Verzeichnis der in Deutschland genannten Filme. Entscheidungen der Filmzensur 1911–1920*). Rochus Gliese gibt eine Einschätzung des Films.

Der Rattenfänger

1918
Buch und Regie: Paul Wegener
Kamera: Frederik Fuglsang
Ausstattung: Rochus Gliese
Darsteller: Paul Wegener, Lida Salmonova, Hannes Sturm, Wilhelm Diegelmann, Elsa Wagner, Armin Schweizer, Clemens Kaufung, Märte Rassow, Jacob Tiedtge
Produktion: Projektions AG Union (PAGU), Berlin

Uraufführung: 20. 12. 1918 in Berlin
Zwei Fragmente im Filmmuseum Berlin – Deutsche Kinemathek
Die Originale der Silhouetten in der Bibliothèque de l'Image Filmothèque, Paris

In der Stadt Hameln herrscht eine Mäuseplage. Die Mäuse fressen alle Vorratskammern leer, springen überall umher, sogar in den Ärmeln des bürgermeisterlichen Staatsrockes.

Ein fremder Spielmann kommt in die Stadt. Die Tochter des Bürgermeisters, Ursula, hat ihm den Weg gewiesen. Er ist arm und muß in einer schäbigen Herberge wohnen, aber er beherrscht wunderbare Künste. Zu seiner Geige tanzen begeistert alle sonst so gravitätischen Bürger, die gerade aus der Kirche kommen, als er aufspielt; und seiner kleinen Zauberflöte laufen alle Ratten und Mäuse nach. Darum wird er vor den Rat geladen und verspricht, für gutes Geld die Stadt von der Mäuseplage zu befreien – zum nächsten Vollmond.

Inzwischen spielt er mit seiner Geige den Mädchen zum Tanz auf. Wenn er Ursula aufspielt, nimmt er die Flöte und bezaubert sie. Der ältliche, mißgünstige Ratsapotheker, der selbst Absichten auf Ursula hat, beobachtet sie und erpreßt das Mädchen, und da er keinen Erfolg hat, denunziert er den Spielmann beim Bürgermeister.

Wie versprochen, lockt der Spielmann mit seinem Pfeifchen alle Ratten und Mäuse aus ihren Schlupfwinkeln und führt sie flötend zum Fluß hinunter, wo der ganze Zug ertrinkt. Als er seinen Lohn verlangt, wird er verhaftet, der Zauberei angeklagt und zum Tode verurteilt. Schon auf dem Galgen, wird ihm ein letzter Wunsch gewährt: Er darf noch einmal seine Flöte spielen. Sein wundersames Spiel veranlaßt Ursula, ihn sich zum Mann zu wünschen, wodurch er nach dem Gesetz begnadigt wird. Damit ist er gerettet, aber ein Bürger der Stadt und Ehemann wird er durch das magische Spiel nicht.

Wieder geht er mit seiner Flöte durch die Straßen. Diesmal lockt er die Kinder aus allen Türen, zur Stadt hinaus in einem riesigen Zug, über den Fluß bis zu einem Berg, in dem er mit ihnen verschwindet. Eines, das nicht schnell genug laufen konnte, bringt die Schreckensmeldung zurück in die Stadt.

Der Galeerensträfling
1919
2 Teile
Regie: Rochus Gliese
Buch: Paul Wegener (nach Honoré de Balzac, *Glanz und Elend der Kurtisanen*)
Kamera: Frederik Fuglsang
Ausstattung: Kurt Richter
Darsteller: Paul Wegener, Lida Salmonova, Ernst Deutsch, Paul Hartmann, Lothar Müthel, Adele Sandrock, Ernst Waldow, Armin Schweizer, Hedwig Gutzeit
Produktion: Produktions AG Union (PAGU), Berlin
Uraufführung: 1. Teil Oktober 1919, 2. Teil: November 1919 in Berlin
Kopie im französischen Filmarchiv Bois d'Arcy. Drehbuch im Filmmuseum Berlin – Deutsche Kinemathek, Schriftgutarchiv

Teil 1
Der robuste, mehrfach ausgebrochene Schwerverbrecher Colin und ein junger Korse, der wegen eines Eifersuchtsmordes verurteilt ist, kommen zusammen auf die Galeere und freunden sich an. Colin nimmt den unerfahrenen Jungen unter seine Fittiche. Zusammen flüchten sie, und in Paris führt Colin seinen Freund in die unterirdische Verbrecherwelt ein, wo er die Führungsrolle wieder übernimmt. Colin bereitet als ehrbarer Kaufmann Vautrin in der Pension der Frau Vanquer den nächsten Coup vor. Er erschleicht sich das Vertrauen seines Mitpensionärs, des jungen Adligen Artur de Rastignac. Der liebt die mittellose Victorine de Courbet, die von ihrem Stiefbruder Valentin de Courbet um ein Millionenerbe betrogen wurde. Colin, der Artur eine günstige Wendung vorhergesagt hat, provoziert ein Duell mit Valentin, in dem dieser umgebracht wird. Der Polizeipräsident Peyrat beobachtet Vautrin bereits mißtrauisch, braucht zum Eingreifen aber Gewißheit. Mit Hilfe Victorines, die Vautrin ein Betäubungsmittel verabreicht, kann er das Sträflingszeichen auf dessen Brust und damit seine falsche Identität nachweisen. Colin wird verhaftet und zur Hinrichtung geführt.

Teil 2
Wieder ist Colin dem Scharfrichter entronnen. Er flüchtet nach Spanien, überfällt den Abbate Herrero, der als spanischer Gesandter auf dem Weg nach Paris ist, tötet den Geistlichen und übernimmt Kleidung und Identität. Sein Privatsekretär wird der schöne, junge Edelmann Lucien, dem er aus verzweifelter Lage hilft, in die er durch Leichtsinn geraten ist. In dem glanzvollen Leben der Pariser Oberschicht, das Lucien genießt, treibt Colin sein Doppelspiel. Er setzt die schöne Coralie, Braut eines hingerichteten Kumpans, auf den schwerreichen Baron Nucingen an. Obgleich Coralie den eleganten Lucien bevorzugt, gelingt es, dem alten Nucingen Millionen abzuluchsen. Inzwischen soll der Abbate Herrero vom spanischen Hof zum Bischof ernannt werden. Ein Geistlicher erkennt den Betrug. Während der Bischofsweihe dringt die Polizei in die Kirche ein. Colin flüchtet aufs Kirchendach. Gendarmen schießen ihn herunter; im Bischofsornat hängt er blutend über einem gotischen Wasserspeier.

Der Golem, wie er in die Welt kam
1920
Buch und Regie: Paul Wegener
Kamera: Karl Freund
Bauten: Hans Poelzig
Kostüme: Rochus Gliese
Musik: Hans Landsberger
Darsteller: Paul Wegener, Lida Salmonova, Ernst Deutsch, Lothar Müthel, Hanns Sturm, Otto Gebühr, Max Kronert, Dora Paetzold, Greta Schroeder, Loni Nest
Produktion: Produktions AG Union (PAGU), Berlin
Uraufführung: 29. 10. 1920 in Berlin

Der Rabbi Löw, geistliches Oberhaupt der Prager jüdischen Gemeinde, liest aus dem Stand der Gestirne drohendes Unheil. Um einen Helfer zu schaffen, formt er nach uralter Vorschrift aus Lehm einen Golem und belebt ihn mit dem magischen Zeichen, dem »Schem«, dessen Entfernung dem Golem das Leben auch wieder nehmen kann. Seinen Gehilfen weiht er ein. Das Unheil nimmt seinen Lauf: Der Kaiser verweist durch ein Edikt die Juden aus der Stadt. Aber den Rabbi lädt er zum Rosenfest auf die Burg, wo er mit Zauberei zur Unterhaltung beitragen soll. Der Ritter Floriano, der sowohl die Nachricht vom Edikt als auch die Einladung überbringt, verliebt sich in Mirjam, die Tochter des Rabbi, und stößt auf Gegenliebe. Während Rabbi Löw seinen Golem dem Kaiser und der Hofgesellschaft vorführt, schleicht sich Floriano in Mirjams Kammer. Rabbi Löw läßt, um mehr Verständnis für sein Volk zu finden, vor dem Hof die große Wanderung der Juden und ihre Vorväter erscheinen, aber mit der Warnung, nicht zu sprechen oder zu lachen. Die Mißachtung der Warnung läßt den Palast zusammenstürzen. In seiner Not verspricht der Kaiser die Zurücknahme des Edikts, worauf der Rabbi den Golem veranlaßt, die Decke zu stützen. Während die Juden in der Synagoge ihre Errettung feiern, hat der Gehilfe den Nebenbuhler bei Mirjam entdeckt und hetzt den zurückgekehrten Golem auf ihn. Der durchbricht die Türen, treibt Floriano auf den Turm und stürzt ihn in die Tiefe. Dann legt er in seiner Raserei Feuer und verläßt das brennende Ghetto. Vor dem Tor spielen Kinder; eines bietet ihm einen Apfel an. Er hebt es hoch, und spielerisch entfernt es den Schem, worauf er wieder zur leblosen Puppe wird.

Der verlorene Schatten
1921
Regie: Rochus Gliese
Buch: Paul Wegener
Kamera: Karl Freund
Ausstattung: Kurt Richter
Kostüme: Rochus Gliese
Silhouetten: Lotte Reiniger
Darsteller: Paul Wegener, Lida Salmonova, Greta Schroeder, Hannes Sturm, Adele Sandrock, Wilhelm Bendow, Hedwig Gutzeit, Werner Schott, Leonhard Haskel
Produktion: Projektions AG Union (PAGU), Berlin
Technische Leitung: Kurt Waschneck
Uraufführung: 1921
Kopie im Bundesarchiv, Berlin, Filmarchiv

Sebaldus, der schüchterne, weltfremde Stadtmusikus in einer kleinen Stadt an der Donau, wird durch Barbara, die Milchschwester der Gräfin Durande, zu deren Geburtstagsfeier ins Schloß geladen. Da er heimlich in Barbara verliebt ist, sagt er erfreut zu. Ebenfalls zu dem Fest kommt Signor Dapertutto, Direktor eines wandernden Schattentheaters, mit einer Kiepe voller Schatten, die ihm gelegentlich entweichen. Er muß sie in halsbrecherischer Jagd wieder fangen, wobei ihm seine Haupt-und Heldenfigur zerreißt. Er braucht eine neue und möchte Sebaldus seinen prächtigen Schatten abkaufen. Sebaldus, von Eifersuchr geplagt, weil Barbara mit dem schönen Vetter Theobald kokettiert, läßt sich von ihm eine Zaubergeige aufschwatzen, die ihm Liebe und beruflichen Erfolg verschaffen soll und auch verschafft, so daß er sie nicht zurückgeben will und Dapertutto lieber seinen

Schatten als Kaufpreis läßt. Dieser rollt den Schatten zusammen und verschwindet, während die Liebenden mit den Folgen konfrontiert sind. Barbara bemerkt die Schattenlosigkeit und flüchtet in ein Kloster. Den inzwischen berühmten Sebaldus entlarvt Dapertutto als schattenlos, indem er bei einem öffentlichen Auftritt die Beleuchtung ändert, so daß an der Wand gespenstisch die ohne Geiger spielende Geige erscheint. Sebaldus entkommt nur mit Mühe der wütenden Menge und wandert unglücklich durch das Land, bis er in dem Kloster seine Barbara wiederfindet. Gemeinsam ziehen sie in die Welt, den Schatten wiederzugewinnen. Sie spüren Dapertutto auf, entreißen ihm den Schatten und vertreiben den Teufelsspuk mit einem Kreuz.

Herzog Ferrantes Ende

1922
Buch und Regie: Paul Wegener
Kamera: Karl Freund
Ausstattung: Walter Reimann
Künstlerischer Beirat: Berthold Held
Darsteller: Paul Wegener, Lida Salmonova, Ernst Deutsch, Ferdinand Gregori, Hannes Sturm, Hugo Döblin, Adele Sandrock, Walter Janssen, Wilhelm Diegelmann, Werner Krauskopf, Hertha von Walter, Fritz Richard, Gustav Roos
Produktion: Europäische Film-Allianz GmbH (EFA), Berlin
Uraufführung: Juli 1922 in Berlin
Verschollen. Drehbuch im Filmmuseum Berlin – Deutsche Kinemathek, Schriftgutarchiv

Herzog Ferrante, ein Tyrann des italienischen Trecento, versucht mit Folter und Mord seine wankende Herrschaft zu sichern. Die Leichen seiner Opfer läßt er einbalsamieren und in einer Katakombe aufstellen, um sich an ihnen zu ergötzen. Trotz des Terrors regt sich überall Widerstand. Der »Bund der Dolchbrüder« hat sich gegen ihn verschworen. Sie wollen den Tod ihres Führers Guido Colonna rächen, den Ferrantes Geheimpolizei erhängt hat. An der Spitze der Dolchbrüder steht jetzt Antonio, der Guidos Schwester Beatrice liebt. Guidos und Beatrices jüngerer Bruder Orlando wird in den Bund aufgenommen und durch das Los zum Tyrannenmörder bestimmt. Das Attentat am Sebastianstag während Ferrantes prunkvollem Kirchgang mißlingt, Orlando ist Ferrantes Brutalität ausgeliefert. Der alte Colonna bittet Ferrante um das Leben seines Sohnes. Ferrante, der ein Auge auf Beatrice geworfen hat, preßt ihm ein Schriftstück ab, das ihm Beatrice ausliefert, dann läßt er den Alten im Gefängnis verschwinden. Als Ferrantes Kumpan Trivulzio Orlando in die Katakombe zu seinem Bruder bringt, fällt ihn dieser in rasender Wut an. Trivulzio flüchtet auf die Zinnen der Burg, doch Orlando stürzt ihn in die Tiefe. Dann löst er den Mechanismus, der die Leiche hält, und nimmt die Stelle seines Bruders ein. Ferrante, der gekommen ist, um die Leiche Guidos zu verhöhnen, bekommt Antwort von Orlando und stirbt in wahnsinnigem Schrecken durch Orlandos Dolch. Während die Aufständischen die Festung erobern, reckt Orlando triumphierend Ferrantes Kopf hoch. Er landet auf einem Kehrichthaufen, und die verhaßte Zwingburg geht in Flammen auf.

Lebende Buddhas

1923–25
Regie: Paul Wegener
Buch: Paul Wegener, Hans Sturm
Kamera: Guido Seeber
Ausstattung: Hans Poelzig, Botho Höfer
Kostüme: Berti Rosenberg
Tricks: Walter Ruttmann
Plastiken: Christiane Naubereit
Musik: Willy Schmidt-Gentner
Darsteller: Paul Wegener, Asta Nielsen, Carl Ebert, Grigori Chmara, Hans Sturm, Käthe Haack, Heinrich Schroth, Friedrich Kühne, Max Pohl, Eberhard Rothauser
Produktion: Paul Wegener Film AG, Berlin
Uraufführung: 12. 5. 1925 in Berlin
Fragment im Filmmuseum Prag

Zwei englische Wissenschaftler, der Geograph Professor Campbel und der Sprachwissenschaftler Dr. Smith, unterbrechen ihre fast abgeschlossene Expedition in Zentralasien, um in einem abgelegenen Ort die Kultstätte der Göttin Kurukulle zu besuchen, für die gerade ein Fest vorbereitet wird. Dabei begegnen sie einer Gruppe tibetanischer Soldaten, die festlich geschmückte junge Menschen eskortieren, für das Fest bestimmte Menschenopfer. Der Großlama, der zu dem Fest angereist ist und als Inkarnation Buddhas gilt, gewährt den Wissenschaftlern ungestörten Aufenthalt unter der Bedingung, daß sie während des Festes ihr Quartier nicht verlassen. Auf dem Weg dorthin begegnen sie wiederum der geschmückten Eskorte. Eine der Frauen signalisiert einen Hilferuf. Smith dringt heimlich in tibetanischer Kleidung in den Tempelbezirk ein, während sich das Fest unter schauerlichem Getöse steigert und immer mehr den Charakter einer ekstatischen Orgie annimmt. Er beobachtet, wie aus einem Schrein eine alte Schriftrolle entnommen und das Opferritual verlesen wird. Später entwendet er sie und befreit die junge Frau. Von Neugier getrieben, nimmt er an der Kulthandlung teil und wird als Fremdling erkannt, als er vor dem Blutdunst des berauschenden Getränks zurückschreckt. Die gerettete Tibeterin sieht ihn, von Pfeilen getroffen, zusammensinken und meldet Professor Campbel irrtümlich seinen Tod.

Am nächsten Tag wird Smith vor das Gericht des Großlama gestellt. Der schenkt ihm das Leben, weil er eine Strafexpedition der Kolonialmacht befürchtet. Seine fanatisierten Anhänger verstehen dies jedoch nicht und drohen zu revoltieren.

Der Großlama schickt seinen Schüler und Vertrauten aus, die Flüchtenden, Prof. Campbel und die gerettete Frau, zu verfolgen. Mit seinen magischen Kräften ist dieser in der Lage, die beiden zu finden und der Frau die Erinnerung an das im Tempel Erlebte zu nehmen. Um die heilige Schriftrolle zurückzuholen, ehe die Europäer sie entziffern können, schickt der Großlama seinen Schüler als Begleitung des von seiner Verwundung genesenen Smith nach Europa. Dort wird der Totgeglaubte freudig begrüßt, dann beginnt ein geheimes Ringen um die Schriftrolle. Smith, schon unter dem Einfluß der Tibeter, möchte sie zurückgeben, wird aber von Campbel zum eiligen Übersetzen angehalten.

Inzwischen hat sich der Großlama selbst eingeschaltet. Auf magische Weise ist er über Land und Meer nach London gelangt und ruft seinen Adepten. Dieser gelangt als Astralleib durch den Londoner Verkehr zu seinem Meister, der vor seinen Augen in ein großes Tempelbild verschwindet, wo er als gemalte Figur existiert. Der Priester rollt das Bild ein und bringt es als Gastgeschenk zu den Wissenschaftlern. Die halbwegs Wissenden, Smith und die Tibeterin, sind von der Figur irritiert. Nachdem er den Priester vergeblich gewarnt hat, unterbricht der Großlama in einer gespenstischen Szene – mit Feuer und Sturmwind – die Übersetzungsarbeit und löscht die Schriftzeichen. Campbel eilt, den Bruder des zusammengebrochenen Smith, einen Arzt, zu holen; indessen fühlt sich Smith durch das Bild nach Tibet entführt und vom Großlama bedroht. Er wehrt sich und findet sich zu Hause wieder, das Bild zerfetzend. Die Schriftrolle ist verschwunden, ebenso die Tibeterin, und der aus der Apotheke zurückkehrende Diener bestätigt, »den asiatischen Herrschaften soeben auf der Straße begegnet« zu sein.

Die Freundin eines großen Mannes

1934
Regie: Paul Wegener
Buch: Philipp Lothar Mayring, Wolfgang Neumeister (nach dem gleichnamigen Bühnenstück von Alfred Möller)
Kamera: Eduard Hoesch
Ausstattung: Erich Kettelhut, Max Mellin
Musik: Harald Böhmelt
Herstellungsleitung: Bruno Duday
Darsteller: Käthe von Nagy, Karl Ludwig Diehl, Jessie Vihrog, Hans Brausewetter, Harry Frank, Hans Zesch-Ballot
Produktion: Universum Film AG, Berlin
Uraufführung: 14. 3. 1934 in Berlin

Das Schicksal des Stadttheaters in Eisenberg hängt von der bevorstehenden Premiere des Stückes *Die Freundin eines großen Mannes* ab. Aber die Primadonna wirft die Rolle hin. Für sie tritt eine inkognito reisende berühmte Künstlerin ein, die durch den Zusammenstoß ihres Wagens mit dem des Fabrikanten Peters in der Stadt aufgehalten worden ist. Sie wandelt seinen kalten Geschäftssinn, so daß er nach der glanzvollen Premiere nicht nur das Theater saniert, sondern auch ihr Ehemann wird.

Ein Mann will nach Deutschland

1934
Regie: Paul Wegener
Buch: Philipp Lothar Mayring, Fred Andreas
Kamera: Fritz Arno Wagner
Ausstattung: Werner Schlichting
Musik: Hans-Otto Borgmann
Darsteller: Karl Ludwig Diehl, Brigitte Horney, Siegfried Schürenberg, Ernst Rotmund, Hermann Speelmanns, Charlotte Schultz, Hans Leibelt, Willy Birgel
Produktion: Ufa, Babelsberg
Uraufführung: 26. 7. 1934 in Berlin

Der Ausbruch des Ersten Weltkrieges 1914 bringt zwei Deutsche, die in den Ortiguez-Werken in Venezuela arbeiten, in eine schwierige Situation, wobei der Ingenieur Hagen verletzt wird. Im Haus der

Manuela Ortiguez, die sich in ihn verliebt, wird er gesundgepflegt. Ihren weiteren Schutz lehnt er aber ab und versucht, zusammen mit dem Werkmeister Brock nach Deutschland zu gelangen. Ihre abenteuerliche Flucht aus dem englischen Internierungslager auf Jamaica führt sie nach Kuba, wo Manuela auf sie wartet. Mit ihrer Hilfe gelingt es ihnen, trotz der Verfolgung durch ein englisches Schiff, zusammen wieder Deutschland zu erreichen.

Der rote Tod von Riga
1934
Regie: Paul Wegener
Buch: Gerhard Menzel
Wegen des Protestes der Regierung Lettlands nicht vollendet

August der Starke
1936
Regie: Paul Wegener
Buch: Rolf Meyer (nach einem Manuskript von Johannes Eckhardt und Carl Haensel)
Kamera: Karl Puth
Ausstattung: Ludwig Reiber
Musik: Hans Erdmann
Herstellungsleitung: Curt Hänsel
Darsteller: Michael Bohnen, Lil Dagover, Marie Luise Claudius, Günther Hadank, Franz Schafheitlin, Ernst Legal, Walter Süßenguth, Maria Krahn, Marja Balcerkiewics, Ruth Ewerle, Dieter Horn
Produktion: Nerthus Film GmbH, Berlin / Warschau
Uraufführung: 17. 1. 1936 in Dresden

Groß angelegter Ausstattungsfilm, der ein Kulturbild des Barock am Hofe des sächsischen Königs August der Starke bietet, der zugleich König von Polen war. Er wird als widerspruchsvolle Persönlichkeit geschildert, Mittelpunkt prunkvoller Feste und Held zahlreicher erotischer Abenteuer. Vor dem Hintergrund banaler Hofintrigen hebt sich als zentrales historisches Problem die Auseinandersetzung Augusts mit Karl XII. von Schweden um die polnische Krone ab. Karl XII. ist in einer Episode als die einzige tragisch umwitterte Figur des Films dargestellt.

Die Stunde der Versuchung
1936
Regie: Paul Wegener
Buch: Erich Ebermayer
Kamera: Karl Hasselmann
Ausstattung: Otto Moldenhauer, Carl Machus
Musik: Guido Becce
Herstellungsleitung: Krüger-Ulrich
Darsteller: Gustav Fröhlich, Lida Baarova, Harald Paulsen, Theodor Loos, Elisabeth Wendt, Karl Platen, Josefine Dora, Bruno Ziener, Rudolf Klein-Rogge, Karl Hannemann
Produktion: Euphono-Film GmbH
Uraufführung: 18. 4. 1936 in Prag, 29. 9. 1936 in Berlin

Irene, die Frau des vielbeschäftigten Rechtsanwalts Dr. Leuttern, fühlt sich vernachlässigt und flirtet mit dem jungen McNorris, einem Beau, der schon mehreren Damen der eleganten Gesellschaft den Kopf verdreht hat. Eines Abends nach der Oper kommt es in seiner Wohnung zu Verwicklungen. McNorris hat Irene mitgebracht, während Alice Rüdiger, eine ehemalige Geliebte, ihn erwartet. Als McNorris den Anruf der beunruhigten Ehemänner Rüdiger und Leuttern entgegennimmt, streckt ihn ein Schuß aus Alices Pistole nieder. Leuttern dringt eilends in die Wohnung ein und findet die Leiche, aber auch Irenes Puderdose. Irene ist indessen entwischt. Alice bekennt sich zu dem Mord und scheidet freiwillig aus dem Leben, so daß kein Verdacht auf Leuttern mehr besteht. Das private Problem lösen die Eheleute in einer klärenden Aussprache.

Moskau – Schanghai
1936
Regie: Paul Wegener
Buch: Kurt Heynicke, Max W. Kimmich
Kamera: Franz Weihmayr
Ausstattung: Willi A. Herrmann, Alfred Bütow
Musik: Hans-Otto Borgmann
Darsteller: Pola Negri, Gustav Dießl, Wolfgang Keppler, Paul Bildt, Dannemann, Susi Lanner, Walter Groß, Edwin Jürgensen, Karl Meixner, Rudolf Schündler, Dorothea Thieß, Eva Wegener, Hans Waschatko, Heinz Wemper, Hugo Werner-Kahle, Erich Ziegel
Produktion: Badal-Film-Produktion
Uraufführung: 8. 10. 1936 in Berlin

Flüchtlingsschicksale vor dem Hintergrund des Zusammenbruchs der weißen Front im russischen Bürgerkrieg. Olga Petrowna, Witwe eines Offiziers, freundet sich auf einer Reise mit Rittmeister Repin an, der sie liebt. In den beginnenden Unruhen versucht Olga vergeblich, ihre kleine Tochter nachkommen zu lassen, die in der Obhut eines Dienerpaars zurückgeblieben ist. Repin und Olga flüchten vor den andrängenden Bolschewiken über die mandschurische Grenze. Repins alter Kamerad Smirnow, jetzt roter Kommissar, hilft ihnen beim Grenzübertritt. Nach zwölf Jahren treffen die Flüchtlinge in Schanghai wieder zusammen zu einem russischen Osterfest. Olga, jetzt eine erfolglose Chansonsängerin, und Repin, Mitglied des Donkosakenchors, sehen sich wieder. Olga hatte aus Liebe zu ihm die Werbung Smirnows bis dahin abgewiesen. Nun erkennt sie in Repins junger Verlobter ihre Tochter Maria und verzichtet auf das erträumte Glück.

Krach und Glück um Künnemann
1937
Regie: Paul Wegener
Buch: Rolf Lauckner, Max W. Kimmich
Kamera: Herbert Körner
Ausstattung: Arthur Günther, Kurt Dürnhofer
Musik: Willi Meisel, Kurt Lubbe
Herstellungsleitung: H. J. Ewert
Darsteller: Will Dohm, Maria Krahn, Georg Alexander, Inge List, Jessie Vihrog, Franz Nieklisch, Hilde von Stolz, Harald Paulsen, Gerhard Bienert, Käthe Haack, Johanna Blum, Tine Schneider, Hella Tornegg, Horst Birr, Leo Peukert, Eduard Bornträger, Wilhelm Schröder-Schromm, Ewald Wenck, Hans Sternberg, Helmut Passarge
Produktion: Deka-Film GmbH
Uraufführung: 23. 4. 1937 in Berlin

Katasterbeamter Gustav Künnemann, schlecht bezahlt und in engen Verhältnissen lebend, ist mit seiner Frau und seinem Leben unzufrieden. Als er einen Hundertmarkschein findet, mit dem die Fabrikantenfrau Hachfeld einen Menschen glücklich machen wollte, möchte er das Leben richtig genießen. Aber das Glück will sich nicht einstellen. Er geht mit Gretchen, einer Zufallsbekanntschaft, essen; der bedienende Kellner erweist sich als ihr Bräutigam. Der nächste Versuch mit »Lady Elvira« bringt ihn in Kontakt mit einer Hochstaplerin und Diebin. Auf einem Sommerfest wird er in eine handfeste Auseinandersetzung verwickelt und landet auf der Polizei. Aber da er den Diebstahl des Hachfeldschen Familienschmucks aufklären kann, ist er nicht nur rehabilitiert, sondern ein Held. Die Versöhnung mit seiner Frau Martha vollendet das Glück.

Unter Ausschluß der Öffentlichkeit
1937
Regie: Paul Wegener
Buch: Helmuth Brandis, Otto Linnekogel
Kamera: Karl Hasselmann
Ausstattung: Otto Moldenhauer
Musik: Hans Carste
Darsteller: Olga Tschechowa, Alfred Abel, Sabine Peters, Ivan Petrovich, Erich Ziegel, Berthold Ebbecke, Ursula Herking, Albert Florath, Olga Limburg, Erik Ode, Arthur Schröder, Auguste Prasch-Grevenberg, Eduard von Winterstein, Curt Lukas
Produktion: Euphono-Film GmbH
Uraufführung: 5. 8. 1937 in Hamburg

Die glückliche Ehe des Baron Sparrenberg wird durch den ehemaligen Verlobten der Frau, Baron Gaffris, bedroht. Er hatte sich durch sie Zugang zu den ersten Kreisen der Gesellschaft verschafft und betrügerische Machenschaften organisiert. Nun erpreßt er die Baronin. Ihre Tochter entdeckt die Sache und rettet ihre Mutter, auch vor dem Mordverdacht, als Gaffris tot aufgefunden wird.

Vita von Paul Wegener

Paul Wegener wurde am 11. 12. 1874 in Arnoldsdorf/Jerrentowitz in Westpreußen geboren. Sein Vater, von Hause aus Märker, bewirtschaftete ein Rittergut in Ostpreußen, seine Mutter stammte aus einer Hamburger Kaufmannsfamilie mit imponierender kultureller Tradition. 1894 begann er in Freiburg im Breisgau, Jura zu studieren, daneben Kunstgeschichte und Ethnographie, gab sein Studium jedoch nach einem Jahr auf, um sich ganz dem Theater zu widmen.

1895 begann er am Stadttheater in Rostock. Bis 1903 arbeitete er sich mühselig an verschiedenen kleineren Bühnen hoch: Koblenz, Bromberg, Aachen, Lübeck, Magdeburg, Wiesbaden. In dieser Phase schloß er seine erste Ehe mit Ida Ahlers, die bald scheiterte. Die Tochter Martha wuchs bei seiner Schwester, einer Pfarrfrau, in Ostpreußen auf. Am Stadttheater Hamburg und Altona (1903–1906) konnte er sich endlich wirklich weiterentwickeln. 1905 schaffte er den großen Durchbruch in Berlin und spielte von 1906 an der führenden deutschen Bühne, Reinhardts Deutschem Theater, mit einer zweijährigen Unterbrechung (1913–15) bis 1920.

In Hamburg hatte er die renommierte Koloratursängerin Aenny Hindermann geheiratet. Der Sohn August wurde 1908 geboren.

1913 entdeckte Paul Wegener mit seiner Idee des doppelgängerischen *Studenten von Prag* die künstlerischen Möglichkeiten des Films. Dieser Welterfolg war der Beginn einer sehr fruchtbaren Filmtätigkeit parallel zum Theater. In wenig mehr als zehn Jahren entstanden dreizehn Filme. Das war zugleich die Zeit seiner Lebens- und Arbeitsgemeinschaft mit der jungen, aus Prag stammenden Schauspielerin Lida Salmonova. Die Ehe wurde 1916 geschlossen, 1917 wurde der Sohn Peter geboren.

Inzwischen hatte der Erste Weltkrieg alle künstlerischen Pläne unterbrochen. Paul Wegener meldete sich freiwillig zum Militärdienst, überstand einige schwere Monate in den flandrischen Schützengräben und kehrte 1915 krank und mit pazifistischer Gesinnung nach Berlin zurück. Reinhardt reklamierte ihn nach seiner Genesung wieder für das Deutsche Theater.

Mitte der zwanziger Jahre signalisierten persönliche und künstlerische Krisen das Ende einer Ära; die Neue Sachlichkeit ließ Paul Wegeners phantastische Märchenwelt verblassen. Er gab es auf, selbst Filme zu machen, gestaltete aber viele lebenspralle Filmrollen. Daneben unternahm er ausgedehnte Gastspielreisen durch ganz Europa. Dabei stand ihm die Schauspielerin Greta Schröder zur Seite, die er nach der Scheidung von Lida Salmonova geheiratet hatte.

Er blieb durch die Zeiten eine der markantesten Figuren des deutschen Theaterlebens. Während eines Engagements in Darmstadt lernte er die Schauspielerin Elisabeth Rohwer kennen, die seine letzte Ehefrau werden sollte.

1933 erhob er mit der Veröffentlichung seines pazifistischen Kriegstagebuchs aus dem Ersten Weltkrieg, dem *Flandrischen Tagebuch,* warnend seine Stimme.

1938 bis 1943 gehörte er in Berlin dem Schillertheater an, das von Heinrich George geleitet wurde, 1943 bis 1945 dem Staatlichen Schauspielhaus, dem Gustav Gründgens vorstand. In der schwierigen Zeit nach dem Krieg spielte er noch einmal eine aktive Rolle in der Berliner Kulturpolitik als Präsident der Kammer der Kunstschaffenden. Seine Gestaltung der Rolle des Nathan in Lessings *Nathan der Weise* war repräsentativ für das neue Berlin.

1948 riß ihn ein Schlaganfall aus der Arbeit. Er starb am 13. 9. 1948.

Künstlerviten

Ascher, Fritz

Berlin 1893 bis 1970 Berlin. Maler. Auf Empfehlung Max Liebermanns als Sechzehnjähriger an die Kunstakademie Königsberg. Während des »Dritten Reiches« zwei Jahre im Konzentrationslager Sachsenhausen inhaftiert. Ab 1939 lebt er als Jude illegal in einer Ruine im Berliner Grunewald, versorgt von der Mutter seines Schulfreundes G. Graßmann, der schon seine Freilassung erwirkt hatte. Nach dem Krieg Teilnahme an Ausstellungen. Ablehnung eines Lehrauftrags an der Berliner Akademie.

Barlach, Ernst

Wedel, Holstein, 1870 bis 1938 Güstrow. Bildhauer, Graphiker und Schriftsteller. Studium an der Kunstgewerbeschule Hamburg, der Akademie Dresden und in Paris. Lebte in Hamburg, Berlin, Wedel, seit 1908 in Güstrow. Im »Dritten Reich« wurden seine Werke aus öffentlichen Sammlungen entfernt und teilweise zerstört. Porträtbüste von Paul Wegener in zwei Fassungen 1930.

Bartning, Otto

Karlsruhe 1883 bis 1959 Darmstadt. Architekt. Studium an der Technischen Hochschule Berlin-Charlottenburg und Karlsruhe und an der Universität Berlin. 1928–30 Direktor der Staatlichen Hochschule für Baukunst, bildende Künste und Handwerk in Weimar. Seit 1930 Berlin. 1951 Präsident des Bundes Deutscher Architekten.

Belling, Rudolf

Berlin 1886 bis 1972 Krailling bei München. Bildhauer. 1905–07 Lehre als Modelleur und Bildhauer, 1908–12 Studium an der Kunstakademie Berlin bei Peter Breuer. Atelier für Kleinplastik, Dekoration und Kunstgewerbe, Arbeit für Max Reinhardts Deutsches Theater. 1913 Reise nach Belgien, Holland, England und Frankreich. 1915–18 Kriegsdienst. 1918 Mitbegründer der *Novembergruppe* und Mitglied im *Arbeitsrat für Kunst*. Zusammenarbeit mit den Architekten Max und Bruno Taut und Hans Poelzig. 1931–37 Mitglied der Preußischen Akademie der Künste bis zum erzwungenen Austritt. Beschlagnahme seiner Werke in öffentlichen Sammlungen. Emigration in die Türkei. Leiter der Abteilung Bildhauerei an der Akademie in Istanbul bis 1951. 1952–65 Lehrbeauftragter an der Universität Istanbul. 1966 Rückkehr nach Deutschland.

Blechen, Carl

Cottbus 1798 bis 1840 Berlin. Banklehre. Autodidakt. 1822 Studium an der Berliner Akademie bei Professor P. L. Lütke. Durch Vermittlung Schinkels 1823 Dekorationsmaler am Königsstädtischen Theater in Berlin. Landschaftsmalerei. 1831 Nachfolger Lütkes als Lehrer für Landschaftsmalerei an der Berliner Akademie.

Blomstedt, Väinö

Savonlinna 1871 bis 1947 Helsinki. Finnischer Maler, Zeichner und Illustrator. Studium in Paris an der Académie Julian, dann in Gauguins Cours de dessin et de peinture de Montparnasse. 1907–18 Lehrer an der Zeichenschule des Finnischen Kunstvereins. 1929–37 an der Kunstgewerblichen Zentralschule im Zeichensaal der Universität Helsinki.

Boese, Carl
Berlin 1887 bis 1958 Berlin. Filmregisseur, -autor und -produzent. Studium der Theaterwissenschaften, Kunstgeschichte und Philosophie in Berlin. 1914–18 Kriegsdienst. Über den Filmjournalismus zum Film, nach expressionistischen und sozialkritischen Anfängen viele Komödien bis in die fünfziger Jahre.

Brandenburg-Polster, Dora
Magdeburg 1884. Landschafts- und Porträtmalerin, Graphikerin, Silhouettenkünstlerin und Kunstgewerblerin in München, ab 1907 Mitarbeit an den Schwabinger Schattenspielen. Schülerin von W. v. Debschitz. Verheiratet mit dem Schriftsteller und Tanztheoretiker Hans Brandenburg.

Bruegel, Pieter d. Ä.
Bruegel bei Breda 1525 bis 1569 Brüssel. Holländischer Maler wie seine Söhne Pieter (geb. 1564) und Jan (geb. 1568), genannt »Bauernbruegel«, zum Unterschied von seinem Sohn Pieter Br. d. J., dem »Höllenbruegel«. Schüler des Pieter Coeck van Aelst in Antwerpen. 1568 heiratet er dessen Tochter und zieht nach Brüssel. 1551 Meister der Lukasgilde.

Corinth, Lovis
Tapiau, Ostpreußen, 1858 bis 1925 Zandvoort, Holland. Maler und Graphiker. 1876 Studium an der Königsberger Malerakademie bei Otto Günther, 1880 in München bei Prof. von Loefftz, 1884 in Paris, u. a. an der Akademie bei Bougnereau. Seit 1890 Berlin. Neben Max Liebermann und Max Slevogt einer der Hauptvertreter der Sezession.

Craig, Edward Gordon
Stevenage, Herfordshire, 1872 bis 1966 Vence, Frankreich. Englischer Zeichner und Bühnenbildner, Reformator der Bühnenausstattung. Sohn der Schauspielerin Ellen Terry und des Architekten und Bühnenbildners Edward William Godwin, der zum Kreis um William Morris gehörte. 1889–97 Schauspieler unter Leitung Henry Irvings am Londoner Lyceum Theatre, 1899 eigene Truppe Purcell Operatic Society. Unter Einfluß des Malers Pryde gab er den Schauspielerberuf auf. Entwicklung eines eigenen symbolistischen Stils. 1904 Einladung nach Deutschland durch Harry Graf Keßler (Weimar und Berlin). 1906 Florenz, Arbeit für Eleonora Duse. Moskau 1908, 1912, 1920, 1935; Arbeit mit Stanislawski. Gab die Zeitschrift *The Mask* heraus, die seine Ideen bekannt machte (1908–29). 1911 Rückkehr nach London, 1913 Gründung einer Theaterschule in Florenz, die mitsamt seinen großen Theatermodellen während des Ersten Weltkriegs zerstört wurde. Von da an Beschäftigung mit Theorie und Geschichte des Theaters.

Desmond, Olga
Allenstein, Ostpreußen, 1891 bis 1964 Berlin. Tänzerin, Filmschauspielerin. Schauspielstudium an der Marie-Seebach-Schule. 1907–14 »Schönheitsabende« (lebende Bilder nach antiken Modellen) in Berlin und Gastspielreisen; Skandale und Verbote. 1916–22 Film- und Bühnenrollen. 1919 Tanznotenschrift »Rhythmographik«. Ab 1922 Tanzpädagogin.

Diez, Julius
Wien 1870 bis 1957 München. Maler, Graphiker, Buchkünstler und Kunsthandwerker. 1886–89 Studium an der Kunstgewerbeschule München bei Ferdinand Barth und 1889 an der Münchner Akademie bei Hackl und Rudolf Seitz. Professur an der Kunstgewerbeschule Magdeburg. Seit 1907 Professor an der Kunstgewerbeschule München. Mitarbeiter der *Jugend* seit ihrer Gründung 1896.

Dix, Otto
Untermhaus bei Dresden 1891 bis 1969 Hemmenhofen am Bodensee. Maler und Graphiker. Lehre als Dekorationsmaler. Kunstgewerbeschule Dresden bei Zwintscher, Richard Müller und Robert Sterl. Kriegsdienst. 1918–22 Studium an der Dresdener Akademie bei Feldbauer und Gußmann. 1919 Mitbegründer der Dresdener Sezession. 1920 Beteiligung an der Ersten Internationalen Dada-Messe in Berlin. 1922–25 Akademie Düsseldorf. 1925/26 Berlin. 1926–33 Professor an der Dresdener Akademie. 1933 als entartet entlassen. Ansässig im Hegau und am Bodensee. 1939 Verhaftung. 1945 Volkssturm. Seit 1950 Düsseldorfer Akademie.

Dürer, Albrecht
Nürnberg 1471 bis 1528 Nürnberg. Maler und Graphiker. Goldschmiedelehre in der väterlichen Werkstatt, dann Schüler des Nürnberger Malers Michael Wolgemut. 1490–94 Wanderschaft (Kolmar, Straßburg, Basel). 1494 Nürnberg. 1494 erste Reise nach Venedig. Internationale Wirkung als Kupferstecher und Holzschneider. 1505–07 zweite Reise nach Venedig. Internationaler Durchbruch auch als Maler mit dem *Rosenkranzfest*. 1512 bezieht ihn Kaiser Maximilian in den Kreis seiner Künstler ein. 1520/21 Reise in die Niederlande.

Engert, Ernst Moritz
Yokohama 1892 bis 1986 Lich, Hessen. Silhouettenkünstler und Graphiker. Aufgewachsen in Gera und Rinteln, Weser. Studium an der Kunstgewerbeschule München bei Julius Diez, dann Debschitzschule. Mitarbeit an den Schwabinger Schattenspielen des Alexander von Bernus in München ab 1909, 1917/18 an denen der Künstlerischen Figurenbühne München. Häufiger Ortswechsel. Kriegsdienst 1915/16 und 1945. Seit 1945 in Hadamar, Hessen, wo er kurzzeitig an der Glasfachschule unterrichtete.

Freundlich, Otto
Stolp, Pommern, 1878 bis 1943 Lublin-Maidanek. Maler und Bildhauer. Kaufmännische Ausbildung und Tätigkeit im Holzhandel. 1903/04 Studium der Kunstgeschichte in Berlin und München. 1905/06 Florenz, erste künstlerische Arbeiten. 1907/08 Berlin, später Übersiedlung nach Paris. Kürzere Aufenthalte in München 1909, Berlin 1910, Köln 1912, Chartres 1914. Beteiligung am Ersten deutschen Herbstsalon der Galerie *Der Sturm* in Berlin 1913. Kriegsdienst. 1919 Mitglied der *Novembergruppe*. 1924 Paris. 1937 zeigt die Ausstellung *Entartete Kunst* eine seiner Plastiken auf der Titelseite ihres Kataloges. Beschlagnahme seiner Werke in deutschen Museen. 1939 bei Kriegsausbruch Internierung. 1940 Flucht in die Pyrenäen. 1943 Verhaftung und Deportation, ermordet im KZ Maidanek.

Füssli, Johann Heinrich (ab 1770 Henry Fuseli)
Zürich 1741 bis 1825 Putney Hill bei London. Schweizer Maler und Schriftsteller. Aus traditionsreicher Künstlerfamilie, wo er seine Ausbildung findet. Mitarbeiter seines Vaters Johann Caspar Füssli. Verkehr mit J. J. Bodmer. 1761 Studium der Theologie. 1763 wegen Angriffen auf den Züricher Landvogt Emigration nach Deutschland mit seinem Freund J. C. Lavater zu dem Philosophen J. G. Sulzer in Berlin. 1764 Übersiedlung nach England. Übersetzer (u. a. Winckelmanns) und literarischer Berichterstatter. 1767 Wechsel zur bildenden Kunst. 1770 Romreise, Bekanntschaft mit Winckelmann und Louis David. 1772 Venedig, 1775 Neapel, 1778 Rückkehr nach England. 1788 Mitglied der Royal Academy. 1802 Parisreise.

Galeen, Henrik
Berlin 1881 bis 1949 Randolph, Vermont. Filmautor und -regisseur. 1906–10 Assistent und Kleindarsteller bei Reinhardt. 1911 Regisseur an der Volksbühne. Kriegsdienst. 1919 Dramaturg bei der Messter-Film GmbH. 1928–31 Arbeit für mehrere britische Filmfirmen. 1933 England, 1940 USA. Seine für 1933 geplante Tonfilmversion des Golemfilms *Das steinerne Phantom* scheitert durch die Machtergreifung der Nazis und Galeens Emigration. Schrieb 1943 zusammen mit Paul Falkenberg eine antifaschistische Aktualisierung des Golem-Stoffes.

Gaudí, Antoni
Reus bei Tarragona 1852 bis 1926 Barcelona. Architekt. 1873–77 Architekturstudium in Barcelona. Zusammenarbeit mit dem Architekten Joan Martorell, der ihm die neugotische Bauweise nahebringt und ihn 1883 als Nachfolger von Francisco de Paula de Villar beim Bau der Kathedrale Sagrada Familia vorschlägt. Im Architekturbüro Villars hatte er schon als Student gearbeitet. Sagrada Familia beschäftigt Gaudí sein Leben lang. Ab 1883 auch Arbeiten für Eusebi Güell, der in Barcelona einen Wohnpark anlegt, und für den Bischof von Astorga. Land- und Mietshäuser in ganz neuartigem Stil (u. a. die Casa Milà in Barcelona, 1906–10).

Gauguin, Paul
Paris 1848 bis 1903 Dominica, Marquesa-Inseln. Französischer Maler, Bildhauer und Keramiker. 1852–55 in Lima, Peru, bei einem Großonkel, bis 1856 in Orleans, dann bei der Marine. 1871–81 Arbeit in einem Pariser Bankhaus. Ab 1875 künstlerische Arbeit in Rouen, in der Normandie und in Kopenhagen. 1886 Pont-Aven, Bretagne, Bekanntschaft mit Van Gogh. Entstehung der Malerschule von Pont-Aven, später Pouldu. 1887–89 Martinique, Antillen, Paris und Pont-Aven. 1891–1893 Tahiti. 1895 zweite Reise nach Tahiti, 1901 Übersiedlung nach Dominica, Marquesa-Inseln.

Gliese, Rochus
Berlin 1891 bis 1978 Berlin. Bühnenbildner und Regisseur bei Film und Theater. Beginn als Theaterausstatter. 1909–11 Studium an der Unterrichtsan-

stalt des Kunstgewerbemuseums Berlin. Kostümentwürfe für Leo Impekoven. Bühnenbildner am Berliner Künstler- und Sozietätstheater. 1913–21 Mitarbeiter Wegeners an allen seinen Filmen, auch als Schauspieler und Hilfsregisseur, vor allem aber verantwortlich für Filmtricks. Daneben Filmausstatter für mehrere andere Regisseure und eigene Regiearbeiten. 1921/22 trennte er sich von Wegener und seinem Produzenten Paul Davidsohn (PAGU) und arbeitete vor allem mit Murnau, mit dem er 1927 für den Film *Sunrise* nach den USA reiste. Später vor allem Theaterarbeit in Essen und Berlin, 1945/46 in Weimar und Berlin.

Goesch, Paul
Schwerin 1885 bis 1940 Hartheim, Donau. Maler, Graphiker, Architekt. Architekturstudium an der Technischen Hochschule Berlin. Zwei Jahre lang Regierungsbaumeister in Kulm. Teilnahme an der Briefgemeinschaft *Die Gläserne Kette*. 1919 Mitglied des *Arbeitsrates für Kunst* und der *Novembergruppe*. Seit 1921 zeitweise in einer Nervenheilanstalt in Göttingen, ab 1933 in Teupitz bei Berlin. Im Rahmen der nationalsozialistischen Euthanasieaktion ermordet. Märchenillustrationen, Zeichner des Phantastischen.

Goya y Lucientes, Francisco de
Fuentetodos 1746 bis 1828 Bordeaux. Spanischer Maler und Graphiker. 1760–66 Ausbildung im Atelier des Malers D. Jose Luzan y Martinez in Saragossa. Dann Madrid, Unterricht bei seinem Landsmann Francisco Bayeu. Abschluß der Studien in Rom. Fresken in verschiedenen Kirchen in Saragossa. 1776 erster Auftrag vom spanischen Hof. 1780 Mitglied der Academia de S. Fernando, 1785 ihr Präsident. 1781 Madrid. 1799 erster Hofmaler. Internationaler Ruhm mit den *Caprichos*. 1808 wieder in Saragossa, erlebt die Belagerung der Stadt im Unabhängigkeitskrieg. 1810 *Desastres de la guerra*. 1824 Übersiedlung nach Frankreich.

Grünewald, Matthias
(Tatsächlich Mathis Neithardt, von ihm geändert zu M. Gothardt.) Würzburg um 1460 bis 1528 Halle an der Saale. Maler und Wasseringenieur. 1585 bis 1590 Aschaffenburg. 1501–26 Seligenstadt. 1508 bis zu seiner Entlassung 1526 tätig für den erzbischöflichen Hof in Mainz. 1526 Frankfurt. 1528 Flucht vor der Gegenreformation nach Halle. Hauptwerk: Isenheimer Altar in Colmar, vollendet 1515.

Hall, James
((Ort))1797 bis 1854 Ashiestel, Selkirkshire. Schottischer Malerdilettant, Architekturtheoretiker und Geologe. Das Erlebnis gotischer Kathedralen in Frankreich veranlaßte ihn 1786 zu dem Versuch, die damals verbreitete, z. B. von William Warburton vertretene Theorie vom organischen Charakter der Gotik (*An Essay on the Origins and Principles of Gothic Architecture*, 1797) praktisch nachzuweisen. Reisen durch Nordengland und Irland. Ab 1835 gelegentlich Ausstellung seiner Landschaften in der Royal Academy in London.

Hodler, Ferdinand
Bern 1853 bis 1918 Genf. Schweizer Maler. Ab 1886 Lehre bei dem Ansichtenmaler F. Sommer in Thun, dann Zeichenschule Genf bei Barthélemy Menn. 1875 Reise nach Basel, 1877 Paris, 1878 Madrid. 1879–1902 in Genf, wo sein Atelier Mittelpunkt einer symbolistischen Künstlergruppe wurde. 1891 Erfolg im Pariser Salon du Champs-de-Mars mit dem Gemälde *Die Nacht*. 1896–99 Zeichen- und Malunterricht an der Gewerbeschule Fribourg. 1900 Goldmedaille auf der Pariser Weltausstellung und Mitglied der Wiener und Berliner Sezession.

Hoetger, Bernhard
Hörde, Westfalen, 1874 bis 1949 Interlaken. Bildhauer, Architekt, Kunsthandwerker, Maler und Graphiker. Steinmetzlehre in Detmold. 1895–97 Leiter einer Werkstatt für Kircheneinrichtungen in Wiedenbrück. 1898–1900 Kunstakademie Düsseldorf, Bildhauerei bei Karl Janssen, Architektur bei Adolph Schill. 1900–07 Paris. 1911–19 Künstlerkolonie Mathildenhöhe in Darmstadt, Gründungsmitglied der Darmstädter Sezession. Über Paula Modersohn-Becker in die Künstlerkolonie Worpswede. Arbeiten für den Keksfabrikanten Bahlsen in Hannover. Für den Bremer Kaufmann Ludwig Roselius 1926–31 expressionistischer Umbau der alten Bremer Böttcherstraße. 1933 Zerstörung vieler seiner Werke trotz Mitgliedschaft in der NSDAP, aus der er 1938 ausgeschlossen wird, 1938 Einstufung als »entarteter Künstler«. Seit 1931 ausgedehnte Auslandsreisen (Frankreich, Portugal, Schweiz). 1943 in Berlin ausgebombt. 1946 Übersiedlung in die Schweiz.

Hofmann, Ludwig von
Darmstadt 1861 bis 1945 Pillnitz. Maler, Graphiker, Entwurfszeichner für Kunstgewerbe. Studium an der Dresdener Akademie bei seinem Onkel J. M. F. H. Hofmann, in Karlsruhe bei F. Keller, in München und 1889 in Paris an der Académie Julian. 1890 Berlin, gehörte mit Corinth, Klinger, Liebermann, Leistikow dem Verband der *Elf* an und verteidigte 1892 Edvard Munch gegen massive konservative Angriffe anläßlich seiner ersten Ausstellung. 1894 bis 1900 vorwiegend Rom. Wandbilder in vielen öffentlichen und privaten Gebäuden in Berlin, Leipzig, Weimar, Köln. 1906 Griechenlandreise mit Gerhart Hauptmann. 1916 an die Dresdener Akademie berufen.

Jaques-Dalcroze, Emile
Wien 1865 bis 1950 Genf. Schweizer Musikpädagoge. Musikstudium in Genf bis 1884, dann Paris, 1897 Wien bei Anton Bruckner und 1889 wieder Paris bei Léo Delibes. 1892 Professor am Konservatorium Genf. Reisen nach Deutschland und England. 1902–05 entwickelt er die Methode der Rhythmischen Gymnastik, die Musik und tänzerische Bewegung kombiniert. 1906 Freundschaft mit dem Theaterreformer Alphonse Appia, mit dem er später in Hellerau zusammenarbeitet. Vorführungen in Deutschland und Frankreich, dabei 1909 Begegnung mit dem kulturbegeisterten Fabrikanten Wolf Dohrn. Gemeinsame Gründung der Bildungsanstalt Hellerau bei Dresden 1911. Viele seiner Genfer Schüler folgen ihm. 1912 Zweiginstitute in Petersburg, London, Berlin und Wien. 1914 Trennung von Hellerau. 1915 Gründung des Dalcroze-Instituts in Genf.

Klinger, Max
Leipzig 1857 bis 1920 Großjena bei Naumburg. Graphiker, Maler, Bildhauer. 1874 Studium in Karlsruhe bei Gussow, dem er 1875 nach Berlin folgt. Brüssel, München, Berlin. 1883–86 Paris, 1888–93 Rom. Ab 1893 Leipzig. Reisen in Mittelmeerländer zur Beschaffung von Marmor. Graphische Zyklen, Wandbilder und Denkmäler.

Kollwitz, Käthe
Königsberg 1867 bis 1945 Moritzburg bei Dresden. Graphikerin, Bildhauerin, Malerin. 1885 Malerinnenschule in Berlin bei Karl Stauffer-Bern, Königsberg bei Emil Neide und München 1888/89 bei Ludwig Herterich. Durch ihren Mann Karl K., Arzt im Berliner Norden, Einblick in soziale Problematik. 1893 Beteiligung an der Freien Kunstausstellung der von der Jury des Berliner Kunstamts zurückgewiesenen »Modernen«. Angeregt durch die umstrittene Uraufführung von Gerhart Hauptmanns Schauspiel *Die Weber* Zyklus *Ein Weberaufstand*; für die von Menzel vorgeschlagene Goldmedaille der Großen Berliner Kunstausstellung 1898 verweigerte Wilhelm II. die Zustimmung. Mitglied der Berliner Sezession und Lehrtätigkeit an der Künstlerinnenschule. 1904 Paris, Plastikklasse der Académie Julian. 1908 Villa-Romana-Preis für den Zyklus *Bauernkrieg*. 1918 Aufnahme in die Berliner Akademie der Künste. 1933 erzwungener Austritt; ihre Werke werden aus den Museen entfernt.

Kubin, Alfred
Leitmeritz, Böhmen, 1877 bis 1959 Zwickledt bei Wernstein, Inn. Graphiker, Zeichner, Schriftsteller. Photographenlehre. 1898–1901 Studium an der Akademie München bei Schmidt-Reuter und Gysis. Mitarbeiter der satirischen Zeitschrift *Simplizissimus*. 1903 Ausstellung bei Paul Cassirer in Berlin. Ab 1904 Wohnsitz in dem Schlößchen Zwickledt bei Wernstein am Inn. Reisen nach dem Balkan 1907 und 1909, Prag 1911, Paris 1914, nach der Schweiz 1924. 1930–40 Sommeraufenthalt im heimatlichen Böhmerwald.

Lacombe, Georges
Versailles 1868 bis 1916 L'Ermitage bei Alençon. Französischer Maler, Graphiker und Holzbildhauer. Von Kindheit an Sommeraufenthalte in der Bretagne. Malereistudien in Paris bei H. Gervex und J.-F. Humbert. 1893 Anschluß an die Künstlergruppe der Nabis, die von Gauguin beeinflußt war. Ab 1894 Holzplastiken. Regelmäßige Ausstellung im Salon des Indépendants. Ab 1897 Alençon. 1908 zusammen mit Maillol Lehrer für Skulptur an der Académie Ranson.

Lammert, Will
Hagen, Westfalen, 1892 bis 1957 Berlin. Bildhauer und Keramiker. 1906–10 Lehre als Holz- und Steinbildhauer. Arbeit bei Kogan, Nienhuis, Thorn-Prikker und kurze Zeit bei Bosselt in Düsseldorf. 1911 bis 1914 Studium an der Hamburger Kunstschule bei Richard Luksch. 1912/13 Studienaufenthalt in Paris. 1914–18 Kriegsdienst. Studium an der Fachschule für Keramik in Höhr bei Koblenz. 1922 Es-

sen. 1924–27 Leiter der Werkstatt für Keramik Essen-Margarethenhöhe. 1922–30 architekturgebundene Plastiken in Hagen und Essen. 1931 Rompreis. 1933 Emigration nach Paris. 1934–41 Moskau, 1941 Evakuierung nach Kasan. 1951 Berlin. Mahnmal für das KZ Ravensbrück.

Leistikow, Walter
Bromberg 1865 bis 1908 Berlin. Maler und Graphiker. Kurzzeitiges Studium an der Berliner Akademie. Ausbildung bei Eschke und H. Gude. Gründungsmitglied der Künstlervereinigung *Die Elf*, aus der unter seinem Einfluß 1899 die Sezession hervorging. Mitarbeit an der Zeitschrift *Pan*. 1890–93 Lehrer an der Berliner Kunstgewerbeschule.

Lilien, Ephraim Mose
Drohobycz, Galizien, 1874 bis 1925 Braunschweig. Maler, Graphiker und Illustrator. 1894 kurz an der Kunstschule Krakau; Arbeit bei dem polnischen Historienmaler Matejko. Autodidaktische Lehrjahre in München, Veröffentlichungen in der *Jugend*. 1899 Berlin, Bohemekreis *Die Kommenden* (Else Lasker-Schüler, Erich Mühsam, Peter Hille, Stefan Zweig). Propagandist und Kulturpolitiker des Zionismus, 1906 Aufbau der Kunstgewerbeschule Bezalel in Jerusalem, acht Monate als Lehrer dort. 1925 Braunschweig.

Medlycott, Cicely
Englischer Bühnenbildner der zwanziger Jahre. Zur Biographie war nichts feststellbar. Die Reihe von Bühnenbildmodellen stammt aus: *Design in the Theatre*, hrsg. von Geoffrey Holme, Sondernummer von *The Studio*, London und Berlin 1927/28.

Mendelsohn, Erich
Allenstein, Ostpreußen, 1887 bis 1953 San Francisco. Architekt. Architekturstudium in Berlin-Charlottenburg und München bei Theodor Fischer. 1912 eigenes Büro in München. 1919 Mitglied des *Arbeitsrates für Kunst* und der *Novembergruppe*. 1923–25 Reisen nach Holland, USA und Sowjetunion. 1926 Mitglied der Architektenvereinigung *Der Ring*. Moderne Kaufhaus- und Industriebauten, u. a. in Berlin, Potsdam (Einsteinturm), Luckenwalde, Gleiwitz, Leningrad, Tilsit. 1933 Emigration nach Holland, England. Gemeinsames Büro mit Chermayeff. 1934 Palästina. 1941 über England nach den USA.

Metzner, Franz
Wscherau bei Pilsen 1870 bis 1919 Berlin. Bildhauer. Steinmetz, als Bildhauer Autodidakt. 1892 bis 1903 Berlin, kunstgewerbliche Tätigkeit. 1903 bis 1906 Professor an der Kunstgewerbeschule in Wien. Dann wieder Berlin. Bauplastik, Brunnen, Denkmäler (Völkerschlachtdenkmal Leipzig, Weinhaus Rheingold und Volksbühne Berlin, Palais Stoclet Brüssel).

Netzer, Hubert
Isny, Allgäu, 1865 bis 1939 München. Bildhauer. Schüler von J. Hoffart und W. Rümann. 1885–1911 München, dann Düsseldorf, Professor an der Akademie Düsseldorf. Schöpfer von Brunnen und Denkmälern.

Nielsen, Ejnar
Kopenhagen 1872 bis 1956 Kopenhagen. Dänischer Maler und Graphiker. 1889–93 Studium an der Kunstakademie Kopenhagen, 1895–96 an der Schule von Christian Zahrtmann in Kopenhagen, Einfluß des Symbolismus. Ab 1894 Gjern, Jütland. 1900/01 Reise nach Paris, 1902 nach Italien. Zwischen 1905 und 1910 Aufenthalt in Paris und Italien, Hinwendung zu Gauguin und den Nabis. Reisen nach England 1908, Lappland 1909, Spanien 1916, Griechenland 1931/32 und in die nordischen Länder. 1920–30 Lehrer an der Kunstakademie Kopenhagen.

Obrist, Hermann
Kilchberg bei Zürich 1863 bis 1927 München. Bildhauer und Kunstgewerbler. Studium an der Kunstgewerbeschule Karlsruhe, in Weimar und Paris. 1892 Gründung einer Kunststickerei in Florenz, die 1894 nach München verlegt wird. Mitarbeit an den Vereinigten Werkstätten für Kunst im Handwerk.

Palucca, Gret
München 1902 bis 1993 Dresden. Ausdruckstänzerin und Tanzpädagogin. 1918–20 Ballettstudium in München bei Heinrich Kröller. 1920 Schülerin von Mary Wigman in Dresden, 1923 Mitglied der Wigmann-Gruppe. Ab 1924 Solotänzerin, alljährliche Tourneen im In- und Ausland. 1925 eigene Schule in Dresden. 1928 Mitbegründerin der Deutschen Tanzgemeinschaft e. V., die Mary Wigmans Richtung im deutschen Ausdruckstanz vertrat. Nach der Olympiade 1936, als die Nazis den Ausdruckstanz gleichschalteten, galt Palucca als »vorbelastet« und mußte 1939 die Leitung ihrer Schule abgeben; nach 1945 übernahm sie sie wieder. 1949 Verstaatlichung. Alljährliche internationale Sommerkurse. 1970 Gastprofessur für Improvisation an der Statens Dansskola Stockholm.

Pankok, Otto
Mülheim, Ruhr, 1893 bis 1966 Drevenack bei Wesel. Graphiker, Maler, Bildhauer und Schriftsteller. Ausbildung an der Akademie Düsseldorf bei Adolph Männchen abgebrochen, dann Kunstschule Weimar bei Mackensen und Egger-Lienz und in Paris. 1914–17 Kriegsdienst. Danach Vechta, Oldenburg, 1919 Remels, Ostfriesland. Ab 1920 in Düsseldorf ansässig, unterbrochen von Aufenthalten an der Ostsee, auf Capri und Sardinien, in Le Brusq (Südfrankreich), Cadaques (Spanien), Giethoorn (Holland) und in den Cevennen. 1933–45 als »entartet« verfemt. Arbeitsverbot für Pankok und seine Frau, eine Journalistin. 1947–58 Professor an der Akademie Düsseldorf.

Poelzig, Hans
Berlin 1869 bis 1936 Berlin. Architekt. 1889–94 Architekturstudium an der Technischen Hochschule Berlin. 1899 Regierungsbaumeister im Ministerium für öffentliche Arbeiten. 1900–03 Lehrer für Stilkunde an der Kunstgewerbeschule Breslau. 1903–16 Direktor dieser Schule. 1916–20 Stadtbaurat von Dresden. 1919 Vorsitzender des Deutschen Werkbunds. 1920 Berlin, Vorsteher eines Meisterateliers für Architektur der Preußischen Akademie der Künste. Mitglied der *Novembergruppe*. 1923 Professor an der Technischen Hochschule Berlin. 1926 Mitglied der Architektenvereinigung *Der Ring*. 1933 Direktor der Vereinigten Staatsschulen für freie und angewandte Kunst Berlin; Entlassung in demselben Jahr.

Pückler-Muskau, Hermann Ludwig Heinrich Fürst von
Muskau, Lausitz, 1785 bis 1871 Branitz. Gartenkünstler und Reiseschriftsteller, Schöpfer der Parkanlagen Muskau, Branitz und Babelsberg (Potsdam). Nach abgebrochenem Jurastudium in Leipzig 1802 Offizier der sächsischen Gardes du Corps, Dresden. Wien, Schweiz, Frankreich; 1811 Rückkehr, Übernahme des Erbes Branitz. 1813–15 Teilnahme an den Befreiungskriegen. Erste Englandreise. Anlage des Parkes Muskau. Weitere Englandreisen 1826–28 und 1851, Gartenstudien. Wanderleben: 1835–40 Algerien, Griechenland, Orient. Ab 1846 Anlage des Parks Branitz.

Reiniger, Lotte
Berlin 1899 bis 1981 Dettenhausen, Württemberg. Silhouettenkünstlerin. 1916/17 Besuch der Schauspielschule Max Reinhardts beim Deutschen Theater, um Kontakt mit Paul Wegener zu finden. Ab 1919 eigene Filme für das Institut für Kulturforschung Berlin, zusammen mit ihrem Mann Carl Koch. Nach 1933 Arbeit in Paris mit Jean Renoir, später in Bristol und London. Dazwischen auch einzelne Filme in Deutschland. Ende der vierziger Jahre gehen beide für lange Zeit nach London, wo sie Arbeitsmöglichkeiten finden. Zuletzt Dettenhausen bei Tübingen.

Roller, Alfred
Brünn 1864 bis 1935 Wien. Maler, Kunstgewerbler, Graphiker, Bühnenbildner. Studium an der Wiener Akademie. Professor an der Kunstgewerbeschule Wien und Leiter des Ausstattungswesens der Wiener Staatstheater. Langjährige Zusammenarbeit mit Max Reinhardt in Berlin und dem Hofoperndirektor Gustav Mahler, unter dem die Wiener Hofoper einen neuen Stil entwickelte.

Rye, Stellan
Randers, Dänemark, 1880 bis 1914 bei Ypern. Dänischer Dramatiker, Theater- und Filmregisseur. Ab 1906 wurden seine Stücke in Kopenhagen aufgeführt. 1907 Ende der Offizierskarriere. 1910 festes Engagement als Theaterregisseur. 1911 Gefängnisstrafe wegen Homosexualität. 1912 erster Film in Dänemark, 1913 holte ihn der Produzent Davidsohn nach Deutschland, für den er 13 Filme bis Kriegsausbruch drehte, darunter mehrere mit der Tänzerin Grete Wiesenthal.

Saarinen, Eliel
Rantasalmi, Finnland, 1873 bis 1950 Bloomsfield Hills, Michigan. Finnisch-amerikanischer Architekt. Ab 1893 Studium der Architektur am Polytechnischen Institut in Helsinki bei Gustav Nyström. 1896 Gründung eines Architekturbüros zusammen mit Herman Gesellius und Armas Lindgren. Herrenhäuser und repräsentative städtische Gebäude der finnischen Nationalromantik, darunter ihr eigenes Studio Hvitträsk. 1904 Deutschland, aber weiterhin Bauten in Finnland. Planung und Ausbau von Helsinki. 1924 Ruf an die University of Michigan in Ann

Arbor. 1926–41 Bau der Cranbrook Academy of Art in Bloomfield Hills, an der er ab 1948 Architektur und Städtebau lehrte. Zusammenarbeit mit seinem Sohn Eero Saarinen.

Scharoun, Hans
Bremerhaven 1893 bis 1972 Berlin. Architekt. Studium an der Technischen Hochschule Berlin-Charlottenburg. 1919–25 freier Architekt in Insterburg, Ostpreußen. 1925–32 Professor an der Akademie für Künste und Kunstgewerbe Breslau. 1926 Bürogemeinschaft mit H. Kruchen und A. Rading und Mitglied der Architektenvereinigung *Der Ring*. Seit 1932 freier Architekt in Berlin. 1945 Stadtrat für Bauplanung, Direktor des Instituts für Bauwesen bei der Akademie der Künste. 1946–58 Professor für Städtebau an der TU Berlin-Charlottenburg. 1955 Präsident der Akademie der Wissenschaften.

Scheerbart, Paul
Danzig 1863 bis 1915 Berlin. Schriftsteller und Zeichner des Kosmismus und der Phantastik. 1892 Gründung des Verlages deutscher Phantasten Berlin. Experimente mit einem Perpetuum mobile, revolutionärem Theater und Glasphantasien. Zusammenarbeit mit Bruno Taut im Zusammenhang mit dessen Glasarchitektur. 1915 Hungerstreik aus Protest gegen den Krieg.

Schinkel, Karl Friedrich
Neuruppin 1781 bis 1841 Berlin. Architekt, Maler, Entwerfer für Kunstgewerbe, Bühnenbildner. 1794 Übersiedlung aus Neuruppin nach Berlin. Lehrzeit bei David Gilly. 1799 Eleve der neugegründeten Bauakademie. 1803/05 erste Italienreise, dann Paris. 1810 Geheimer Oberbauassessor, 1815 Geh. Oberbaurat bei der obersten preußischen Baubehörde. 1816 Rheinreise, 1819 Marienburg; Beginn der Denkmalpflege. Maßgebliche preußische Staatsbauten. 1826 Reise nach England und Paris.

Schneider, Sascha
St. Petersburg 1870 bis 1927 Swinemünde. Maler und Graphiker. 1889–93 Studium an der Dresdener Akademie bei Leonhard Gey, Heinrich Hoffmann, Ferdinand Pauwels, Leon Pohle und Georg Treu. Mitarbeit in der Dresdener Sezession. Ab 1896 Mitarbeit an der Zeitschrift *Die Jugend*. Ab 1903 Zusammenarbeit mit dem Schriftsteller Karl May, für dessen Romane er Titelbilder gestaltete. 1904 Professor an der Kunstschule Weimar. Wiederholte Aufenthalte in Italien. 1907 Ägyptenreise. 1908 Übersiedlung nach Florenz, 1914 Rückkehr nach Deutschland, läßt sich in Hellerau nieder.

Schwind, Moritz von
Wien 1804 bis 1891 München. Maler und Graphiker. 1818–21 philosophische Studien. 1821–23 Studien im Antikensaal bei Ludwig Schnorr von Carolsfeld und Peter Krafft, im wesentlichen Autodidakt. 1827 München, durch Peter Cornelius Staatsaufträge (Fresken in der Münchner Residenz, Hohenschwangau). 1835 Italienreise. 1844 Frankfurt am Main. 1847 Professor an der Münchner Akademie. Märchenzyklen.

Sérusier, Paul
Paris 1864 bis 1927 Morlaix. Französischer Maler. Anfänglich Kaufmann, dann Schüler der Académie Julian bei Lefèbvre, Boulanger, Doucet. 1888 Begegnung mit Paul Gauguin in Pont-Aven, der ihn nachhaltig beeinflußte. Gründung der Künstlergruppe der Nabis, regelmäßige Sommeraufenthalte in der Bretagne, 1912 endgültige Übersiedlung. Als wichtigster Schüler von Gauguin repräsentiert er die Verbindung der Schule von Pont-Aven zu den Nabis. Zugleich wichtiger Theoretiker des Symbolismus.

Simberg, Hugo
Hamina 1873 bis 1917 Ähtäri. Finnischer Maler und Graphiker. 1893–95 Studium an der Zeichenschule des Finnischen Kunstvereins in Helsinki. 1895–97 bei Akseli Gallén-Kallela. Studienaufenthalte in Kopenhagen, Paris (mehrfach) und London 1896, Rom und Florenz 1897/98, Kaukasien 1898, Spanien, Nordafrika, Deutschland 1906, London und USA 1907/08, Belgien, Holland und Bretagne 1910. 1907–17 Direktor der Zeichenschule Viipuri.

Springinklee, Hans
Um 1490/95 bis um 1530. Graphiker und Maler. Buchillustrator vor allem für den Kobergerschen Verlag. Schüler und Gehilfe Dürers. Mitwirkung an der *Ehrenpforte*, am *Triumphzug des Kaisers Maximilian* und am *Weisskunig*.

St. Denis, Ruth
Newark, New Jersey, 1879 bis 1968 Hollywood. Amerikanische Tänzerin des esoterischen Exotismus, frühe Vertreterin des Modern Dance. Ihre Mutter, eine Medizinerin, erzog sie im Geist der Theosophie und der Christlichen Wissenschaft und ließ sie nach der Methode des Musikers und Kunsttheoretikers François Delsarte ausbilden. New York School of Expression (bei Geneviève Stebbins). Tänzerin an verschiedenen New Yorker Theatern. 1904 Tour mit einer Theatergruppe durch die USA. Großer Erfolg mit orientalischen und hinduistischen Tänzen (Radha, Yogi). 1906–09 Europatournee, dann Amerikatourneen. 1915 zusammen mit Ted Shawn Gründung der Schule Denishawn in Los Angeles, aus der die wichtigsten Vertreter des Modern Dance hervorgingen. 1925/26 Fernost-Tournee zusammen mit Ted Shawn. 1931 Auflösung von Denishawn. Zusammen mit La Meri Gründung der School of Natya.

Steiner, Rudolf
Kraljević 1861 bis 1925 Dornach bei Basel. Anthroposoph, als Dilettant Maler und Holzbildhauer. 1889–96 Mitarbeiter an der Weimarer Goethe-Ausgabe (*Naturwissenschaftliche Schriften*). 1889 Herausgabe des *Magazin für Literatur*, Berlin. Lehrer an der Berliner Arbeiterbildungsschule. 1902 Leiter der deutschen Sektion der Theosophischen Gesellschaft. 1902 Gründer der Allgemeinen Anthroposophischen Gesellschaft. Gründung des Goetheanum in Dornach als »Hochschule für Geisteswissenschaften«, das 1922 einem Brand zum Opfer fällt. 1926 nach Steiners Entwurf zweites Goetheanum. 1919 Begründung der Waldorfpädagogik.

Steiner-Prag, Hugo
Prag 1880 bis 1945 New York. Maler, Graphiker, Illustrator, Buchkünstler, Bühnenbildner. Studium an der Akademie Prag bei Hynais und Brozik und in München bei Peter Hahn und Ferdinand Stuck. 1903–05 Lehrer an den Lehr- und Versuchswerkstätten für freie und angewandte Kunst München. 1907–33 Professor an der Akademie für graphische Künste und Buchgewerbe Leipzig. 1919 künstlerischer Leiter des Propyläenverlages Berlin. 1934 Übersiedlung nach Prag, Gründung der Officina Pragensis. Organisator wichtiger Buchkunstausstellungen: 1914, 1927 und 1934 Leipzig, 1928 Köln, 1929 Barcelona, 1930 Pittsburgh, 1931 Paris. 1934 Prag, Gründer der Internationalen Sammlung neuzeitlicher Buchkunst beim Kunstgewerbemuseum Prag. 1938 Emigration in die USA.

Steinhardt, Jakob
Zerkow bei Posen 1887 bis 1968 Naharia, Israel. Maler und Graphiker. 1907–09 Studium, anfangs am Berliner Kunstgewerbemuseum, dann bei Lovis Corinth und Hermann Struck. 1909/10 Fortsetzung der Studien in Paris, zunächst an der Académie Julian bei Paul Laurens, dann bei Henri Matisse, schließlich an der Académie Colarossi bei Theophile Steinlen. 1911 Florenz und Rom. 1912 Berlin, zusammen mit Ludwig Meidner Gründung der Künstlergruppe *Die Pathetiker*. Ausstellung in Herwarth Waldens Sturm-Galerie, 1913 in der Galerie Flechtheim in Düsseldorf. 1914 Kriegsdienst. 1917 im Vorstand der Berliner Sezession. 1924 Schweiz, Frankreich, Dänemark. 1925 erste Palästinareise. 1933 Emigration nach Tel Aviv. 1949 Leiter der Graphischen Abteilung der Neuen Bezalel-Kunstschule, 1953–57 Direktor der Schule.

Taschner, Ignatius
Lohr, Unterfranken, 1871 bis 1913 Dachau. Bildhauer, Kunstgewerbler, Maler, Graphiker, Buchkünstler. Steinmetzlehre, 1889–95 Studium an der Münchner Kunstakademie bei Syrius Eberle und Jacob Brade). Von Poelzig berufen, 1903–05 Professor an der Kunstgewerbeschule in Breslau. 1905 Berlin. Architekturplastik für die kommunalen Bauten des Stadtbaurats Ludwig Hoffmann. Mitglied der Sezession.

Taut, Bruno
Königsberg 1880 bis 1938 Istanbul. Architekt. Bis 1901 Ausbildung an der Baugewerkschule in Königsberg. 1904–08 Mitarbeiter Theodor Fischers in Stuttgart. 1908/09 Studium an der Technischen Hochschule Berlin, dann selbständiger Architekt zusammen mit Franz Hoffmann und ab 1913 zeitweilig mit seinem Bruder Max Taut. 1919 regt er den Briefwechsel moderner Architekten *Die gläserne Kette* an. 1920–22 Zeitschrift *Frühlicht*. 1921 bis 1924 Stadtbaurat in Magdeburg. Ab 1924 wieder freier Architekt in Berlin, Mitglied der Architektengruppe *Der Ring*. 1930–33 Professor an der Technischen Hochschule Berlin. 1932 Moskau, 1933 Japan. 1936 Architektur-Abteilung der Akademie der schönen Künste Istanbul. Generalchef der Architekturbüros des türkischen Unterrichtsministeriums.

Taut, Max
Königsberg 1884 bis 1967 Berlin. Architekt. Lehre und Baugewerkschule in Königsberg, dann im Atelier von Hermann Billing in Karlsruhe. Ab 1911 selbständiger Architekt in Berlin, zeitweise zusammen mit seinem Bruder Bruno Taut. 1919 Mitglied des *Arbeitsrats für Kunst*, der *Novembergruppe* und der Architektengruppe *Die Gläserne Kette*, später bei *Der Ring*. 1933–45 keine öffentlichen Aufträge mehr. 1945 bis 1953 Professor an der Hochschule für bildende Künste Berlin.

Tessenow, Heinrich
Rostock 1876 bis 1950 Berlin. Architekt. Handwerkliche Lehre im väterlichen Baubetrieb. Studium an der Technischen Hochschule München bei Hocheder und Friedrich von Thiersch. 1902/03 Lehrer an der Baugewerkschule in Sternberg, Mecklenburg und Lüchow, Hannover. 1904 Mitarbeiter von Paul Schultze-Naumburg in Saaleck, Thüringen. 1905 Lehrer an der Gewerbeschule in Trier, 1909 bis 1911 Assistent von Martin Dülfer an der Technischen Hochschule Dresden. Mitarbeit an der Gartenstadt Hellerau als Architekt und Lehrer. 1911 Gartenstadt Hohensalza. 1913–19 Professor an der Kunstgewerbeschule Wien. 1919–22 wieder Hellerau. 1920–26 Leiter der Architekturabteilung an der Kunstakademie Dresden. 1925 Mitglied der *Novembergruppe* und 1926 der Architektenvereinigung *Der Ring*. Ab 1926 Professor an der Technischen Hochschule Berlin. 1941 zwangsweise Emeritierung. 1947 Wiederaufnahme der Lehrtätigkeit.

Thoma, Hans
Bernau, Schwarzwald, 1839 bis 1924 Karlsruhe. Maler und Graphiker. Lithographenlehre in Basel. 1859–66 Studium an der Kunstschule Karlsruhe bei Des Coudres und J. W. Schirmer. 1866 Düsseldorf. 1868 Reise nach Paris. 1870 München. 1874 Italienreise. 1875/76 Auftragsarbeiten in Schweinfurt und Frankfurt am Main, dann wieder München. Ab 1890 später großer Erfolg, ausgelöst durch Ausstellung im Münchner Kunstverein. Anschluß an die Münchner Sezession. 1899 Berufung als Galeriedirektor und Vorsteher eines Meisterateliers an der Kunstakademie Karlsruhe.

Vallotton, Félix
Lausanne 1865 bis 1925 Paris. Schweizer Maler und Graphiker. Dreijähriges Studium an der Académie Julian in Paris bei Lefèbvre und Boulanger. Seit 1885 stellte er im Salon der Societé des Arts Françaises aus und trat 1891 dem Salon des Arts Indépendants bei. Seine Graphik trug zu einer Erneuerung des Holzschnitts bei.

Verhoeven, Paul
Unna, Westfalen, 1901 bis 1975 München. Schauspieler, Theater- und Filmregisseur, Schriftsteller. Schauspielunterricht bei Karl Wüstenhagen. Schauspieler in München, Dresden, Wien, Frankfurt am Main und Berlin (1933 Deutsches Theater). 1935/36 Intendant der Münchner Kammerspiele, Filmregisseur. 1943 Intendant des Theaters am Schiffbauerdamm in Berlin. 1945–49 Intendant des Staatsschauspiels München, 1951 wieder Kammerspiele. Filmdrehbücher und Filmregie. Vater des Filmregisseurs Michael Verhoeven.

Villard de Honnecourt
Ende des 12. Jahrhunderts, nachweisliche Tätigkeit 1230/35. Architekt aus Honnecourt an der Schelde, Picardie. Auf ihn als Meister einer Bauhütte geht die Entstehung des in der Pariser Nationalbibliothek aufbewahrten Bauhüttenbuches zurück (1230/35). Die Mustersammlung für Schüler der Bauhütte umfaßt Texte und Federzeichnungen zu Architektur, Steinmetztechnik, Zimmermannskunst, Plastik und Malerei und zu Maßverhältnissen der menschlichen und tierischen Gestalt. Wahrscheinliche Lehrzeit in der Zisterzienserkirche von Vaucelles. Reisen nach Cambrai, Laon, Reims, Meaux, Chartres, Lausanne und Ungarn. Vor dieser Reise entsteht das Bauhüttenbuch.

Vogeler, Heinrich
Bremen 1872 bis 1942 Choroschewskoje, Karaganda. Zeichner, Graphiker, Maler und Kunstgewerbler. 1890–95 Studium an der Düsseldorfer Akademie bei P. Janssen und A. Kampf. Reisen nach Holland, Belgien und Italien. 1894 Künstlerkolonie Worpswede bei Bremen. Gründung des Barkenhoff, der zum Künstlertreffpunkt wird. 1908 Worpsweder Werkstätten (Landhausmöbel, Einrichtungen, Architekturentwürfe). 1898 Florenz, 1899 München, dann wieder Worpswede. 1909 Englandreise. 1914–18 Kriegsdienst, wegen Protestierens gegen den Krieg entlassen. 1919 wird der Barkenhoff zur Kommune. Nach deren Scheitern mehrere Rußlandreisen 1923/24, 1925, 1926/27, dann Berlin. 1931 endgültige Übersiedlung in die Sowjetunion. 1941 Zwangsevakuierung nach Kasachstan, wo er ohne Subsistenzmittel umkommt.

Wenck, Ernst
Reppen 1865 bis 1929 Berlin. Bildhauer. 1885–89 Ausbildung in der Unterrichtsanstalt des Kunstgewerbemuseums und der Akademie in Berlin bei Fritz Schaper. Weiterbildung in Paris und Rom. Mitglied und langjähriger zweiter Vorsitzender der (alten) Berliner Sezession und der Preußischen Akademie der Künste.

Wiesenthal, Grete
Wien 1885 bis 1970 Wien. Hauptvertreterin des modernen Tanzes in Österreich. Seit 1901 im Corps de ballet des Wiener Hofopernballetts. Lösung vom Ballett, 1908 Debut zusammen mit ihren Schwestern Elsa und Berta im Kabarett der Wiener Werkstätten *Fledermaus*. 1910 Trennung von den Schwestern. Sie wurde gefördert von Hugo von Hofmannsthal, der mehrere Pantomimen für sie schrieb. 1912 und 1933 Amerikatournee. 1919 Gründung einer Tanzschule. 1934–51 Lehre an der Wiener Akademie für Musik und darstellende Kunst.

Wolf (oder Wolff), Caspar
Muri, Schweiz, 1735 bis 1798 Mannheim. Landschaftsmaler. Ausbildung in Konstanz. Arbeitete in Augsburg, München, zeitweise bei Ph. J. Loutherbourg in Paris. Alpendarstellungen. Beiname »Höhlenwolf« wegen seiner Vorliebe für Höhlen.

Wrba, Georg
München 1872 bis 1939 Dresden. Bildhauer. Böhmische Herkunft. Lehre als Holzbildhauer bei Jakob Bradl in München, dann Schüler der Münchner Akademie bei S. Eberle und Leiter der städtischen Bildhauerfachschule. 1906/07 Berlin, Plastiken für die Bauten von Ludwig Hoffmann (Volksbadehalle, Stadthaus), Alfred Messel (Kaufhaus Wertheim) und A. Schaudt (Kaufhaus des Westens). 1907 Lehrer und Vorsteher eines Meisterateliers an der Kunstakademie Dresden. 1942 wurden viele seiner Bronzegüsse eingeschmolzen.

Zajac
Karikaturist der zwanziger Jahre. Zu Namen und Biographie nichts feststellbar.

Namenregister

Abbildungsnachweis

Angelika Blaschke, Hamburg 71.156, 71.157, 72.158, 72.159 (jetzt Deutsches Filminstitut, Frankfurt am Main)
Prof. Herbert Brauer, Berlin 76.162
Bundesarchiv, Berlin 20.23
Filmmuseum Berlin – Stiftung Deutsche Kinemathek 19.21, 34.65, 45.93, 61.137, 78.167
Filmmuseum im Münchner Stadtmuseum 16.16, 25.39, 52.114, 55.124, 56.125, 60.133, 66.146, 84.177, 84.178, 87.193, 90.202, 92.207, 93.211, 93.212, 94.214
Alfred Happ, Dettenhausen 24.38, 25.39, 25.40, 27.48
Marlene Krüger-Poelzig, Hamburg 86.186
Plansammlung der Technischen Universität Berlin 79.168, 82.176, 108.7, 114.13, 119.19, 125.28
Prof. Dr. Peter Wegener, Branford, USA 14.12, 17.18, 29.54, 34.65, 35.68, 42.82, 47.98, 48.99, 65.145, 75.161 (jetzt Filmmuseum Berlin – Deutsche Kinemathek)
Angelika Ziegler, Stein an der Traun 10.3, 17.20, 19.22, 20.24, 21.26, 21.28, 22.29, 31.60, 32.62, 32.64, 42.82, 43.85, 44.89, 44.90, 45.91, 45.92, 104.1, 105.2, 106.3, 106.4, 107.5, 107.6, 109.8, 110.9, 111.10, 112.11, 113.12, 115.14, 116.15, 116.16, 117.17, 118.18, 119.20, 120.21, 121.22, 121.23, 122.24, 123.25, 123.26, 124.27, 125.29, 126.30, 127.31 (jetzt Filmmuseum Berlin – Deutsche Kinemathek)

Alle übrigen Abbildungen entstammen dem Archiv der Autorin.